앙리 위베르(Henri Hubert, 1872~1927)

앙리 위베르는 1872년 6월 23일 프랑스 파리의 유복한 가톨릭 가문에서 태어났다. 일찍이 종교사에 흥미를 느꼈던 그는 고등사범학교를 졸업하고 1895년 역사학 교수 자격을 취득했다. 이후 파리 고등연구실습원에서 고대사와 종교학을 연구하던 중 1896년 마르셀 모스를 운명적으로 만났다. 위베르 스스로 "모스와의 깊은 우정이 나를 사회학자들의 진영에 머물게 했다"고 밝혔듯이, 이 만남은 그가 본격적으로 사회학자의 길로 들어서는 결정적 계기가 되었다. 그는 뒤르켐 학파의 핵심 일원으로서, 『사회학 연보』 창간호부터 모스와 함께 종교사회학 분과를 이끌었으며, 1901년에는 고등연구실습원 교수로 임용되었다. 동시에 생제르맹앙레(Saint-Germain-en-Laye) 국립 고대 유물박물관의 연구원이자 루브르 학교의 교수로서 고고학과 역사학 연구를 병행했다. 제1차 세계대전 이후 뒤르켐의 죽음과 아내의 사망이 겹치며 깊은 상실감과 피로에 시달렸던 그는, 결국 1927년 5월 25일 샤투(Chatou)에서 54세의 나이로 생을 마감했다.

위베르는 자신을 '역사학자-사회학자'로 규정하며 뒤르켐 사회학의 경험적 토대를 확장하는 데 크게 기여했다. 그는 모스와의 긴밀한 협력을 통해 뒤르켐 학파의 가장 중요한 업적으로 평가받는 「희생제의 본질과 기능에 관한 시론」과 「주술론」을 공동 집필했다. 이 연구들은 종교와 주술을 단순한 신앙 행위가 아닌 집단적 사고와 사회적 구조 속에서 파악하려는 뒤르켐 학파의 시도를 결정적으로 구체화했다. 또한 단독 저술인 「종교와 주술에서의 시간 표상」에서는 시간 개념이 사회적 리듬과 의례 구조 속에서 형성된다는 통찰을 제시하기도 했다.

위베르는 종교사회학 연구와 더불어 켈트족과 게르만족의 역사 및 신화를 탐구한 저작들을 남겼다. 그중 『켈트족』과 사후 마르셀 모스의 주도하에 출간된 『게르만족』은 고대 유럽 민족의 문화와 상징 체계를 사회학적으로 해석한 역작으로 평가된다. 위베르는 신화, 종교, 고고학을 아우르는 폭넓은 연구를 통해 사회학의 지평을 넓혔으며, 그의 지적 유산은 20세기 프랑스 사회학과 인류학에 깊은 영향을 미쳤다.

주술론

마르셀 모스 선집 **3**

주술론
– 주술의 일반 이론을 위한 탐색

발행일 2025년 11월 26일 초판 1쇄

지은이 마르셀 모스 · 앙리 위베르
옮긴이 박정호
펴낸이 김일수
펴낸곳 파이돈
출판등록 제406-2018-000042호
전자우편 phaidonbookgmail.com
전화 070-8983-7652
팩스 0504-053-5433

ISBN 979-11-991047-7-8 (94300)
        979-11-981092-3-1 (세트)

책값은 뒤표지에 있습니다.

Esquisse d'une théorie générale de la magie

마르셀 모스 선집 ❸

주술론

주술의 일반 이론을 위한 탐색

마르셀 모스 · 앙리 위베르 지음
박정호 옮김

파이돈

차 례

마르셀 모스 선집을 펴내며

　프랑스 사회학의 창시자 에밀 뒤르켐의 조카이자 후계자, 프랑스 민족학의 아버지, 종교사학과 민족지학의 위대한 스승, 인류학의 필독서로 꼽히는 『증여론』의 저자 등등, 마르셀 모스라는 이름에는 여러 수식어가 뒤따른다. 잘 알려졌듯이 모스의 사회학과 인류학은 지난 20세기 후반기를 수놓은 여러 걸출한 사상의 비밀스러운 본거지로서 끊임없이 혁신적 발상을 불러일으켰다. 클로드 레비스트로스, 루이 뒤몽, 조르주 뒤메질, 미셸 레리스, 조르주 바타이유, 로저 카이유와를 비롯해 피에르 부르디외와 장 보드리야르에 이르기까지, 각자 자기 방식으로 모스의 가르침을 숙고했기에 오늘날 내로라하는 사유의 대가로 인정받게 된 인물들은 어렵지 않게 열거할 수 있다.

　그러나 오늘날 모스는 후계자들의 탁월함에 가려져 오직 그들에 의해 인용되었을 때만 주목받는 학자 정도로 남아 있다. 모스가 남긴 사유의 성과는 낡고 빛바랜 고전 목록에서 당장 필요치 않은 저작으로 과소평가되고 있다. 흔히 모스의 분석은 흥미롭지만, 오늘날의 학문적 기준으로 볼 때 실효성을 상실한 것으로 여겨지며, 모스의 사상이 사회학과 인류학의 발전에 끼친 중대한 영향은 다분히 형식적인 몇 마디 언급만으로 기술될 뿐이다. 한편 모스의 학문적 업적과 정치적 참여 사이의 긴밀한 연관을 간과하는 바람에 그의 사상에서 중요한 몫을 차지하는 정치철학적 사유는 부당하리만큼 소홀히 다루어지고 있다. 또한 모스의 저작을 낯선 민족지들의 게토로 점철된 불모지로 취급함으로써 '지금 여기'의 사회를 이해하기 위한 수단으로서 모스의 가능성은 이미 소진됐다고 간주하기도 한다.

오늘날 모스 연구의 최고 권위자 중 한 사람인 까미유 타로가 말했듯이 모스는 유명한 무명인, 즉 그 명성에도 불구하고 아니 오히려 그 명성 때문에 무명이 된 인물이다. 모스가 제대로 인식되지 않는 사정은 우리도 마찬가지다. 마르셀 푸르니에가 집필한 모스의 방대한 평전(『프랑스 인류학의 아버지, 마르셀 모스』)이 번역되어 그가 어떤 사람이었고 무슨 활동을 했는지 어느 정도 알 수 있게 되었지만, 모스가 남긴 지적 유산에 관한 체계적이고 다층적인 탐구는 여전히 이루어지지 않고 있다. 모스의 사상이 재평가되고 높은 관심의 대상으로 부상했을 때도 그것은 『증여론』처럼 널리 회자되는 걸작을 두고 촉발된 반응이었을 뿐, 그의 전체적인 학문적 성과와 뛰어난 독창성의 근거, 풍요로운 사유의 원천에 관해서는 알려진 바가 거의 없다.

모스 선집은 이러한 역설을 해소하려고 한다. 우리는 모스의 사유로 사회적 삶의 역사적 전개를 서사하고 현실의 문제에 대한 인식과 관심을 구체화하고 좋은 미래를 상상하는 방법을 모색하고

자 한다. 모스는 새로운 착상과 방법을 지녔던 독창적인 사회학자이자 민족학자로서, 그의 저작은 우리가 살아가는 역동적 현실에 관한 많은 성찰과 논의를 불러일으킬 영감과 소재로 가득 차 있다. 이번에 기획된 모스 선집은 그의 지적 성과와 궤적에 관한 총체적 전망을 제시함으로써 모스의 사상을 더욱 심층적으로 이해할 수 있는 토대를 마련하고자 한다.

우리는 모스 선집 기획의 의도를 다음의 세 가지 방향에서 정리할 수 있다.

첫째, 사회와 인간을 '총체성'의 견지에서 탐색하려는 모스 특유의 사회학 방법론을 제시한다. 모스의 저작에는 경제적·통계적으로 유의미한 행동 모형을 통해 일시적으로 나타났다가 금세 휘발되고 마는 사회와 인간이 아니라, 특정한 시공간과 촘촘한 역사적 맥락 속에서 의미를 얻고 살아 숨 쉬는 구체적 사회와 인간이 존재한다. 모스에게 총체성은 실현 불가능한 형이상학적 이념이 아니라, 구체적인 것이 완전한 것이라는 연구이념이자 집단과 개인 어느 쪽으로 기울지 않고 둘을 복잡한 다차원성에서 고려하게 해주는 방법론적 원리였다. 사회의 총체성과 인간의 총체성에 대한 모스의 균형 잡힌 고찰은 구체적 시공간에서 반복되어온 과거의 행위들(희생, 주술, 증여 등)이 어떻게 줄기처럼 연결되고 확장되어 지금의 행위로 이어졌는가에 대한 이해를 촉구하는바, 이는 사회의 본질, 인간들 사이의 감정적 인식, 인간 행위의 근원적 동기들을 횡적으로 확대하고 종적으로 파고들어 이해하려는 시도로서 매우 중요한 의의를 지닌다.

둘째, 모스의 사상은 그가 겪었던 드레퓌스 사건, 러시아 혁명, 1차 세계대전이 낳은 거대한 파급 효과에 대한 사회학적 성찰을 빠뜨리고 접근할 수 없다. 모스는 협동조합 운동에 열정적인 사회주의자였으며 전체주의의 대두와 그 폭력성을 냉혹하게 비판했던 정치평론가였다. 이러한 정치적 이력은 모스의 사회학을 특정 정치 이데올로기로 일탈시키기는커녕, 반대로 「볼셰비즘에 대한 사회학적 평가」, 「폭력에 대한 성찰」, 「파시즘과 볼셰비즘」 등 정치사회학적으로 의미 있는 비판적 고찰을 길러 왔다. 모스는 당시 유럽을 파국으로 몰고 간 집단적 폭력의 원천을 탐지했고 온갖 정치적 이상의 난망을 예견했으며, 그것을 막기 위한 인간 사회의 역동적 호혜성이 국제적 수준에서 실현되길 꿈꿨다. 선집은 모스의 이러한 정치적 사유를 드러냄으로써 우리 공통의 미래를 어떻게 창조할 것인지 깊이 고민할 수 있는 계기를 마련하고자 한다.

셋째, 모스 선집을 기획하는 것은 우리 시대가 겪는 여러 위기를 탐문하고 대안을 모색하는 실천적 시도와 맞물려 있다. 모스의 사상은 죽은 활자와 범주로 이루어진 고전이 아니라 현대 사회학과 인류학의 패러다임을 전환시킬 수 있는 지적 에너지의 보고이다. 인간을 호모 에코노미쿠스로 정의한 근대 경제학의 태동 이래 경쟁, 축적, 투자, 이익 등 시장사회의 가치는 사회과학의 주류 개념으로 재포장되었다. 또한 자연을 약탈하면서 생태학적 위기를 초래한 성장중심주의는 제 책임을 소거한 채, 성장과 분배의 선순환을 내세우며 사회의 상식으로 군림하게 되었다. 우리는 경제적 논리로 세계를 난폭하게 횡단하고 재편하는 공리주의와 성장지상주의에 맞설 수 있는 사상적·실천적 대안을 모스의 저작, 특히 『증여론』에서 발견할 수 있다. 선물의 호혜성과 공생공락의 가치, 나눔의 윤리, 자연에 대한 존중의 세계관 등 모스의 사상과 궤를 같이하는 사회적·생태적 가치들을 발굴하는 일, 그리고 인간과 비인간의 확고한 경계 대신 둘 사이의 깊은 상호연관을 찾아내 궁극적으로 자연이 준 생명의 선물에 답례하기 위한 생태학적 부채를 상상하고 실체화하는 일이 필요하다. 모스의 저작은 우리 사회의 총체적 위기에 대한 온건한 종교적·철학적 구제책이 아니라 실천적이고 도발적인 지침이 될 수 있을 것이다.

이러한 기획 의도를 바탕으로 모스 선집은 모스가 단독으로 출간했거나 앙리 위베르, 폴 포코네, 앙리 뵈샤 등 뒤르켐 학파의 동료들과 함께 구축한 연구 성과를 소개하고, 사회학사에서 공백기로 남아 있는 20세기 전반부 프랑스 사회학의 다채로운 주제와 논점을 살펴볼 것이다. 여기에는 '희생제의'와 '주술', '기도' 등 일련의 종교사회학 주제에서 사회적 삶의 '리듬'을 다루는 사회형태학, '몸테크닉'처럼 미시적인 인간 활동에서 '문명'과 '국민'과 같은 거대한 관찰 대상에 이르는 모스의 연구 성과가 포함될 것이다.

긴 호흡으로 난해한 문헌을 파헤쳐 가야 할 모스 선집 번역 작

업을 통해 21세기의 사회학과 인류학에 활력을 불어넣는 견고한
주춧돌이 놓이길 기대한다.

역자들을 대표해서

박정호 씀

서문

우리가 『사회학 연보』의 독자들에게 소개하는 이 논문의 목적은 무엇보다도 몇 가지 명확한 개념을 종교현상 연구에 도입하는 데 있다.[1] 지금까지 종교사는 불확실한 개념들에 의존해 왔다. 물론 종교사는 확실하고 유익한 사실들로 가득 차 있으며, 이 사실들은 언젠가 종교학에 풍부한 자료를 제공할 것이다. 하지만 이는 모호한 항목들 아래 마구잡이로 분류되어 있으며, 종종 용어상의 오류로 잘못 기술되어 있기도 하다. 종교와 주술, 기도와 주문, 희생과 봉헌, 신화와 전설, 신과 영혼 같은 단어들은 무분별하게 혼용되고 있다. 종교학은 여전히 과학적 명명법을 갖추지 못한 상태이다. 따

1 　마르셀 모스와 앙리 위베르의 공동 논문인 「주술론」[원제: 주술의 일반이론 개요(*Esquisse d'une théorie générale de la magie*)]은 1904년 『사회학 연보(*L'Année Sociologique*)』에 처음 발표되었다. 이 논문의 널리 알려진 판본은 레비스트로스가 서문을 쓴 마르셀 모스의 저작 모음집 『사회학과 인류학(*Sociologie et anthropologie*)』 (1950)에 수록된 것이다. 그런데 모스의 여러 논문이 한 권의 책에 재수록되는 과정에서 「주술론」의 서문이 「보론(Appendice)」 형태로 뒤에 배치되는 편집상의 변화가 있었다. 본 번역본은 2019년 프랑스대학출판부(PUF)에서 새로 펴낸 판본을 참조해 논문이 처음 발표될 당시의 구성에 따라 서문을 다시 앞으로 옮겼음을 밝힌다.

라서 과학적 명명법을 먼저 확립하는 일이 무엇보다도 이로울 것이다. 하지만 우리의 목적은 단어를 정의하는 것뿐만 아니라 사실의 자연적 분류를 구성하고, 그것을 가능한 한 충분히 설명하여 분석해 보는 것이다. 이러한 정의와 설명을 통해 과학적 개념, 즉 개별 현상들과 그 관계들에 대한 명확한 개념을 확보할 수 있을 것이다.

이를 염두에 두고 우리는 희생제의를 연구했다. 희생제의를 연구 대상으로 삼은 것은, 모든 종교 행위 중에서 그것이 가장 전형적인 사례로 보였기 때문이었다. 우리는 희생제의의 작동 방식을 밝히고, 나아가 일단 희생제의가 확립된 뒤 그것이 어떻게 외견상 서로 다른 여러 기능에 사용되는지를 설명하고자 했다. 즉 우리는 희생제의가 종교 체계 전체에서 차지하는 중요한 위상을 입증하고자 했다.

그런데 이 첫 번째 문제는 지금 우리가 다루고 있는 또 다른 문제로 이어졌다. 희생제의를 연구하면서 우리는 의례가 무엇인지 이해할 수 있었다. 의례는 그 보편성과 지속성, 그리고 일정한 전개 방식 덕분에 일종의 필연성을 지닌 듯했다. 이 필연성은 의례 준수를 강요하는 법적 규약의 권위보다도 훨씬 더 강력해 보였다. 이러한 이유만으로도 희생제의, 나아가 모든 의례는 사회생활에 깊이 뿌리내리고 있는 것처럼 보였다. 한편, 우리는 성스러움이라는 개념을 논리적으로 적용해야만 희생제의의 작동 방식을 설명할 수 있다고 보았다. 우리는 이 개념이 논의의 전제로 주어졌다고 가정하고 연구의 출발점으로 삼았다. 또한 우리는 결론에서 희생제의에 사용되는 성스러운 사물들이 유포된 환상의 체계가 아니라 사회적인 것이며, 따라서 실재하는 것이라고 주장했다. 마지막으로 우리는 성스러운 것들이 무궁무진한 힘의 원천으로 간주되며, 매우 특별하고 다양한 효과를 낼 수 있다는 점을 확인했다. 희생제의를 모든 의례를 대표할 전형으로 보는 한, 우리는 다음과 같은 일반적인 결론에 이르게 된다. 즉, 우리 탐구의 최종 목표가 되어야 했던 모든 의례의 기본 개념은 바로 성스러움이라는 것이다.

그러나 이 첫 번째 일반화에는 분명한 한계가 있었다. 너무 특수한 사례에 근거해 도출된 결론이기 때문이다. 우리는 희생제의가 지닌 특수한 속성들을 충분히 걸러내지 못한 채, 그것을 하나의 의례가 아니라 종교적인 의례로만 간주했다. 그렇다면 우리의 귀납적 추론은 종교적 의례에만 해당하며, 그 타당성은 그러한 의례의 종교적 성격에만 달려 있는가? 아니면 의례의 종교성 여부와 관계없이 모든 의례에 확대 적용될 수 있는 것일까? 그런데 종교 의례 말고 다른 의례가 존재하기는 하는가? 사람들이 흔히 주술적 의례라는 말을 사용하는 것을 보면, 그런 의례를 암묵적으로 인정하고 있음을 알 수 있다. 실제로 주술은 종교와 유사한 다양한 행위들을 포함하고 있다. 만일 종교적이지 않은 의례가 있다면, 그것은 주술에서 찾을 수 있을 것이다.

첫 번째 연구의 결론을 검증하고 확장하기 위해, 우리는 주술을 두 번째 연구 대상으로 삼았다. 만약 주술의 근저에서 성스러움과 유사한 개념을 확인할 수 있다면, 희생제의 연구를 통해 참이라고 입증된 것은 신비롭고 전통적인 모든 기법에도 적용될 수 있을 것이다. 주술 의례야말로 언뜻 보기에 성스러운 힘이 거의 개입하지 않는 사례로 보이기 때문이다. 바로 여기에서 의례 일반에 관한 이론으로 우리를 이끌어줄 이 연구의 의의가 드러난다. 그러나 우리의 목표는 거기서 멈추지 않는다. 우리는 동시에 성스러움이라는 개념에 대한 이론을 함께 발전시키고자 한다. 주술에서도 성스러움과 유사한 개념이 작동하고 있다면, 우리는 성스러움의 범위와 보편성, 그리고 기원을 전혀 다른 차원에서 사고할 수 있기 때문이다.

이로써 우리는 하나의 중대한 난제를 제기하게 되었는데, 바로 그것이 우리를 이 연구로 이끈 주된 동기였다. 우리는 성스러움이라는 개념이 사회적 개념, 즉 집단적 활동의 산물이라고 이미 언급한 바 있다. 실제로 특정 대상들에 대한 금기나 처방은 일종의 사회적 합의의 산물로 보인다. 그렇다면 성스러움이나 그와 유사한 개념에서 파생된 주술적 실천 또한 종교 의례와 마찬가지로 사회적 사실로 보아야 마땅하다. 그러나 일반적으로 주술 의례는 그러한 형태로 나타나지 않는다. 주술 의례는 사회로부터 고립된 개인이 자신이나 타인의 이익을 위해 대리인으로서 행하는 의례이다. 따라서 주술 의례는 주술사의 독창성과 기교에 훨씬 더 크게 의존하는 것처럼 보인다. 그렇다면 이런 조건에서, 주술이 어떻게 궁극적으로 성스러움과 같은 집단적 개념에서 비롯되었고, 그것을 [개인적 목적으로-옮긴이] 활용할 수 있는 것일까? 우리는 딜레마에 직면해 있다. 주술이 집단적인가, 아니면 성스러움의 개념이 개인적인가? 이 딜레마를 해결하려면 주술 의례가 사회적 '장'[2] 속에서 어떻게 이루어지는지를 살펴봐야 한다. 만약 주술에서 그러한 장의 존재가 확인된다면, 이는 성스러움 같은 사회적 성격을 지닌 개념이 주술에서도 작용할 수 있다는 증거가 된다. 그렇게 되면 성스러움이 실제로 주술에서 어떻게 작용하는지를 밝히는 것은 아주 쉬운 일이 될 것이다.

이것이 바로 우리가 이 연구를 통해 얻고자 하는 세 번째 주요 성과이다. 우리는 의례의 작동 방식에 대한 관찰에서 의례가 펼쳐지는 장에 대한 탐구로 나아간다. 주술 의례가 이루어지는 그 장 속에서만 주술사 개인의 실천이 어떤 존재 이유를 갖는지 드러나기 때문이다.

따라서 우리는 개별 주술 의례를 분석하기보다 그것이 실질적

---

2   본문에서 'milieu'는 '장(場, field)'으로 번역하였다. milieu는 문자 그대로 '주변'이나 '환경'을 뜻하지만, 본서에서 이 단어는 단순한 물리적 배경이 아니라 주술을 일으키는 사회적·심리적·상징적 조건들의 총체로서, 특정한 주술적 힘과 집단적 정동이 작동하는 공간 또는 그렇게 구성된 분위기를 가리킨다. 실제로 모스와 위베르는 주술적 힘이, 마치 물리학의 '전기장'처럼, 비가시적이지만 그 안에 들어선 특정 대상에게 실질적인 힘(효력, 금기 등)을 행사하는 역학적 공간으로 파악한다. 또한 그들은 주술의 힘을 '잠재적 에너지'로 명명하고, 더 나아가 당시 물리학의 최신 성과를 활용하면서 주술이 펼쳐지는 공간을 '4차원적 공간'으로 간주하기까지 한다. 이렇듯 '장(milieu)'은 주술의 힘을 당시 물리학의 힘 개념에 유비(類比)하여 설명하려 했던 저자의 의도를 고려한 번역임을 밝혀둔다.

으로 전개되는 장, 즉 주술 체계 전체를 살펴볼 것이다. 이 시론적 서술을 통해, 우리는 주술과 종교의 관계라는 매우 논쟁적인 주제를 머지않아 해결할 수 있을지도 모른다. 당장 이 문제를 다룰 수도 있지만, 목표에 도달하기 위해 서둘러야 하는 만큼 거기에 집착하지는 않을 것이다. 우리는 주술의 역사를 설명하기에 앞서, 먼저 주술 자체를 이해하고자 한다. 이번 연구가 종교사회학에 가져다 줄 새로운 사실들은 지금 당장은 논하지 않고 추후 다른 논문에서 다루도록 하겠다. 덧붙여 우리는 통상적인 연구 범위를 넘어서, 고립된 개인이 주술을 통해 어떻게 사회 현상에 작용하는지 보여줌으로써, 사회학 일반의 탐구로까지 논의를 확장해 보고자 한다.

이번 주제가 요구하는 방법은 우리가 이전에 희생제의를 다룰 때 사용했던 방법과는 다르다. 여기서 수많은 주술 의식을 완벽하게 분석하는 것은 불가능할 뿐 아니라 유익하지도 않다. 희생제의와 달리 주술은 그 고유한 실재성과 형식, 기능에 대해 확신을 가지고 망설임 없이 명명하고 설명하고 분석할 수 있는 집단적 관습이 아니기 때문이다. 주술은 제도라고 부르기에도 미흡하다. 주술은 그것을 수행하고 믿는 사람들조차 제대로 정의하거나 체계화할 수 없는 행위와 신념의 총체다. 그 결과 우리는 주술의 범위가 어디까지인지 미리 알 수 없으며, 전체 주술 현상을 대표할 만한 전형적 사례를 적절하게 선택할 수도 없다. 우리는 먼저 주술에 속하는 사실들을 일람하여 그 범위를 대략 한정하는 데서 출발해야 한다. 즉 고립된 의례들을 개별적으로 분석하기보다는, 주술을 이루는 모든 구성요소를 고찰해야 한다. 요컨대 주술을 기술하고 정의하는 일부터 시작해야 한다. 이후의 분석에서는 의례의 시간적 순서에 따른 설명은 하지 않을 것이다. 실제로 우리는 의례의 구상이나 형식적 구성보다는, 주술적 작용 수단의 본질, 주술에 내재한 믿음, 주술이 불러일으키는 감정, 나아가 그 행위자에 더 깊은 관심을 두고 있다.

1장
연혁과 자료

주술은 오래전부터 사유의 대상이었다. 그러나 고대 철학자들, 연금술사들, 신학자들의 고찰은 순전히 실용적인 것이었기에, 주술의 역사에는 속할지언정 우리가 시도하는 과학적 연구의 역사에는 포함되지 않는다. 주술에 관한 과학적 연구는 그림 형제[3]의 저작에서 시작되며, 우리의 연구 또한 그들이 열어 놓은 방대한 연구 흐름을 따르고 있다.

지금은 주술적 사실의 주요 범주 대부분을 다룬 뛰어난 저작들이 다수 존재한다. 역사적 관점에서 수집되었든 논리적 관점에서 수집되었든, 주술적 사실에 관한 방대한 목록도 편찬되었다. 이와

---

[3] 그림 형제로 널리 알려진 야코프 그림(Jacob Grimm, 1785~1863)과 빌헬름 그림 (Wilhelm Grimm, 1786~1859)은 독일의 언어학자이자 민속학자이다. 이들은 독일어권 구전 동화 모음집인 『어린이와 가정의 동화(Kinder- und Hausmärchen)』 (1812~1857)의 공동 저자이다. 한편, 야코프 그림은 독일어 문법학의 기초가 된 『독일어 문법(Deutsche Grammatik)』(1819~1837)을 저술했으며, 빌헬름 그림은 『고대 덴마크 영웅 서사시(Altdänische Heldenlieder)』(1811), 『독일 영웅 전설(Die deutsche Heldensage)』(1829) 등 북유럽 신화와 독일 민담과 문학 전통에 관한 다수의 연구서를 출간했다.

더불어 잔존물[4](survivance)이나 공감[5](sympathie)과 같은 몇 가지 개념들도 확립되었다.

우리에게 직접 영향을 미친 선학들은 인류학파의 학자들이다. 이들 덕분에 상당히 일관성 있는 주술 이론을 구축할 수 있었다. 타일러는 『원시문화(*Primitive Culture*)』에서 주술을 두 번 다룬다. 처음에는 주술적 정령론(démonologie)[6]을 원시적 애니미즘에 연

---

4   진화론적 인류학의 핵심 개념인 '잔존물(survivance)'은 과거 특정 시대에 형성된 관습이나 사고방식이 더 발전된 문명 단계에서도 지속되는 현상을 가리킨다. 타일러는 『원시문화(*Primitive Culture*)』(1871)에서 주술을 애니미즘적 세계관에서 비롯된 사유 방식으로 보고, 이성적인 사고로 대체되어야 함에도 여전히 잔존하는 비합리적 관습으로 간주했다. 같은 관점에서 모건 또한 『고대 사회(*Ancient Society*)』(1877)에서 주술을 야만적 단계의 정신적 산물로서 문명 단계까지 남아 있는 과거 문화의 잔존물로 파악했다.

5   여기서 모스와 위베르가 언급하는 '공감' 개념은 특히 제임스 프레이저(James G. Frazer, 1854~1941)가 고안하고 체계화한 개념을 지칭한다. 프레이저는 주술을 자연법칙에 대한 오해에서 비롯된 잘못된 관념연합으로 이해했으며, 사물들 사이에 실재하지 않는 관계를 전제한다는 점에서 이를 '공감'이라고 명명했다. 그는 『황금가지(*The Golden Bough*)』에서 주술을 지배하는 두 가지 법칙(접촉의 법칙과 유사의 법칙)을 지성주의적 관점에서 기술하고, 이 두 법칙을 '공감 주술'이라는 개념 아래 통합한다. 한편, 본 역서에서는 프레이저가 사용한 'sympathetic magic'을 국내에서 통용되는 번역에 따라 '공감 주술'로 옮긴다. 다만 여기서 '공감(sympathy)'은 오늘날 '정서적 일치'나 '동정'으로서의 심리적 공감을 뜻하지 않는다. 그것은 사물들 간의 유사성과 연속성에 의해 한쪽의 변화가 다른 쪽에 전달된다는 '감응'을 의미한다.

6   기독교적 악마 개념의 직간접적 영향으로 신학과 일부 종교학 분야에서 démonologie는 보통 '악령론' 혹은 '악마론'으로 번역된다. 하지만 마르셀 모스와 앙리 위베르가 『주술론』에서 사용하는 'démon'은 특정 종교나 문화권의 악마나 악령에 국한되지 않으며, 전통 신앙과 의례에서 나타나는 중립적이고 다의적인 '정령' 개념에 더 가깝다. 이에 따라 본 번역서에서는 démon은 '정령'으로, démonologie는 '정령론'으로

관시키고, 두 번째로는『원시문화』2권에서 공감 주술 — 이 개념을 처음으로 제시한 학자 중 한 명으로서 — 을 언급한다. 그는 같은 것에서 같은 것으로, 인접한 것에서 인접한 것으로, 이미지에서 사물로, 부분에서 전체로 영향을 미친다는 소위 공감 법칙으로 주술 의례를 설명한다. 그런데 타일러는 특히 우리 사회에서 주술이 잔존물의 일부임을 보여주고자 한다. 사실 그는 애니미즘으로 설명할 수 있는 범위 내에서만 주술을 설명할 뿐이다. 마찬가지로 윌켄[7]과 시드니 하틀랜드[8] 역시 각각 애니미즘과 샤머니즘, 그리고 생명의 담보(gage de vie)에 대한 논의를 통해 주술을 다루는데, 인간과 그의 생명이 묶여 있는 특정 사물이나 존재 사이의 관계를 공감적 관계로 간주한다.

　프레이저와 레만[9]에 이르러서야 비로소 본격적인 주술 이론이

　옮겼으며, 악의적인 영적 존재를 가리킬 때는 각각 '악령', '악령론'으로 구별하여 번역했다(이에 대한 자세한 설명은 옮긴이 주 113을 참조).

7　조지 알렉산더 윌켄(George Alexander Wilken, 1847~1891)은 네덜란드의 인류학자이자 민속학자로, 인도네시아 지역의 종교와 관습에 관한 비교연구로 알려져 있다. 그는 특히 초기 종교와 주술, 법 제도의 기원을 분석하여 19세기 말 유럽 인류학의 진화론적 전통에 기여했다.

8　에드윈 시드니 하틀랜드(Edwin Sidney Hartland, 1848~1927)는 영국의 민속학자이자 법률가이다. 그는 신화와 동화를 과거 문화의 잔존물로 간주하고 그 기원을 분석함으로써 초기 사회제도와 문화의 발생을 추적했다. 주요 저서로는『요정 설화 연구(*The Science of Fairy Tales*)』(1891),『페르세우스의 전설(*The Legend of Perseus*)』(1894~1896),『원시부권(*Primitive Paternity*)』(1909~1910) 등이 있다.

9　알프레드 레만(Alfred Lehmann, 1858~1921)은 덴마크의 심리학자이자 인식론 연구자이다. 그는『미신과 주술(*Overtro og Trolddom*)』(1890)에서 주술을 단순한 오류

등장한다. 프레이저는 『황금가지(*The Golden Bough*)』 제2판에서 자신의 이론을 기술했는데, 우리가 보기에 이 이론은 타일러를 비롯해 알프레드 라이얼 경[10], 제번스[11], 랭[12], 올덴베르크[13] 등 여러 학

또는 암시에 의한 결과로 해석했다. 이 저서의 독일어 증보판(1898)에 대해 모스는 『사회학 연보』 2호(1897~1898)에 서평을 남긴 바 있다.

10 알프레드 라이얼(Alfred Comyn Lyall, 1835~1911)은 영국의 동양학자이자 법률가로, 인도 법제와 종교, 민속에 관한 저술을 남겼다. 그는 주술과 종교의 관계에 대한 탐구를 통해 비교종교학 발전에 기여했으며, 식민지 행정관으로서 정치권력과 종교의 관계에 관한 연구도 남겼다. 대표 저서로는 두 차례에 걸쳐 출간된 『극동의 종교 및 사회적 풍속에 관한 연구(*Asiatic Studies: Religious and Social*)』(1882, 1899)가 있다.

11 프랭크 바이런 제번스(Frank Byron Jevons, 1858~1936)는 영국의 고전학자이자 종교학자로, 비교종교학과 고대 종교의 기원에 관한 이론으로 알려져 있다. 그는 『종교사 입문(*An Introduction to the History of Religion*)』(1896)과 『진화(*Evolution*)』(1900) 등의 저서를 통해 주술을 종교의 원시적 형태로 보고, 종교가 주술적 요소에서 벗어나 점차 합리적이고 도덕적인 형태로 발전한다는 진화론적 관점을 견지했다. 프레이저와 마찬가지로 제번스 역시 주술을 유사성의 원리와 접촉의 원리에 기반한 그릇된 관념 연상으로 파악했다.

12 앤드루 랭(Andrew Lang, 1844~1912)은 스코틀랜드의 민속학자이자 인류학자로서 신화, 동화, 종교의 기원에 관한 연구로 널리 알려져 있다. 그는 막스 뮐러의 종교 기원 이론을 비판했으며, 『주술과 종교(*Magic and Religion*)』(1901)에서는 주술의 실패가 종교를 낳았다는 프레이저의 견해를 반박했다. 랭은 타일러의 진화론을 지지하면서도, 가장 원시적인 집단에서도 문명사회에서나 볼 수 있는 고등 신 개념이 존재한다는 입장을 내세워 타일러와 거리를 두었다.

13 헤르만 올덴베르크(Hermann Oldenberg, 1854~1920)는 독일의 인도학자이자 종교사학자로, 베다 문헌과 초기 인도 종교 연구로 유명하다. 주요 저서인 『붓다: 그의 삶, 가르침, 공동체(*Buddha: Sein Leben, seine Lehre, seine Gemeinde*)』(1881)와 『베다 종교(*Die Religion des Veda*)』(1894) 등을 통해 고대 인도 제의와 신화의 구조를 분석했다.

자가 이어온 학문적 전통을 가장 명확하게 대표한다. 세부적으로는 견해차가 있지만, 이들 모두는 주술을 일종의 전(前)과학으로 간주한다는 점에서 의견을 같이한다. 바로 이 점이 프레이저 이론의 핵심이므로 우리는 이 이론을 먼저 살펴보고자 한다. 프레이저에 따르면, 주술이란 이른바 두 가지 공감의 법칙, 즉 유사의 법칙과 접촉의 법칙을 적용하여 특정한 효과를 얻으려는 행위를 뜻한다. 그는 이 법칙들을 다음과 같이 공식화한다. "유사한 것은 유사한 것을 낳는다. 한 번 접촉했던 사물들은 서로 떨어진 이후에도 마치 그 접촉이 지속되는 것처럼 계속해서 서로에게 작용한다." 여기에 "부분과 전체의 관계는 이미지와 그것이 나타내는 대상의 관계와 같다"라는 말을 덧붙일 수 있다.

　이렇듯 인류학파의 정의는 주술을 공감 주술로 환원하려는 경향이 짙다. 이 점에서 프레이저의 공식은 매우 단호하며, 망설임이 없고 어떠한 예외도 인정하지 않는다. 공감은 주술의 필요충분조건이며, 모든 주술 의례는 공감적이고 모든 공감 의례는 주술적이다. 물론 주술사들이 기도나 희생제의 같은 종교의식을 모방하거나 풍자할 때도 있고, 어떤 사회에서는 사제들이 주술 행위에 특출한 능력을 보이기도 한다. 그러나 그들의 주장에 따르면, 주술과 종교의 경계가 뒤섞이는 현상은 후대에 나타났으므로 주술을 정의할 때 이 현상을 고려할 필요는 없다. 주술을 정의할 때는 순수한 주술만을 고려해야 한다는 것이다.

　이 첫 번째 명제에서 또 다른 명제들을 도출할 수 있다. 첫째, 주술 의례는 영적 매개자의 개입 없이 직접적으로 작용한다. 둘째, 주술의 효력은 필연적이다. 이 두 가지 특성 가운데 첫 번째는 보편적이지 않은데, 이는 주술이 쇠퇴하는 과정에서 종교에 오염되어 신이나 악마의 형상을 빌려왔기 때문이다. 그렇다 해도 두 번째 특성의 타당성이 훼손되지는 않는다. 매개자가 존재하더라도, 주술 의례는 다른 현상들을 제어하듯 그 매개자도 제어하기 때문이다. 즉, 주술은 강제하고 속박하는 반면, 종교는 달래고 회유한다. 이 특성 덕분에 주술과 종교가 혼동될 때조차 양자를 본질적으로 구별할 수 있는데, 프레이저에 따르면 바로 이 특성이 주술의 가장 항구적이고 일반적인 특성으로 남아 있다.

프레이저의 이론은 보다 폭넓은 가설과 결합하면서 한층 더 복잡해진다. 이렇게 정의된 주술은 인간 사유의 원초적 형태가 된다. 과거에는 주술이 순수한 상태로 존재했고 태초의 인간은 주술적인 방식으로만 사유했다는 것이다. 원시 종교나 민간전승에 주술 의례가 널리 퍼져 있다는 사실이 이 가설을 뒷받침하는 강력한 증거로 보인다. 또한 중앙 오스트레일리아의 일부 부족들 사이에서는 이러한 주술적 정신 상태가 여전히 유지되고 있다. 실제로 그곳의 토템 의식은 모든 측면에서 주술적 성격을 띤다고 한다. 이처럼 주술은 원시인의 신비적 삶 전체와 경험적 지식의 삶 전체를 동시에 구성한다. 주술은 우리가 가정하거나 확인할 수 있는 인간 정신 진화의 첫 번째 단계이다.

종교는 주술의 실패와 오류에서 탄생했다. 처음에 인간은 자신의 관념들과 그 결합 방식을 주저하지 않고 객관화했고, 머릿속에서 생각을 떠올리듯 사물도 그렇게 창조할 수 있다고 상상했으며, 자신의 동작을 통제하듯 자연의 힘도 통제할 수 있다고 믿었다. 그러나 결국 세계가 자신에게 저항한다는 사실을 깨닫고, 자신이 독차지했던 신비한 힘을 세계에 돌려주었다. 한때 신이었던 인간은 이제 세상을 신들로 채우게 된다. 인간은 더는 신들을 강제하지 않고 숭배를 통해, 즉 희생제의와 기도를 통해 그들과 유대를 맺는다.

물론 프레이저는 이 가설을 조심스럽게 제시하지만, 동시에 그것을 강하게 고수하기도 한다. 또한 그는 인간 정신이 종교에서 출발해 과학으로 향하는 경로를 설명하면서 이 가설을 보완한다. 인간은 종교의 오류를 확인할 수 있게 되자 인과관계의 단순한 적용으로 회귀했고, 이때부터 주술적 인과관계 대신 경험적 인과관계가 중요해졌다는 것이 그의 설명이다. 나중에 이 이론의 여러 측면을 상세히 살펴볼 것이다.

레만의 저서는 심리학적 성격의 연구로, 그 서문에는 주술의 짧은 역사가 실려 있다. 그는 당대의 몇 가지 사례를 관찰하면서 논의를 시작한다. 그는 주술을 "미신의 실천"으로 정의하는데, 여기서 미신이란 "종교적이지도 과학적이지도 않은 믿음"을 가리킨다. 이는 심령술(spiritisme)이나 비의적 관행(occultisme)의 형태로 오늘날 사회에도 여전히 존속하고 있다. 실험심리학 기법을 사용해 강신술사의 주요 경험을 분석하면서, 레만은 기대 심리 현상이 유발하는 착각과 선입견, 지각 오류가 주술에 내재해 있음을 발견하게 된다.

지금까지 살펴본 연구들은 공통된 특징, 아니 공통된 결함을 지닌다. 이들 연구에서는 다양한 유형의 주술적 사실을 완전히 나열하려는 시도가 없었기에, 주술적 사실 전체를 포괄하는 과학적 개념이 제대로 정립되었다고 보기 어렵다. 프레이저와 제번스가 유일하게 시도한 주술에 대한 정의조차 편향된 전제에 영향을 받았다. 그들은 스스로 전형적이라고 여긴 사례만 선택했으며, 순수한 주술이 과거에 존재했다고 가정하고 그것을 공감 주술로 환원했다. 그러나 그 선택이 정당했는지는 입증하지 못했다.

그들은 행위자나 목격자 모두가 주술이라고 여겨온 수많은 관행들, 예컨대 주문(呪文)이나 정령이 개입하는 의례를 연구 대상에서 제외했다. 만일 주술의 기존 정의를 무시하고, 협소하게 설정된 몇 가지 개념과 실천만을 주술로 규정한 뒤, 그 외의 것은 단지 주술처럼 보일 뿐이라고 주장한다면, 왜 그토록 많은 사람이 실제로는 주술이 아닌 것을 주술로 오해했는지를 설명해야 한다. 그러나 이에 대한 설명은 찾아볼 수 없다. 혹자는 공감 주술이 본래 독립된 범주를 형성하므로 다른 사실들과 명확히 구분되어야 한다고 주장할지도 모른다.

만약 그렇다면 공감 주술은 다른 주술과 뚜렷이 구별되는 고유한 표현, 이미지, 사회적 태도를 반드시 만들어냈어야 한다. 하지만 그렇게 해석하기는 어렵다. 어쨌든 프레이저와 제번스는 자신들의 이론이 공감적 행위에 대한 이론일 뿐, 주술 전반에 대한 이론은 아니라고 분명히 밝혔어야 했다. 결국 지금까지 주술에 대해 명확하고 완전하고 만족스러운 개념을 제시한 사람은 아무도 없었다. 문제는 그러한 개념이 우리 연구에 필수적이라는 점이다. 따라서 우리가 스스로 그 개념을 구축해야 한다.

이를 위해서는 한두 가지 주술만 연구해서는 안 되고, 가능한 한 많은 주술 사례를 동시에 고찰해야 한다. 사실 우리는, 아무리 잘 선택한 사례라고 해도, 단 하나의 주술 사례 분석만으로 모든 주술 현상의 법칙을 도출할 수 있다고 기대하지 않는다. 주술의 범위에 대한 불확실성이 남아 있는 이상, 단 하나의 사례가 과연 주술 현상 전체를 대표한다고 볼 수 있을지 염려되기 때문이다. 다른 한편, 우리는 가능한 한 이질적인 주술 체계들을 연구해야 한다. 이러한 연구를 통해, 문명에 따라 주술이 다른 사회 현상들과 맺는 관계가 아무리 다양하더라도, 주술은 어디에서나 동일한 본질적 요소들을 포함한다는 점, 다시 말해 주술은 어디에서나 동일하다는 사실을 입증할 수 있을 것이다.

그런데 무엇보다도 우리는 매우 원시적인 사회의 주술과 고도로 분화된 사회의 주술을 함께 연구해야 한다. 우리는 전자의 사회에서 여러 주술의 근원이 되는 기초적 사실을 가장 원형적 형태로 발견할 수 있다. 한편, 더 완전한 조직과 뚜렷한 제도를 갖춘 후자의 사회에서는 더 이해하기 쉬운 주술 사례를 확보해 원시사회의 주술을 이해하는 데 필요한 자료로 삼을 수 있다.

우리는 주술의 완전한 체계를 재구성할 수 있는 가장 신뢰할 만한 자료만을 다루고자 했다. 물론, 이에 따라 우리의 관찰 범위는 상당히 축소되지만, 가능한 한 비판의 여지가 없는 자료만을 다루는 것이 필수적이었다. 따라서 우리는 한정된 수의 주술 사례만을 선별해 관찰하고 비교하기로 했다. 그 대상은 오스트레일리아 몇몇 부족의 주술[14], 멜라네시아 일부 사회의 주술[15], 이로쿼이 계통의 두 종족(체로키족과 휴론족)의 주술, 알곤킨 어족에 속한 오지브

---

14 (원주) 아룬타족에 관해서는 Spencer & Gillen, *The Native Tribes of Central Australia*, Londres, 1898. 퀸즐랜드 중부의 피타피타족 및 인근 부족에 관해서는 W. Roth, *Ethnological Studies among the North-Western Central Queensland Aborigines*, Brisbane, 1897. 쿠르나이족, 머링족 및 남동부 인근 부족에 관해서는 Fison & Howitt, *Kamilaroi and Kurnai*, 1885 및 같은 저자의 "On some Australian beliefs", in *Journal of the Anthropological Institute*, 13권, 1883, 185쪽 이하; "Australian Medicine-Men", in *J.A.I.*, 16권, 32쪽 이하; "Notes on Australien Songs and Song-Makers", in *J.A.I.*, 17권, 30쪽 이하 참고. 이 자료들은 귀중하지만, 특히 주문(incantation)에 대한 설명 등 일부 내용이 부실하다는 한계를 지닌다.

15 (원주) 뱅크스제도, 솔로몬제도, 뉴헤브리디스제도에 관해서는 Codrington, *The Melanesians, their Anthropology and Folklore*, 1890 참조. 이 핵심적인 연구를 중심으로 우리는 여러 민족지학적 정보를 참고했는데, 그중에는 타나섬에 관한 그레이(Gray)의 연구(in *Proceedings of the Australian Association for the Advancement of Science*, 1892년 1월)와 시드니 H. 레이(Sidney H. Ray)의 논문("Some Notes on the Tannese", in *Internationales Archiv für Ethnographie*, 7권, 1894, 227쪽 이하)이 포함된다. 이 연구들은 마나(mana) 개념에 대한 정보를 제공한다는 점에서 특히 흥미롭지만, 의례의 세부 사항과 주문, 그리고 주술 및 주술사의 전반적인 체계에 관한 기술은 미흡하다.

웨이족의 주술 등이다.[16] 또한 고대 멕시코의 주술도 검토했다.[17] 더 나아가 말레이 해협 말레이인들의 근대 주술[18]과 인도 주술의 두 가지 형태, 즉 북서부 지역에서 연구된 당시의 민간 형태와 베다라 불리는 문헌 시대에 일부 브라만 계층이 남긴 준(準)학문적 형태도 다루었다.[19] 셈어권 자료는 완전히 배제되지는 않고 극히

---

16 (원주) 체로키족 사이에서는 주술사들이 세쿼이아 문자로 쓴 주술 의식 관련 정
    식 수사본(手寫本)이 전해진다. 무니(Mooney)는 550개에 달하는 주술 공식과 의
    식을 비롯해 그에 관한 뛰어난 주석까지 입수했다("The Sacred Formules of the
    Cherokees", in *VIIth Annual Report of the Bureau of American Ethnology*, 1887 및
    "The Myths of the Cherokees", in *XVIIIth Ann. Rep. Bur. Amer. Ethn.* 참조). 휴론
    족에 관해서는 휴윗(Hewitt)의 오렌다에 대한 뛰어난 자료를 참조했으며, 이에 대
    한 설명은 후술할 것이다. 오지브웨이족(알곤킨 어족)의 그림문자 기록물은 다양한
    주술 결사체의 입회식을 묘사하고 있어 우리 연구에 매우 유용했다. 손으로 기록한
    텍스트이자 형상이 묘사된 석문(石文)으로서 가치를 동시에 지니는 이 그림문자 기
    록물은 호프만(Hoffman)의 저작("The Mide'wiwin of the Ojibwa", in *VIIth Ann.
    Rep. Bur. Amer. Ethn.*, 1887)에도 수록되어 있다.

17 (원주) 멕시코의 주술에 관해서는, 사아군을 기리기 위해 나우아틀어와 스페인어
    로 작성된 삽화 필사본을 보라. 이 문서는 젤러(Seler)가 번역·출판했고 주석이 추
    가되어 있다("Zauberei und Zauberer im Alten Mexico", in *Veröffentlichungen aus
    dem Königlichen Museum für Völkerkunde*, 7권, 2, 2/4). 이 자료는 내용은 탁월하나
    전반적으로 개요 수준에 그친다[사아군은 16세기 스페인의 프란치스코회 선교사이
    자, 아즈텍문명 연구에 지대한 공헌을 한 베르나르디노 데 사아군(Bernardino de
    Sahagún, 1499~1590)을 가리킨다 - 옮긴이].

18 (원주) W. W. Skeat, *Malay Magic*, Londres, 1899. 이 책은 저자가 직접 관찰했거나
    다수의 주술 관련 소책자 필사본에서 수집한 훌륭한 사례 총람을 담고 있다. 이 사례
    들은 잘 분석되어 있고 매우 완벽하게 기술되어 있다.

19 (원주) 인도인들은 우리에게 비할 데 없이 방대한 주술 자료 총체를 남겼다. *Atharva
    Veda*의 찬가와 주술, 주문들에 관해서는 로트(Roth)와 휘트니(Whitney) 편집

일부만 활용했다.[20] 그리스와 로마의 주술에 관한 연구[21]는 주술적
표상과 고도로 분화된 주술의 실제 작동 방식을 이해하는 데 특히

본, 1856; 사야나(Sāyana)의 주해서와 함께 나온 편집본, Bombay, 1895~1900, 4
권; 베버(Weber)의 제1~6권 논문, in *Indische Studien*, 11~18권; 앙리(Henry)의
제7~14권 번역본(*Livres VII-XIV*), Paris, Maisonneuve, 1887~1896; 블룸필드
(Bloomfield)의 선별 찬가 번역 및 주해, "Hymns of the Atharva Veda", in *Sacred
Books of the East*, 42권; *Kauśikasūtra*의 의례 문헌들 (블룸필드(Bloomfield) 편집
본, in *Journal of the American Oriental Society*, 14권, 1890; 칼란트(Caland)의 부분
번역 및 거의 최종적인 형태의 주해, *Altindisches Zauberritual*, Amsterdam, 1900;
Weber, "Omina und Portenta", in *Abhandlungen der Königlichen Akademie der
Wissenschaften*, Berlin, 1858, 344~413쪽을 참조). 다만 연대가 불분명한 이 문헌
들은 브라만교의 모든 주술이나 고대 인도의 모든 주술을 대표하는 것이 아니라,
*Atharva Veda*와 관련된 브라만 학파 중 하나의 문헌적 전통만을 보여줄 뿐이라는 점
에 유의해야 한다. 근대 인도에 관해서는 주로 크룩(Crooke)의 자료집(*The Popular
Religion and Folklore of Northern India*, 2권, Londres, Constable, 1897)을 이용했다.
이 책에는 특히 주술 의례의 세부 사항과 주문의 구체적인 내용과 관련하여 일부 누
락된 내용이 있다.

20 (원주) 아시리아 주술에 관해서는 몇 가지 퇴마 의식만 알려져 있다(Fossey, *La
    Magie assyrienne*, 1903 참조). 한편 유대인의 주술에 관해서는 단편적 자료만 확보
    할 수 있다(Witton Davies, *Magic, Divination and Demonology among the Hebrews*,
    1898 및 L. Blau, *Das altjüdische Zauberwesen*, 1898 참조). 아랍 주술은 이번 연구에
    서 다루지 않았다.

21 (원주) 그리스와 라틴 자료들의 가치에 관해서는 우리 중 한 명인 위베르(H.
    Hubert)가 다렝베르(Daremberg)와 사글리오(Saglio)의 *Dictionnaire des Antiquités
    grecques et romaines*에서 이미 설명한 바 있다(6권, fasc. 31, 9쪽 이하). 우리는 주로
    주술 파피루스를 참조했는데, 이는 완전한 의례서는 아닐지라도 특정 의례들에 대한
    온전한 정보를 제공한다. 또한 베르틀로(Berthelot)의 연금술사 문헌(*Collection des
    alchimistes grecs*)도 참조했다. 한편, 주술 이야기나 설화의 원문은 신중하게 활용했다.

유익했다. 마지막으로, 우리는 중세 주술의 역사[22], 그리고 프랑스, 독일, 켈트, 핀란드의 민속 전승에서 충분히 입증된 주술적 사실들도 연구에 포함했다.

---

22 (원주) 중세 주술 연구는 한센(J. Hansen)이 쓴 두 권의 저작에 크게 의존하였으며, 이에 대한 서평은 *L'Année sociologique*, 5호 (1902), 228쪽 및 이하에 수록되어 있다.

2장
주술의 정의

우리는 많은 사회에서 주술이 여타의 사회적 사실 체계들과 충분히 구별되어 왔다고 잠정적으로 가정한다. 그렇다면 주술은 독립된 범주를 형성할 뿐 아니라 명확히 정의될 수 있는 현상이라고 할 수 있다. 주술에 대한 정의는 우리가 직접 내려야 한다. 어떤 의례를 행하거나 목격한 사람들이 그 행위를 주술로 지칭했더라도, 우리가 곧바로 이를 주술로 받아들일 수는 없기 때문이다. 그들의 주관적 관점이 반드시 과학적 관점과 일치하는 것은 아니다. 예컨대 어떤 종교는, 오래된 의례들이 여전히 종교적으로 행해지고 있음에도 불구하고, 그 잔재를 주술이라고 부른다. 이러한 관점은 학자들 사이에도 널리 퍼져 있어, 저명한 민속학자 스키트[23]조차 말레이인의 고대 농경의례를 주술로 간주할 정도다. 그러나 사회 전

---

23 월터 윌리엄 스키트(Walter William Skeat, 1866~1953)는 영국의 인류학자로 『말레이 주술: 말레이 반도의 민속과 민간 종교에 대한 입문(*Malay Magic: Being an Introduction to the Folklore and Popular Religion of the Malay Peninsula*』(1900)의 저자이다. 모스는 『사회학 연보』 4호(1901)에 스티트의 이 저서에 관한 장문의 서평을 남긴 바 있다(Marcel Mauss, Œuvres. 2. *Représentations collectives et diversité des civilisations*, Les Éditions de Minuit, 1974, pp. 383~388 참조).

체가 주술로 인정한 것만을 주술로 간주해야 하며, 사회의 일부만이 주술로 지칭한 것은 주술로 여겨서는 안 된다. 또한 우리는 각 사회가 항상 자신의 주술을 명확하게 인식한 것은 아니며, 그 인식조차 점진적으로 형성되었다는 사실도 알고 있다. 그러므로 주술에 대한 완벽한 정의를 즉시 내릴 수 있으리라 기대하지 않는다. 완벽한 정의는 주술과 종교의 관계를 연구한 후에야 비로소 가능할 것이다.

주술은 집행자와 행위 그리고 표상으로 구성된다. 우리는 본업이 아니더라도 주술 행위를 수행하는 사람이면 누구든 **주술사**라고 부른다. 그리고 주술 행위에 수반되는 관념이나 신앙은 **주술 표상**이라고 명명할 것이다. 또한 주술의 실제 행위는 **주술 의례**라고 부르는데, 이 행위는 주술의 다른 요소들을 정의하는 기준이기도 하다. 이제 중요한 문제는 이러한 주술 행위를, 그것과 혼동하기 쉬운 다른 사회적 행위들과 명확히 구별하는 것이다.

주술 의례와 주술 전체는 무엇보다도 전승되는 사실이다. 반복되지 않는 행위는 주술이 될 수 없다. 집단 전체가 그 효력을 믿지 않는 행위도 주술로 볼 수 없다. 주술 의례의 형식은 전승되기에 매우 적합한 성질을 지니며, 사회적 통념에 의해 공인된다. 이런 점에서 도박꾼이 수행하는 미신적 행위처럼 철저히 개인적인 행위는 주술이라 할 수 없다.

주술과 혼동되기 쉬운 전통적 행위로는 법적 행위와 기술 그리고 종교 의례가 있다. 사람들은 법적 의무 체계를 주술에 결부시켜 왔다. 둘 다 의무를 부과하거나 구속력을 지닌 엄숙한 말과 몸짓, 다시 말해 의례적인 형식들을 포함하기 때문이다. 하지만 법적 행위가 때로 의례적 성격을 띠고, 계약이나 서약, 신명재판(神明裁判)이 어떤 면에서 성례(聖禮)적 특성을 지니더라도, 이는 그 행위 자체가 본래 그래서가 아니라 여러 의례와 뒤섞였기 때문이다.[24] 이런 행위들이 특수한 효력을 지니거나 존재들 간의 계약 관계를 확립하는 것 이상의 효과를 낳는다면, 그것은 법적 행위가 아니라 주술적이거나 종교적 행위에 해당한다. 반면 의례적 행위는 본질적으로 협약을 넘어서는 결과를 낳을 수 있다. 그것은 강력한 효력을 발휘하며, 창조적이고 실제로 무언가를 행한다. 주술 의례는 특히나 그런 특성을 지닌 것으로 여겨진다. 심지어 의례를 가리키는 단어 자체가 효과를 낳는 행위라는 의미에서 유래했을 정도이다. 인도에서는 의례를 가장 잘 나타내는 단어로 행위를 뜻하는 카르만(*karman*)[25]이 사용된다. 주술적 저주(envoûtement)는 전형적인

---

24 이 문제는 모스가 1896년 『종교사 리뷰(*Revue de l'histoire des religions*)』 제34 · 35호에 발표한 슈타인메츠(Steinmetz) 저작에 대한 주석에서 다룬 바 있으며, 해당 텍스트인 「종교 그리고 형법의 기원(la religion et les origines du droit pénal d'après un livre récent)」은 Marcel Mauss, *Œuvres. 2.* pp. 651~698에 수록되어 있다.

25 산스크리트어 'karman'은 '행위' 또는 '작용'을 의미하며, 특히 베다 전통에서 제사의 반복성과 효능성을 설명하는 핵심 개념으로 사용되었다.

의미에서 '행해진 것'을 뜻하는 팍툼(*factum*)[26], 크리티야(*krtyâ*)[27]라고 불린다. 독일어 자우버(*Zauber*)도 어원적으로 같은 의미를 지니며, 다른 언어들에서도 주술을 지칭하는 단어는 대개 **행하다**를 의미하는 어근에서 유래한다.

하지만 기술에도 창조적 측면이 있다. 기술을 이루는 동작 하나하나에도 효력이 있다고 여겨지기 때문이다. 이런 관점에서 보면, 인류 대다수는 기술과 의례를 명확히 구별하지 못한다. 실제로 오늘날 기술과 산업이 힘겹게 이룬 목표치고, 과거 주술로 달성할 수 없다고 여겨졌던 것은 단 하나도 없을 것이다. 동일한 목적을 지향하는 만큼 주술과 기술은 자연스럽게 결합하며, 양자의 혼합은 지속적으로 이루어진다. 하지만 그 결합의 양상은 일정하지 않다. 일반적으로 어업, 수렵, 농경에서는 주술이 기술과 병행하며 이를 보조한다. 반면 어떤 기술들은 말 그대로 주술에 완전히 사로잡혀 있다. 의술이나 연금술이 그러하다. 오래전부터 이 분야에서 기술적 요소는 최소화된 채 주술의 지배를 받아왔다. 의술과 연금술은

---

26 라틴어 'factum'은 본래 '행해진 것'(사실이나 사건)을 의미하지만, 고대 주술에서는 실제 효과를 발생시키는 주술 행위나 그 결과를 뜻하기도 했다. 특히 중세에는 주술적 시술이나 저주의 효력을 나타내는 용어로 쓰였으며, 이후 주술의 물리적 효과에 관한 법적·신학적 논의의 핵심 개념이 되었다.

27 산스크리트어 'Krtyâ'는 '해야 할 것', 즉 '의무적 행위'를 뜻하며, 해를 끼치기 위한 주술적 행위를 일컫는 용어로도 쓰였다. 모스와 위베르는 이 용어를 라틴어에서 행위를 뜻하는 팍툼(factum)과 병기하면서, 주술적 저주 개념이 여러 문화권에서 공통으로 '무언가를 적극적으로 행하는 것'이라는 관념과 연결되어 있음을 강조한다.

주술의 품 안에서 생겨나 발전한 것처럼 보일 만큼 주술에 의존해 왔다. 최근까지도 의료행위에는 기도, 주문, 점성술적 예방조치와 같은 종교적이고 주술적인 처방이 늘 뒤따랐다. 의사가 사용하는 약물과 식이요법이나 외과의의 손놀림도 상징체계, 공감, 동종요법, 반감으로 구성되었고, 실제로도 이 모든 것이 주술로 여겨졌다. 이처럼 의례의 효력과 기술의 효력은 서로 분리되지 않고 동시에 함께 사유되었다.

주술의 전통적 성격이 기술과 산업 분야에서도 발견되기 때문에, 이러한 혼동은 더욱 쉽게 발생한다. 장인(匠人)이 반복적으로 수행하는 동작은 주술사의 동작만큼이나 일관되게 정해져 있다. 그럼에도 사람들은 기술과 주술을 어디서나 구별해 왔다. 이는 둘 사이에 쉽게 포착하기 어려운 방법론적 차이가 있다고 여겼기 때문이다. 기술에서는 결과가 기계적으로 발생하는 것으로 인식된다. 즉, 결과는 동작과 도구, 물리적 매개체들의 공동 작용에서 직접 생긴다. 결과는 원인으로부터 바로 이어진다. 창을 던지면 날아가고 불을 피우면 음식이 조리되듯이, 결과는 수단과 동질적이다. 더 나아가 전통은 끊임없이 경험을 통해 검증되며, 경험은 기술적 믿음의 타당성을 지속적으로 시험한다. 기술이 존립할 수 있는 까닭은 원인과 결과의 이러한 동질성을 계속해서 인식하기 때문이다. 반면 어떤 활동이 주술적이면서 동시에 기술적이라면, 그 주술적 부분은 이러한 정의에 맞지 않는다. 예를 들어 의료행위에서 말과 주문, 의례적 혹은 점성술적 준수 행위가 바로 주술적 부분에 해당한다. 바로 그곳에 은밀한 힘과 영적 존재들이 깃들어 있고, 의례적 동작이나 몸짓에 특수한 효력을 부여하는 사고가 작용하고 있다. 이러한 효력은 기계적 효과와는 다르다. 이때 사람들은 신체 동작의 감각적 효과를 참된 효과라고 생각하지 않는다. 참된 효과는 언제나 감각적 효과를 넘어선다. 막대기로 샘물을 휘저어 비를 내리게 하려는 행위에서 볼 수 있듯이, 감각적으로 관찰되는 효과와 실제로 기대되는 참된 효과는 서로 다른 차원에 속한다. **독자적인 효력을 지닌 전통적 행위**, 바로 그것이 우리가 의례라고 부를 수 있는 것의 고유한 특성이다.

지금까지 우리는 의례를 정의했을 뿐, 주술 의례는 아직 정의하지 않았다. 이제 주술 의례와 종교 의례를 구분하는 문제가 남아 있다. 앞서 살펴봤듯이, 프레이저는 몇 가지 기준을 제시했다. 첫 번째는 주술 의례가 공감 의례라는 점이다. 그러나 이 기준만으로는 충분하지 않다. 공감적이지 않은 주술 의례도 있을 뿐 아니라 공감이 주술에만 한정된 것도 아니기 때문이다. 종교에도 공감적 행위가 나타난다. 초막절(Souccot)[28] 동안 예루살렘 성전에서 대제사장이 두 팔을 들어 제단에 물을 붓는 행위는 분명 비를 부르기 위한 공감 의례이다. 또한 힌두교의 엄숙한 제사 의식에서 제사장이 헌주(獻酒)의 경로에 따라 제주(祭主)의 생명을 임의로 늘리거나

---

28 초막절(Souccot)은 유대교의 주요 순례 축제로서 광야에서의 방랑과 신의 보호 그리고 수확기를 기념하는 종교 관습을 가리킨다.

줄이는 행위도 전형적인 공감 의례이다. 두 경우 모두 상징의 의미가 매우 명확해서, 의례가 마치 그 자체로 효과를 내는 것처럼 보일 정도이다. 그러나 두 의례 모두 전적으로 종교적이다. 의례 집행자, 장소의 성격, 그곳에 출현한 신성한 존재, 행위의 엄숙함, 참석자들의 의도를 고려할 때, 이는 의심의 여지가 없다. 결국 공감 의례는 주술적일 수도 있고 종교적일 수도 있다.

프레이저가 제시한 두 번째 기준에 따르면, 주술 의례는 보통 그 자체로 작용하고 대상을 강제하는 반면, 종교 의례는 대상을 숭배하고 회유한다. 또한 주술 의례가 즉각적이고 기계적으로 작용하는 반면, 종교 의례는 일종의 정중한 설득을 통해 간접적으로 작용하는데, 이는 그 행위자가 영적 중재자이기 때문이다. 그러나 이러한 구분만으로는 충분하지 않다. 종교 의례 또한 종종 강제적이기 때문이다. 대부분의 고대 종교에서는 의례가 형식상 결함 없이 수행되었을 경우, 신조차도 그 효력을 피할 수 없었다. 또한 후술하겠지만, 모든 주술 의례가 직접적으로 작용하는 것도 아니다. 주술에도 영적 존재가 존재하며, 심지어 신들까지도 모습을 드러내기 때문이다. 마지막으로, 신령이든 악령이든 영적 존재가 반드시 주술사의 명령에 따르는 것도 아니다. 결국 주술사도 그들에게 간청하게 된다.

그러므로 우리는 다른 기준을 모색해야 한다. 이를 위해 이제부터 몇 가지 분류 기준을 하나씩 검토해 보자.

의례 중에는 분명히 종교적 의례가 있다. 이는 엄숙하고 공적이며, 의무적이고 정기적인 의례들, 즉 축제나 성사(聖事) 같은 것들이다. 그러나 프레이저는 이처럼 종교적 성격을 지닌 일부 의례를 종교적이라고 간주하지 않았다. 그의 견해에 따르면, 오스트레일리아 원주민의 모든 의식과 대부분의 입문식은 공감 의례를 포함한다는 점에서 주술적 의식이다. 그렇지만 아룬타족의 씨족 의례인 인티치우마(*intichiuma*)²⁹와 부족 단위의 입문식은 종교라는 단어에서 연상되는 중요성과 엄숙함, 신성성을 고스란히 담고 있다. 이 의례들에 등장하는 토템 종과 토템 조상은 존경과 두려움을 동

---

29 인티치우마(intichiuma)는 오스트레일리아 아룬타족의 토템 의례로, 특정 토템 종의 번식과 생존을 기원하는 주술적·종교적 행사이다. 인티치우마는 뒤르켐 학파의 종교해석에 커다란 영향을 미친 의례로 널리 알려져 있다. 에밀 뒤르켐(Émile Durkheim)은 『종교생활의 원초적 형태(*Les formes élémentaires de la vie religieuse*)』(1912)에서 이 의례의 핵심적 기능이 강렬한 '집단적 흥분(collective effervescence)'을 통해 사회의 신성한 힘을 확인하고 사회적 결속을 다지는 데 있다고 보았다. 마르셀 모스 역시 인티치우마를 자신의 연구에 적극적으로 활용했다. 그는 미완성 박사논문 「기도(La prière)」(1909)에서 인티치우마에 대한 스펜서와 길렌의 현지 관찰 결과를 적극 수용하고, 특정 종의 동식물 증식을 위해 공동체가 이 의례를 거행하고 주문과 노래를 읊조리는 모습을 상세히 묘사하였다. 한편 모스는 인티치우마에 대한 뒤르켐의 사회학적 관점을 계승하면서도 이를 상대화한다. 1920년대 초 고등실습원(EPHE) 종교학 세미나를 통해 모스는 인티치우마가 오스트레일리아 내 지역별로 상이한 의미와 형태를 지닌다는 사실에 주목한다. 그는 이 의례에서 나타나는 '집단적 흥분'을 뒤르켐이 제안한 '사회의 자기 신성화'라는 명제에 곧장 결부시키는 대신, 이 흥분을 일으키는 구체적인 메커니즘, 즉 의례에 동반되는 음악, 춤, 호흡, 양식화된 태도와 몸짓, 숨결과 같은 감각적·신체적 요소들을 강조한다. 하나의 종교 의례에 내재한 사회학적·생리학적·심리학적 차원을 아우르는 이러한 통합적 접근은 모스가 「몸 테크닉(Les techniques du corps)」(1934)을 통해 체계적으로 이론화한다.

시에 불러일으키는 권능을 지닌다. 프레이저 자신도 이러한 권능의 개입을 종교 행위의 징표로 보았다. 실제로 의례 도중에 이 권능을 지닌 존재가 불리는 일도 있다.

이와는 대조적으로 일관되게 주술적인 성격을 지닌 의례도 있다. 대표적으로 저주가 그러하다. 법과 종교는 저주를 항상 불법적 행위로 여긴다. 저주는 불법적이기에 명시적으로 금지되고 처벌된다. 여기서 금지는 주술 의례와 종교 의례 사이의 대립을 뚜렷하게 보여준다. 저주가 주술적 성격을 띠는 것은 바로 금지 때문이다. 물론 종교 의례 중에도 해악을 끼치는 의례가 있다. 예를 들어 데보티오(devotio)[30]처럼 특정 상황에서 수행되는 저주, 공동체의 적이나 무덤을 훼손한 자, 혹은 맹세를 어긴 자에게 가해지는 저주, 그리고 의례적 금기 위반을 제재하는 모든 죽음의 의례가 여기에 포함된다. 심지어 어떤 저주는 그것을 두려워하는 사람이 있어야만 저주로서의 효력을 갖는다고 말할 수도 있다. 금지라는 경계선에 주술 전체가 가까이 다가서는 것이다.

이처럼 종교와 주술은 서로 다른 두 극단, 즉 희생제의와 저주라는 양극을 형성한다. 종교는 항상 일종의 이상(idéal)을 창출해 왔다. 이 이상을 향해 찬가와 서원, 제물이 바쳐졌고, 다양한 금기가 이를 보호했다. 주술은 바로 이런 영역을 피해 저주의 방향으로 전

---

30 데보티오(Devotio)는 고대 로마에서 개인이 자신을 신에게 바쳐 적군의 파멸과 공동체의 승리를 기원한 희생적 저주 행위를 가리키는 말이다.

개된다. 주술 의례는 저주를 중심으로 형성되어 왔고, 인류가 주술을 상상할 때 가장 먼저 떠올린 이미지도 바로 이 저주에서 비롯되었다. 이 두 극단 사이에는 성격이 모호하고 혼란스러운 행위들이 널리 퍼져 있다. 그 행위들은 특별히 금지되지도, 특별히 요구되지도 않은 관행들이다. 어떤 종교 행위는 개인적이고 임의적으로 수행되기도 하고, 어떤 주술 행위는 공적으로 허용되기도 한다. 개인이 때때로 행하는 종교 의례가 있는가 하면, 의술처럼 기술과 결합된 주술적 행위도 있다. 예를 들어 프랑스 농민이 들판에서 쥐를 쫓아내거나 인디언이 전쟁에 대비해 약물을 만들거나 핀란드인이 사냥 도구에 주문을 욀 때, 그들은 모두 전적으로 떳떳한 목적을 추구하며 금지되지 않은 행위를 수행하는 것이다. 주술과 가정 신앙 사이의 연관성이 매우 깊어서, 멜라네시아에서는 조상숭배와 관련된 일련의 행위 속에서 주술이 나타나기도 한다. 우리는 주술과 종교가 혼동될 가능성을 부인하기보다는 오히려 강조해야 한다고 생각한다. 이에 대한 설명은 뒤로 미루기로 하겠다. 지금으로서는 "가정생활의 저급한 필요를 위해 만들어진 일종의 종교"가 주술이라는 그림 형제의 정의를 어느 정도 받아들일 수 있다. 주술과 종교 사이의 연속성은 매우 흥미로운 주제이지만, 지금은 우선 사실을 분류하는 것이 중요하다. 이를 위해 우리는 주술과 종교를 구별할 수 있는 몇 가지 외적인 특징을 제시할 것이다. 주술과 종교의 친연성에도 불구하고 사람들은 두 의례의 차이를 분명히 인식했고 그 차이를 드러내는 방식으로 의례를 행했기 때문이다. 따라서 우리는 주술과 종교를 분류할 수 있는 징표를 찾아야 한다.

우선, 주술 의례와 종교 의례에는 대개 별도의 집행자가 있다. 다시 말해, 두 의례는 같은 인물이 수행하지 않는다. 성직자가 예외적으로 주술을 행할 때면, 그의 태도는 사제로서의 통상적인 직무 수행 방식과는 달라진다. 그는 제단을 등지고 서며 오른손으로 해야 할 일을 왼손으로 하는 등 평소와는 다른 행동을 취한다.

그런데 종합적으로 살펴봐야 할 다른 징표들이 아직 더 남아 있다. 가장 먼저 살펴볼 것은 주술 의식이 행해지는 장소의 선택이다. 주술 의식은 보통 사원이나 가정 제단에서는 거행되지 않는다. 거주지에서 멀리 떨어진 숲속, 어둠 속이나 그늘, 또는 집안의 후미진 구석이나 인적이 드문 외딴곳에서 행해진다. 일반적으로 종교의식은 대낮에 대중 앞에서 치러지지만, 주술 의식은 이를 피하려 한다. 설령 허용된 행위라 할지라도, 주술 의식은 저주처럼 비밀리에 행해진다. 공개적으로 행해야 할 때에도 주술사는 사람들을 피하려 한다. 그는 은밀한 몸짓을 취하고 불분명하게 말을 읊조린다. 환자의 가족들 앞에서도 주술의(呪術醫)나 접골사는 주문을 중얼거리고 손놀림을 얼버무리며, 실제인지 연기인지 분간하기 어려운 황홀경에 빠져든다. 이처럼 사회 한복판에서도 고립된 상황인데, 하물며 숲속 깊숙이 은둔해 있을 때는 더 말할 나위도 없다. 주술사는 동료들과도 거리감을 유지하며 자신을 드러내지 않는다. 고립과 비밀은 주술 의례의 본질을 거의 완벽하게 드러내는 징표이다. 주술 의례는 언제나 한 사람 혹은 몇몇 사람이 사적으로 수행하기에, 그 행위와 집행자는 늘 신비에 둘러싸여 있다.

지금까지 살펴본 징표들은 결국 주술 의례의 비종교성(irréligiosité)을 보여줄 뿐이다. 한편으로 주술 의례는 반종교적(anti-religieux)이다. 나아가 사람들은 주술 의례가 반종교적이기를 원한다. 어쨌든 그것은 우리가 숭배라고 부르는 조직화된 체계에 속하지 않는다. 반면 종교적 실천은 아무리 우연적이고 임의적일지라도 항상 예정되어 있으며, 일정한 틀에 따라 규정되고 공식적인 성격을 띤다. 따라서 종교 의례는 숭배 체계의 일부를 이룬다. 가령, 서원을할 때 신에게 바치는 공물이나 병 때문에 바치는 속죄 제물은 비록 자발적으로 보일지라도, 결국에는 늘 정기적으로 행해지고 의무적이고 필수적인 숭배 행위로 받아들여진다. 반면, 주술 의례는 (농경 주술처럼) 때때로 일정한 주기로 행해지거나, (병을 치료할 때처럼) 특정한 목적을 위해 반드시 치러야 할 수도 있다. 하지만 그런 경우조차도, 주술 의례는 언제나 불규칙하고 비정상적인 것, 최소한 사회적으로 낮은 위상을 지닌 것으로 여겨진다. 의료 주술이 아무리 유용하고 사회적으로 허용된다고 하더라도, 신에게 바치는 속죄 제물이나 서원과 같은 엄숙함이나 의무를 완수했다는 감정을 수반하지는 않는다. 사람들이 주술이나 주물(呪物), 영물(靈物) 소유자, 접골사 또는 주술사를 찾는 행위는 어디까지나 필요에 의한 것일 뿐, 거기에는 도덕적 의무가 따르지 않는다.

그럼에도 우리는 주술적 숭배의 사례를 몇 가지 알고 있다. 고대 그리스 주술에 등장하는 헤카테(Hécate)[31] 숭배, 중세 유럽의 주술에 등장하는 디아나(Diane)[32]나 악마 숭배, 그리고 힌두교의 가장 위대한 신들 가운데 하나인 루드라-시바(Rudra-Çiva)[33] 숭배가 바로 그러한 사례에 해당한다. 그러나 이들은 모두 후대에 형성된 이차적 현상으로서 주술사들이 기존의 종교적 숭배를 본떠 자신들만의 숭배의식을 만들어낸 것에 지나지 않는다.

이렇게 해서 우리는 주술 의례에 대해 잠정적으로나마 충분한 정의에 도달했다. 즉, 우리는 **조직화된 숭배 체계에 속하지 않는 의례**, 다시 말해 사적이고 비밀스럽고 신비로운 의례이자 궁극적으로는 금지된 의례의 경계로 나아가는 모든 의례를 주술 의례라고 부른다. 이 정의를 앞서 제시한 주술의 다른 요소들과 함께 고려하면, 주술 개념의 일차적인 윤곽을 그려볼 수 있다. 주술은 특

---

31 헤카테(Hecate)는 그리스 신화에 등장하는 여신으로, 마법, 밤, 달, 유령, 그리고 저승과 현세를 잇는 경계인 교차로를 관장하는 신으로 숭배되었다.

32 디아나(Diane)는 로마 신화에서 사냥, 달, 순결, 야생의 여신으로 알려져 있으나, 중세 유럽 민간 신앙 속에서는 영혼이나 마녀들의 야간 행렬을 이끄는 마법적 존재로 재해석되었다. 기독교는 이러한 민간 숭배를 이교적 주술로 간주했고, 그 결과 디아나는 종종 악마와 동일시되었다.

33 루드라-시바(Rudra-Çiva)는 베다 시대의 폭풍신 루드라(Rudra)와 그 후신(後身)인 힌두교의 시바(Śiva)를 함께 일컫는 표현이다(모스와 위베르는 시바를 Çiva로 표기했으나, 오늘날 표준이 되는 표기는 Śiva이다). 루드라의 파괴적 속성을 계승한 시바는 주류 힌두교의 중심 신인 동시에, 사회 규범을 벗어난 고행자와 주술사들이 숭배하는 파괴와 변혁의 신이라는 양면성을 지닌다. 이는 고대 인도의 주술 신앙이 정통 종교와 결합한 대표적 사례로 꼽힌다.

정한 의례 형식을 뜻하는 것이 아니라 그 의례가 수행되는 조건과 사회적 관습 속에서의 위상으로 정의된다.

3장
주술의 요소들

1. 주술사

전문가이든 아니든, 우리는 주술 의례를 행하는 사람이면 누구든 주술사라 불렀다. 실제로 전문가가 아니어도 수행할 수 있는 주술 의례가 존재한다. 여기에는 가정에서 의술로 활용되는 민간요법, 농촌에서 행해지는 모든 관습, 특히 농경 생활 속에서 자주 반복되는 의례 등이 포함된다. 마찬가지로 사냥이나 어로와 관련된 주술 의례 또한 대체로 누구나 손쉽게 수행할 수 있다. 그러나 이런 의례들은 생각보다 그 수가 훨씬 적다. 게다가 그것들은 여전히 초보적인 수준에 머물고 있으며, 공통된 필요를 충족시키더라도 그 필요 자체는 매우 제한적이다. 이 의례에 계속해서 의존하는 낙후된 소규모 집단이라 할지라도, 실제로 그것을 수행하는 사람은 극소수에 불과하다. 사실 민속 주술은 대개 집안의 가장이나 여주인이 담당하지만, 이들 중 상당수는 직접 수행하기보다는 더 숙련되었거나 경험 많은 이들에게 맡기기를 선호한다. 꺼림칙해서든 자신감이 부족해서든 이들 대부분은 주저하는 경우가 많고, 유용한 처방을 전수받는 것조차 거부하는 사람들도 있다.

한편, 이따금 주술을 행하는 사람이 의례를 치르는 순간에도 여전히 평상시의 상태에 있다고 믿는다면 오산이다. 오히려 그는 정상적인 상태에서 벗어났을 때 비로소 주술을 성공적으로 수행할 수 있게 된다. 그는 음식과 성생활에 대한 금기를 지키고, 금식하고 꿈을 꾸거나 특별한 사전 동작을 수행하는 등 여러 준비 과정을 거친다. 무엇보다도, 적어도 그 순간만큼은 의례가 그를 전혀 다른 사람으로 만든다. 게다가 주문을 사용하는 사람은, 그것이 아무리 평범할지라도 자신에게 그 소유권이 있다고 확신한다. 농부가 "내 할머니의 비법"이라고 말하면, 그는 곧 그 비법을 사용할 자격을 얻게 된다. 여기서 그 비법을 사용하는 행위는 거의 직업적 수행에 가깝다.

같은 맥락에서 특정 사회의 구성원 전체가 사회적 통념에 따라 선천적 자질을 지녔다고 여겨지기도 한다. 이 타고난 자질은 상황에 따라 주술적 능력으로 전환될 수 있다. 오늘날 인도의 주술사 가문들, 예컨대 북서부 지방의 오즈하(ojhas)나 미르자푸르 지역의 바이가(Baigas) 등이 그 대표적 사례다. 비밀결사의 구성원들 역시 입문 의례를 통해 주술적 힘을 얻을 수 있으며, 입문 의례가 중요한 역할을 하는 전체 사회의 구성원들 또한 마찬가지다. 결국 우리는 임시로 주술을 수행하는 사람도 자신의 의례에 관한 한 결코 단순한 속인이 아님을 알 수 있다.

사실 누구나 쉽게 수행할 수 있고 특별한 숙련도 필요 없는 의례가 있다면, 이는 대개 반복을 통해 통속화되었거나 지속적인 사용으로 단순해졌거나, 혹은 본래부터 통속적이었기 때문이다. 그러나 어떤 경우든, 그 의례를 따르는 사람에게는 최소한 그 처방에 대한 지식과 전통에 대한 이해가 요구되며, 이를 통해 최소한의 자격이 갖춰진다. 이러한 점을 고려하면, 일반적으로 주술 행위는 전문가들이 수행한다고 말해야 한다. 실제로 전문 주술사들이 존재하며, 관찰이 충분히 이루어진 지역이라면 어디서든 그들의 존재가 확인된다.

전문 주술사들은 어디든 있기 마련이며, 더 나아가 많은 사회에서는 이론적으로 그들만이 주술을 행할 수 있다. 이는 베다 경전에서 명확히 확인된다. 베다 경전에 따르면, 의례는 오직 브라만이 수행할 수 있다. 정작 의뢰인은 독자적인 행위자조차 될 수 없다. 그는 의식에 참석하여 수동적으로 지시를 따르고, 전달받은 주문을 따라 외우거나 엄숙한 순간에 집행자에게 접촉하는 정도의 역할만 수행할 뿐이다. 요컨대 그는 희생제의의 의뢰인이 집전자 앞에서 맡는 역할, 그 이상을 넘어서지 못한다. 고대 인도에서는 주술사의 독점적 권리가 단지 이론에 그치지 않았던 것으로 보인다. 브라만의 주술적 특권은 귀족과 왕족 계층인 크샤트리아 (ksatriyas)가 실제로 인정했다. 이는 고전 인도 연극의 몇몇 장면을 보면 알 수 있다. 물론 사회의 다른 계층에서는 이보다 덜 배타적인 민속 주술이 성행했지만, 이를 실행하는 사람들은 늘 따로 있었다. 기독교권의 유럽에서도 비슷한 사고방식이 널리 퍼져 있었다.

주술을 행하는 사람은 누구나 주술사로 간주되어 처벌 대상이 되었다. 즉, 주술은 상습적인 범죄로 다루어졌다. 교회와 법률에 따르면, 주술사 없이 이뤄지는 주술은 존재하지 않았다.

1) 주술사의 특성

누구나 원한다고 해서 주술사가 될 수 있는 것은 아니다. 주술사를 평범한 사람과 구별하는 몇 가지 특성이 있다. 후천적인 특성도 있고 선천적인 특성도 있다. 사람들이 주술사에게 부여한 특성도 있으며, 주술사가 실제로 보유한 특성도 있다.

주술사는 특정한 신체적 특징을 통해 식별된다고 한다. 주술사라는 사실을 숨겨도 이 특성으로 인해 그의 정체가 드러나고 세상에 알려지게 된다. 주술사의 눈은 동공이 홍채를 삼키고 있으며, 그의 눈에 맺힌 상(image)은 뒤집혀 있다고 한다. 또한 주술사는 그림자가 없다고 여겨진다. 중세 사람들은 주술사의 몸에서 악마의 표식(*signum diaboli*)를 찾아내곤 했다. 실제로 히스테리 증상을 보였던 주술사들의 몸에서 반점이나 감각이 마비된 부위가 발견되었다고 한다. 주술사의 특이한 눈빛에 관한 속설은 부분적으로 실제 관찰에 근거한다. 날카롭고 기이하며 깜박거리는 음흉한 눈빛, 다시 말해 '흉안(le mauvais œil)'을 지닌 자는 어디에서든 사람들을 겁먹게 하고 잔뜩 경계하게 만든다. 그런 자는 주술사가 되기에 아주 적합하다. 신경이 예민한 사람, 과도하게 흥분하는 사람, 또는 주술이 널리 받아들여지는 매우 평범한 환경에서 비정상적으로 총명한 사람도 주술사로 분류된다. 거친 몸짓, 툭툭 끊어지는 말투, 웅변 혹은 시적 재능 역시 주술사의 특성으로 간주된다. 일반적으로 이러한 징후들은 신경과민을 나타내지만, 많은 사회에서는 주술사들이 이를 의도적으로 계발해 의식을 행하는 도중 더욱 강하게 드러내기도 한다. 실제 신경성 트랜스와 히스테리 발작, 강경증 상태 등이 주술 의식에 종종 나타나기도 한다. 주술사는 황홀경에 빠지기도 하는데, 자연스럽게 그렇게 될 때도 있지만 대개는 고의로 일으킨다. 이때 그는 자신이 인간의 영역에서 벗어났다고 믿는 경우가 흔하며, 주변 사람들에게도 항상 그렇게 보인다. 의식이 시작되기 전 예비 동작을 취할 때부터 정신을 되찾을 때까지, 관객들은 긴장 속에서 주술사를 주의 깊게 지켜본다. 이는 오늘날 최면 세션에서 사람들이 반응하는 방식과 크게 다르지 않다. 주술사가 황홀경에 빠지는 모습은 관객들에게 강렬한 인상을 남긴다. 그들은 이 비정상적 상태가 미지의 힘의 발현이며, 이 힘이 주술을 효과적으로 만든다고 믿는다. 이러한 신경증적 현상은 영적 재능의 징표로서, 특정 개인이 주술을 사용할 자격을 갖추었음을 증명한다.

주술사가 될 운명을 지닌 사람 중에는 복화술사, 마술사, 곡예사처럼 두드러진 신체적 특징이나 뛰어난 손재주로 인해 사람들의 주목을 받으면서 두려움이나 반감을 불러일으키는 이들도 있다.

때로는 꼽추, 외눈박이, 맹인처럼 신체적 장애 하나만으로도 주술사가 되기에 충분하다. 이들이 평소 사회로부터 받는 대우에서 비롯된 감정, 즉 자신이 박해받는다는 생각이나 자신이 위대한 존재라는 믿음이 그들 스스로 특별한 힘을 지닌 존재로 여기게 만든다.

신체적 장애가 있는 사람, 황홀경을 경험한 사람, 신경증을 앓는 사람, 장터의 흥행사 등 이들이 모두 실제로는 특정한 사회계층을 형성하고 있다는 점에 주목하자. 결국 이들이 주술적 능력을 갖는 것은 각 개인의 신체적 특성 때문이 아니라 사회가 그들 전체를 바라보는 태도 때문이다.

여성도 같은 경우에 해당한다. 여성이 어디에서나 남성보다 주술에 더 적합하다고 여겨지는 것은 신체적 특징보다는 여성의 속성에 대한 사회적 감정 때문이다. 여성이 겪는 몇몇 중요한 시기는 놀라움과 두려움을 불러일으켜 여성에게 특별한 지위를 부여한다. 결혼 적령기, 생리 기간, 임신과 출산 시기, 폐경 이후는 여성의 주술적 능력이 가장 강하게 나타나는 시기로 여겨진다. 특히 이 시기에 여성은 주술에 필요한 수단을 제공하거나 직접 주술의 매개체 역할을 한다. 노파는 마녀로 불리고 처녀는 귀중한 조력자로 취급되며, 생리혈 및 기타 분비물은 주술에서 널리 쓰이는 재료로 활용된다. 여성은 특히 히스테리에 취약하다고 알려져 있다. 신경증적 발작을 겪는 여성은 초인적 힘에 사로잡힌 것처럼 보이는데, 그로 인해 특별한 권위를 부여받는다. 그런데 여성의 삶에서 큰 비중을 차지하는 이러한 중요한 시기 외에도, 여성은 종종 미신의 대상 혹은 법적 · 종교적 규제의 대상으로 여겨진다. 이는 여성들이 사회에서 별도의 한 계층을 형성하고 있음을 보여준다.

사람들은 여성이 남성과 실제보다 더 다르다고 생각한다. 또한 여성을 신비한 힘의 근원으로 여기고, 바로 그렇기에 주술적 힘과 같은 갈래에 속한다고 믿는다. 다른 한편, 여성은 대부분의 제사에서 배제되며 참여가 허용되더라도 철저히 수동적인 역할에만 머문다. 따라서 여성이 주도할 수 있는 의식은 오직 주술뿐이다. 여성의 주술적 성격은 그들의 사회적 지위와 매우 밀접히 연관되기에, 무엇보다도 여론의 문제라 할 수 있다. 주술을 수행하는 여성은 생각보다 많지 않다. 주술을 수행한 사람이 남성임에도, 그 책임은 여성이 지는 기이한 현상이 자주 발생한다.『아타르바베다(*Atharva Veda*)』에서 축귀 의식은 여자 주술사를 겨냥해 이루어지는 반면, 모든 저주는 남성 주술사가 행한다. 이른바 원시사회에서는 노파나 부녀자가 자신이 저지르지도 않은 마법 행위로 고발되어 처벌받았다. 중세, 특히 14세기 이후에는 여성 주술사가 압도적으로 많았던 것으로 보인다. 하지만 당시는 박해의 시대였기에, 우리는 오직 재판 기록을 통해서만 그들의 존재를 확인할 수 있다는 점에 유의해야 한다. 여성 주술사가 이처럼 압도적으로 많았다는 사실은 종교재판소가 얼마나 사회적 편견을 이용하고 조장했는지를 보여준다.

주술에서 아이들은 종종 필수적인 조력자 역할을 맡는데, 특히 점술 의례에서 그러하다. 심지어 자신을 위해 주술을 행하는 아이들도 있다. 오스트레일리아 디에리족에서 그런 아이들을 볼 수 있으며, 코끼리 발자국에서 모은 흙먼지를 몸에 바르고 정해진 주문을 외는 오늘날 인도의 아이들도 마찬가지다. 아이들은 아주 특별한 사회적 위치를 점한다. 아이들은 아직 나이가 어리고 최종 입문식을 거치지 않았기에 여전히 불확실하고 혼란스러운 존재로 여겨진다. 여기서도 아이라는 집단이 갖는 특성이 그들에게 주술적 능력을 부여한다고 할 수 있다.

의사, 이발사, 대장장이, 목동, 배우, 무덤 파는 인부 등 특정 직업 활동이 주술과 결부된 것을 생각해 볼 때, 주술적 힘이 개인이 아닌 직업 집단에 부여된다는 점은 더는 의심할 여지가 없다. 모든 의사, 목동, 대장장이는 적어도 잠재적으로는 주술사이다. 의사의 기술은 주술과 뒤섞여 있는데, 여하튼 그의 의술은 너무 정교해서 신비롭고 초자연적인 것처럼 보인다. 이발사는 신체 폐기물을 다루는데, 그는 이 폐기물이 저주에 이용되지 않을까 염려해 주기적으로 없애버리거나 감춘다. 대장장이는 보편적인 미신의 대상이 되는 물질을 다루는데, 그들의 고된 작업은 비밀에 둘러싸여 있어 위엄이 따르지 않을 수 없다. 목동은 동물, 식물, 천체와 지속적으로 접촉하며, 무덤 파는 인부는 죽음과 직접 맞닿아 있다. 직업적 환경으로 인해 이들은 일반인과 분리되는데, 바로 이 분리가 그들에게 주술적 권위를 부여한다. 한편, 다른 어떤 직업보다도 그 종사자를 사회로부터 더욱 고립시키는 직업이 있다. 아무리 규모가 큰 사회라고 해도 대개 단 한 사람이 수행하는 직업, 바로 사형집행인이라는 직업이다. 마침 사형집행인은 도둑을 찾아내거나 흡혈 귀를 붙잡는 비법을 가지고 있다고 하니, 그들 역시 주술사라고 할 수 있다.

특별한 권위를 지닌 개인은 때로 그 예외적 지위로 인해 주술사가 되기도 한다. 오스트레일리아 아룬타족의 경우, 지역 토템 집단의 추장은 제사장이면서 동시에 주술사 역할을 맡는다. 뉴기니에서는 주술사 외에 영향력 있는 인물은 없다. 멜라네시아 전역에서 추장은 마나를 지닌 인물, 즉 정령과 연결되어 영적인 힘을 지닌 인물이기에 종교적 권능뿐 아니라 주술적 권능도 지닌다고 여겨진다.[34] 힌두교와 켈트족의 서사시에 등장하는 신화 속 왕족들이 지닌 주술적 능력도 같은 이유로 설명될 수 있을 것이다. 이 사실은 매우 중요해서 프레이저는 주술 연구를 왕-사제-신의 연구에 포함하기까지 했다.[35] 다만 우리는 왕을 주술사라기보다 신이자 제사장으로 간주한다. 또한, 주술사가 최고의 정치적 권위를 갖는 경우도 종종 있다. 그들은 때로 막강한 영향력을 지니기도 한다. 결국 사회적 지위 때문에 그들은 주술을 행하게 되며, 역으로 주술을 행함으로써 그들의 사회적 지위가 결정되기도 한다.

성직자의 직무가 철저히 세분된 사회에서 사제는 종종 주술을

---

34 여기서 모스와 위베르는 코드링컨(R. Codrington)의 『멜라네시아인들(*The Melanesians*)』(Oxford, Clarendon, 1891)을 참조하고 있다.

35 이는 프레이저의 『황금가지』 1권 중 제6장 '주술사=왕'과 제24장 '신성왕의 살해'을 가리킨다(프레이저, 『황금가지』 1, 박규태 역. 을유문화사, 2021 참조).

행했다는 의혹에 휩싸인다. 중세 사람들은 사제들이 유독 악마의 공격 대상이 되는 바람에 사제들도 악마적 행위, 즉 주술적 행위를 저지르려는 유혹에 빠진다고 믿었다. 이 경우, 사제라는 신분 자체가 그들을 주술사로 만든다. 독신생활, 고립, 신성한 직무, 그리고 초자연적인 것과의 교류로 인해 사제들은 특별한 존재로 인식되었고 이에 따라 의혹의 눈초리를 피할 수 없었다. 그들에게 쏟아진 의혹은 여러 차례 사실로 드러났던 것 같다. 때로는 주술을 행하면서 사적 목적으로 이를 활용하기도 했고, 때로는 주술 의식을 수행하려면 사제의 개입이 필요하다고 여겨져 자신도 모르는 사이에 주술 의식에 가담하기도 했다. 부패한 사제들, 특히 순결 서약을 어긴 사제들은 주술을 행했다는 비난에서 벗어날 수 없었다.

한 종교가 권좌에서 밀려나면, 새롭게 등장한 종교의 신도들은 전직 사제들을 주술사로 보게 된다. 말레이 또는 참족 회교도들은 파왕(pawang)[36]과 파자(paja)[37]를 주술사로 간주했는데, 사실 이들

---

36 파왕(pawang)은 말레이시아와 인도네시아 지역에서 활동하는 전통적인 사제, 주술사, 또는 치료사를 지칭하는 용어이다. 모스와 위베르는 파왕에 관한 민족지학적 자료를 주로 스키트의 『말레이 주술(Malay Magic)』에서 참고한 것으로 보인다.

37 파자(paja)는 캄보디아와 베트남 등지에 거주하는 참족(Cham) 여성 사제나 영매를 일컫는다. 이들은 본래 영매, 점술가, 치료사의 역할을 담당했으나, 참족 사회가 이슬람화되면서 그 전통적 권위는 주술적인 것으로 재해석되었다. 모스와 위베르가 지적하듯이, 이 현상은 지배 종교가 바뀌면서 이전 시대의 종교적 권위가 주술로 격하되는 대표적 사례에 해당한다.

은 본래 사제였다. 이단파들도 주술을 부린다고 여겨졌다. 실제로 카타리파(Cathares)[38]와 발도파(Vaudois)[39]는 주술을 행하는 무리로 지목되었다. 그러나 가톨릭 교리에 따르면 주술 개념에는 곧잘 거짓 종교라는 관념이 포함되므로, 우리는 여기서 새로운 현상 하나를 발견하게 된다. 이에 관한 본격적인 연구는 나중으로 미루자. 하지만 이 현상이 지금 우리의 관심을 끄는 이유는, 주술이 어떻게 집단 전체에 귀속되는지를 보여주기 때문이다. 지금까지는 주술사가 그 자체로 모호한 주술적 성향을 지닌 계층에서 나온다는 점을 살펴보았다. 그러나 여기서는 한 종파의 모든 구성원이 주술사로 간주된다. 모든 유대인은 알렉산드리아 사람들뿐만 아니라 중세 교회에 의해서도 주술사로 인식되었다.

마찬가지로 외국인들도 하나의 주술사 집단으로 인식된다. 오스트레일리아 부족들은 자기 부족 내에서 일어나는 모든 자연사(自然死)를 이웃 부족이 부린 주술의 결과로 여긴다. 모든 복수 체계가 바로 여기서 기인한다. 차머스(Chalmers)[40]에 따르면, 뉴기니 포

---

38 12~14세기 프랑스 남부를 중심으로 퍼진 이단적 기독교 운동으로, 영지주의적 이원론과 금욕주의를 특징으로 한다.

39 12세기 프랑스 리옹의 상인 피에르 발도(Pierre Valdo)를 중심으로 시작된 개혁적 기독교 운동으로, 성서 중심주의와 청빈한 삶을 강조하면서 기존 교회의 세속적 권위를 비판한 것으로 알려져 있다.

40 제임스 찰머스(James Chalmers, 1841~1901)는 스코틀랜드 출신의 선교사이자 탐험가로, 뉴기니를 중심으로 남태평양 지역에서 활동하며 현지 부족의 문화와 관습에 대한 상세한 기록을 남겼다. 『뉴기니에서의 활동과 모험(1877~1885)(*Work and*

트모르즈비(Port-Moresby)에 있는 토아리피(Toaripi)와 코이타프(Koitapu) 두 마을은 서로 저주의 책임을 떠넘기며 지냈다고 한다. 이런 현상은 이른바 원시 민족들 사이에서 보편적으로 나타난다. 베다 시대 인도에서 주술사를 부르는 명칭 중 하나는 외국인이었다. 외국인이란 무엇보다도 다른 영토에 사는 자, 즉 적대적인 이웃을 뜻했다. 이런 관점에서, 주술적 힘은 지리적으로 규정된다고 할 수 있다. 우리는 아시리아의 축귀 의식에서 주술적 힘이 지리적으로 세분화된 사례를 찾아볼 수 있다.

마녀여, 그대는 저주에 걸렸고, 나는 저주에서 풀려났노라.

엘람의 마녀여, 나는 풀려났노라.

쿠트의 마녀여, 나는 풀려났노라.

수투의 마녀여, 나는 풀려났노라.

룰루비의 마녀여, 나는 풀려났노라.

샤니갈브의 마녀여, 나는 풀려났노라

-탈크비스트, 『아시리아의 주술서 시리즈 마클루(*Die Assyrische Beschwörungsserie Maqlû*)』, 제4 토판, 99-103행[41].

Adventure in New Guinea 1877 to 1885)』(1885), 『뉴기니 개척기(*Pioneering in New Guinea*)』(1887), 『뉴기니에서의 개척 생활과 활동(1877~1894)(*Pioneer Life and Work in New Guinea, 1877~1894*)』(1895) 등의 저서를 남겼다.

41   크누트 탈크비스트(Knut Tallqvist, 1865~1949)는 핀란드의 저명한 아시리아학자로, 메소포타미아의 신화와 종교, 언어 등을 연구했다.

두 문명이 접촉하면, 주술은 보통 열등한 문명의 산물로 취급된다. 그 전형적 사례로는 인도의 다스유족(Dasyus)[42], 핀족(Finnois), 그리고 라프족(Lapons)을 들 수 있다. 이들은 각각 힌두교도와 스칸디나비아인들로부터 주술을 행한다고 비난을 받아왔다. 평원과 해안 지역의 더 문명화된 부족들은 멜라네시아나 아프리카의 삼림지대에 거주하는 모든 부족을 주술을 사용하는 집단으로 여긴다. 정착민 사회에서 살아가는 유목 부족들 역시 마찬가지다. 오늘날에도 집시와 인도의 떠돌이 카스트들(상인, 무두장이, 대장장이 등)은 여전히 그런 범주에 포함된다. 이들 이방인 집단 중 일부는 실제로 주술에 특화된 부족, 씨족, 가문을 이루기도 한다.

주술적 자질이 전혀 근거 없이 주어지는 것만은 아니다. 특정 현상에 대해 초인적 힘을 지녔다고 주장하는 집단이 있는데, 당사자들은 이를 종교적 힘으로 믿지만, 다른 사람들은 주술적 힘으로 믿었다. 그리스인, 아랍인, 예수회파의 눈에 브라만교도들은 주술사로 비쳤으며, 실제로 그들 자신도 거의 신적인 전능함을 지녔다고 믿었다. 비를 부르고 바람을 잠재우는 힘을 지녔다고 자처할 뿐 아니라 인근 부족들로부터 그런 힘을 가졌다고 인정받는 집단이 있다. 오스트레일리아의 갬비어 산지대에 거주하는 부족이 바로 그

---

42 Dasyus는 오기로 보인다. 정확한 표기 Dasyu 또는 Dāsa로서, 이는 단일 부족명이 아니라 베다 문화를 이룩한 고대 아리아인들이 자신들과 다른 원주민 집단을 경멸적으로 지칭하던 표현이다.

러하다. 그들 가운데 한 씨족이 바람을 다스린다고 주장했는데, 이웃 부안디크족(Booandik) 또한 이들이 비와 바람을 마음대로 조정할 수 있다고 믿었다. 마찬가지로 라프인은 유럽 선원들에게 바람을 불러오는 주머니를 팔기도 했다.

일반적으로 말해, 주술을 행하는 개인은 자신의 주술적 자질과 무관하게, 그를 주술사로 대하는 사회에서 이미 뚜렷이 구별되는 지위를 점한다고 할 수 있다. 그렇다고 이 명제를 일반화하여, 특이한 사회적 지위를 지닌 사람이라면 누구든 주술을 행할 수 있다고 말할 수는 없다. 물론 그런 추론이 사실로 드러날 가능성은 있다. 그러나 앞서 언급한 사실만으로 모든 주술사가 이방인, 사제, 추장, 의사, 대장장이, 여성이었다고 단정할 수는 없다. 위에서 말한 계층에 속하지 않은 주술사들도 있었다. 게다가 반대로, 어떤 경우에는 오히려 주술사라는 신분 자체가 특정 직업이나 사회적 기능을 수행하는 자격이 되기도 한다.

우리의 결론은 다음과 같다. 어떤 개인들은 자기 지위에 붙어 있는 사회적 감정 때문에 주술에 내맡겨지듯이, 특정 계층에 속하지 않는 주술사들 역시 강력한 사회적 감정의 대상이 될 수밖에 없다. 또한 오로지 주술사일 뿐인 그들에게 향하는 사회적 감정은, 앞서 살펴본 바로 그 계층의 사람들에게 주술적 능력이 있다고 믿게 만들었던 감정과 다르지 않다. 그런데 이러한 감정이 무엇보다도 그들의 비정상적 특성에서 비롯된다면, 우리는 주술사가 그 자체로 사회적으로 비정상적인 지위에 있다고 추론할 수 있다. 주술사의 부정적 특성은 더는 언급하지 말고, 이제 그의 긍정적 특징, 즉 고유한 자질이 무엇인지 살펴보자.

우리는 이미 신경증이나 손재주 같은 긍정적 특성이 주술사 역할에 적합하다고 언급했다. 일반적으로 주술사는 비범한 기교와 지식을 갖춘 존재로 인식된다. 주술에 대한 피상적인 이론은 주술의 모든 장치를 속임수나 기만으로 설명하고자 주술사의 지능이나 교활함을 근거로 삼을 것이다. 그러나 주술사에게 있다고 가정된 이러한 현실적인 특성들은 그의 전통적 이미지의 일부에 불과하다. 이 이미지에는, 그런 현실적인 특성들 외에도, 주술사로서의 신망을 쌓아 올린 다른 많은 특성이 포함되어 있다.

주술사에게 부여된 이러한 신비롭고 경이로운 특성들은 신화의 소재가 되기도 하고, 전설이나 설화, 이야기의 형태로 구비 전승되기도 한다. 이러한 구비 전승은 전 세계 민중의 삶에서 중요한 비중을 차지하며, 민속학의 주요 분야 중 하나를 구성한다. 『카타 사라 사리트 사가라(*Kathâ-Sâra-Sârit-Sagara*)』[43]라는 유명한 힌두 설화집의 저자 소마데바는 다음과 같이 말한다. "신들은 영원히 행복하지만, 인간은 끊임없는 불행 속에 있다. 그러나 신과 인간 사이에 있는 존재들의 행적은 다양한 운명으로 인해 흥미롭다. 그러

---

43 『카타 사라 사리트 사가라(*Kathâ-Sâra-Sârit-Sagara*)』는 소마데바 브하타(Somadeva Bhatta)가 11세기 카슈미르에서 산스크리트어로 기록한 방대한 설화집으로, 후대 인도 문학과 구전 전승에 큰 영향을 끼친 고전적 설화문학의 결정판으로 알려져 있다.

므로 나는 너에게 비디야다라(Vidyâdhāra)의 삶을 이야기해 주겠다." 여기서 비디야다라는 정령, 나아가 주술사를 가리킨다(『카타 사리트 사가라』, 제1권, 제1장, 47절). 이러한 설화와 전설은 단순히 상상 속의 유희나 집합적 공상을 길러내는 전통적 자양분에 그치지 않는다. 그것들은 밤샘 이야기 자리에서 반복해 들려지면서 기대와 두려움을 자아낸다. 이런 상태에서는 작은 충격만으로도 환상이 생겨나 이런저런 행동으로 나타나기도 한다. 더욱이 이 경우, 우화와 신앙, 설화와 역사적 사실, 그리고 마땅히 믿어야 할 신화 사이에는 어떤 명확한 경계도 존재하지 않는다. 주술사에 관한 이야기를 수없이 듣다 보면 결국 그의 행동을 직접 보게 되고, 더 나아가 그에게 도움까지 청하게 된다. 그에게 부여된 막대한 힘 때문에, 사람들은 그가 사소한 부탁 정도는 거뜬히 들어줄 수 있다고 확신한다. 신들을 능가하고 세상도 창조할 수 있다고 알려진 브라만이, 적어도 가끔은 암소의 병쯤이야 쉽게 고칠 수 있다고 믿는 것은 당연한 일이 아닌가? 주술사의 이미지는 이야기에서 이야기로, 이야기꾼에서 이야기꾼으로 전해지면서 점차 과장되고 부풀어 오른다. 이는 주술사가 대중의 상상력이 선호하는 영웅들 가운데 하나이기 때문이다. 주술사가 영웅으로 받아들여지는 데에는 사람들의 현실적 관심과 주술에 대한 환상적 호기심이라는 두 가지 이유가 있다. 사제의 권한은 종교가 즉각 규정하지만, 주술사의 이미지는 주술 자체가 아니라 그 외적인 요소들에 의해 만들어진다. 그 것은 무한한 '소문(on dit)' 속에서 형성되며, 주술사는 결국 그렇게 묘사된 자기 모습에 맞춰 살아가게 된다. 따라서 주술을 소재로 한 이야기 속 영웅들의 거의 모든 문학적 특징이, 실제 주술사의 전형적인 특성들 속에서 되풀이되어 나타난다고 해도 놀라운 일은 아니다.

여기서 말하는 신화적 특성은 주술적 힘 그 자체이거나 그런 힘을 부여하는 능력이다. 이 점에서 상상력을 가장 자극하는 것은 주술사가 자신의 모든 소망을 손쉽게 이뤄낸다는 믿음이다. 사람들은 그가 상상조차 못 할 일을 실제로 일으키는 능력을 지녔다고 믿는다. 그의 말, 몸짓, 눈짓, 심지어 생각조차도 힘을 발휘하며, 그의 온몸에서 뿜어져 나오는 기운과 영향력 앞에서 자연, 인간, 정령은 물론 신들까지 굴복한다.

사물에 대한 이런 일반적인 힘 외에도, 주술사는 자기 자신을 제어하는 힘을 갖고 있다. 바로 이것이 그의 주술적 능력의 핵심이다. 주술사는 자기 의지로 남들이 할 수 없는 동작을 거뜬히 해낸다. 그는 중력의 법칙을 거슬러 공중으로 날아올라 원하는 곳으로 순식간에 이동할 수 있고, 동시에 여러 장소에 출현하는 능력도 갖추고 있다고 한다. 심지어 그는 모순의 법칙마저 벗어난다. 예를 들어, 1221년 할버슈타트의 설교자이자 주술사였던 요한네스 테우토니쿠스(Johannes Teutonicus)는 하룻밤 사이에 할버슈타트, 마인츠, 쾰른에서 동시에 세 번의 미사를 집전했다는 이야기가 전해진다. 이런 식의 이야기는 무수히 많다. 그런데 이 '순간 이동'의 본질에 관해서, 주술 이야기를 믿는 사람들의 마음에는 근본적인 불확실성이 자리 잡고 있다. 이동한 것은 주술사 본인인가, 아니면 그의 분신인가, 혹은 그의 영혼이 대신 움직인 것인가? 이 모순을 풀어보려 한 것은 신학과 철학뿐이었다. 일반 대중은 이에 대해 별 관심이 없다. 한편, 주술사들은 이러한 불확실성에 기대어 살았으며, 자신들의 행위를 신비로 감싸며 이를 유지해 왔다. 우리 역시 이 모순을 해결할 필요는 없다. 원시적 사고에서는 영혼과 육체 개념이 우리가 흔히 생각하는 것보다 훨씬 더 모호하게 뒤섞여 있기 때문이다.

그런데 이 두 개념 가운데 오직 영혼 개념만이 다양한 사유로 전개될 충분한 여지를 품고 있었다. 이는 영혼 개념이 과거부터 오늘에 이르기까지 지녀온 신비롭고 경이로운 속성 덕분이다. 주술사의 영혼은 보통 사람의 영혼보다 훨씬 더 놀랍고 더 환상적이며, 더 은밀하고 더 심오하며 헤아릴 수 없는 면을 지닌다. 주술사의 영혼은 본질적으로 자유롭게 움직이며 육체에서 분리될 수 있다. 원시적인 애니미즘 신앙이 사라진 뒤에도, 예컨대 보통 사람의 영혼이 꿈속에서 파리나 나비로 변신해 돌아다닌다는 믿음은 사라졌어도, 주술사의 영혼은 여전히 그런 속성을 지닌다고 여겨진다. 잠자는 동안 그의 입가에 파리가 맴도는 것은 그가 주술사임을 알아보는 하나의 징표이기도 하다. 어쨌든 자신의 의지와 무관하게 육체에서 분리되는 다른 영혼들과 달리, 주술사의 영혼은 그의 명령에 따라 발산된다. 오스트레일리아의 쿠르나이족은 비의(秘儀) 집회(séance d'occultisme)에서 반(*barn*)이 자신의 영혼을 보내 다가오는 적을 감시한다고 믿는다.[44] 인도의 경우, 요가 수행자들(Yogin)을 예로 들 수 있는데, 이들의 신비주의는 주술적이라기보다는 종교적이고, 종교적이라기보다는 철학적이라는 점에서 특별하다. 이들은 수련에 전념함으로써(동사 yuj) 우주의 궁극적 초월 원리와 합일을 이루며(동사 yuj), 이 결합을 통해 주술적 능력(siddhi)[45]을 획득한다(sidh)고 믿는다. 파탄자리(Pātañjali)의 수트라(sûtras)는 이 점을 명확히 설명한다. 이 경전에 따르면 요가 수행자들뿐 아니라 다른 주술사들도 이런 능력을 가질 수 있다고 한다. 수트라의 주석서들(IV, 1)은 주요한 싯디(siddhi)가 공중 부양이라고 설명한다. 일반적으로 자기 영혼을 자유롭게 불러낼 수 있는 자는 모두 주술사로 간주되며, 우리가 아는 한 이 원칙에는 예외가 없다. 흔히 샤머니즘이라 불리는 현상도 이 원칙에 따르는데, 다만 '샤머니즘'이라는 명칭은 이 맥락에서 그다지 적절하지 않다.[46]

---

44 여기서 모스와 위베르가 참조한 문헌은 호윗(Howitt)의 『오스트레일리아 남동부 원주민 부족들(The Native Tribes of South-East Australia)』이다. 앨프리드 윌리엄 호윗(Alfred William Howitt, 1830~1908)은 오스트레일리아 인류학의 선구자로, 오스트레일리아 남동부 원주민의 사회 조직, 친족 제도, 의례에 대한 방대한 기록을 남겼다. 주저로 로리머 파이슨(Lorimer Fison)과 함께 쓴 『카밀라로이와 쿠르나이(Kamilaroi and Kurnai)』(1880)와 『오스트레일리아 남동부 원주민 부족들(The Native Tribes of South-East Australia)』(1904)이 있다.

45 싯디(siddhi)는 힌두교와 요가 전통에서 명상이나 고행을 통해 얻게 되는 초자연적인 힘 또는 영적 성취를 의미한다.

46 여기서 모스와 위베르는 주술사의 영혼 분리, 비의적 수행, 예언과 감시의 능력을 오스트레일리아 쿠르나이족과 인도 요가 수행자 등 다양한 문화권에서 관찰할 수 있는

자유롭게 불러낸 영혼은 주술사의 분신이다. 다시 말해 영혼은 주술사의 인격에서 이름 없는 한 부분이 아니라 바로 주술사 자신이다. 영혼은 자기 의지로 활동할 장소로 이동해, 그곳에서 물리적으로 작용한다. 심지어 주술사가 자기 자신을 복제해야 할 때도 있다. 예를 들어, 다약족의 주술사는 강신회(降神會) 도중 약초를 찾아 떠나야 한다. 참석자들은 주술사의 몸을 눈앞에서 보고 있지만, 그는 영적으로나 육체적으로나 그 자리에 존재하지 않는다. 그의 분신은 단순한 영혼이 아니기 때문이다. 둘로 나뉜 존재는 너무나 똑같아서 완전히 서로 대체될 수 있다. 실제로 주술사가 자신의 분신을 남겨둔 채 다른 곳으로 이동하는 것도 충분히 상상할 수 있다. 중세에는 주술사의 공중 이동을 그런 식으로 해석했다. 사람들은 주술사가 마녀 집회(Sabbat)에 참석할 때 그의 침대에 '비카리움 다에모넴(vicarium daemonem)'이라는 대리 악마를 남겨둔다고 말했는데, 주술사와 똑같이 생긴 이 악마가 바로 그의 분신이었다. 이 사례는 동일한 분신 개념이 어떻게 정반대의 방식으로 적용될 수 있는지를 보여준다. 따라서 주술사의 이 근본적인 힘은 수천 가지 다른 방식으로 인식될 수 있었고, 그 힘의 정도 또한 무한하다고 여겨졌다.

일반적인 주술 현상으로 간주한다. 샤머니즘 역시 이와 유사한 현상을 드러내지만, 저자들은 주술의 보편적 현상을 '샤머니즘'이라는 특정 문화권에서 유래한 지역 용어로 명명하는 것은 부적절하다고 본다.

주술사의 분신은 그의 숨결과 마력이 일순간에 구현된 형태일 수 있다. 그것은 먼지나 바람이 일으킨 소용돌이로 나타나 주술사의 영혼이나 형상을 드러내기도 한다. 또한 분신은 주술사와 전혀 다른 존재이거나, 주술사의 의지와는 거의 무관하게 활동하면서 간혹 그를 돕기 위해 나타나는 존재이기도 하다. 이런 방식으로 주술사는 동물이나 정령 같은 여러 조력자의 호위를 받는데, 이들은 바로 그의 분신이거나 외부의 영혼들이다.

이 양극단['주술사 자신과 동일시되는 분신'과 '외부 존재로서의 분신'-옮긴이]의 중간 지점에는 주술사의 변신 개념이 자리한다. 변신은 주술사가 동물의 모습으로 자신을 나누는 현상이다. 주술사가 변신하면 형태상으로는 둘이지만, 본질적으로 하나의 존재일 뿐이다. 가장 흔한 변신 형태는 한쪽 모습이 다른 쪽을 덮어버리는 것처럼 보이는 경우일 것이다.

유럽에서는 변신을 통해 공중 비행이 이루어진다고 믿었다. 변신과 비행은 밀접하게 연결되어 있어 하나의 개념으로 합쳐지기도 했다. 그 사례로서 고대 그리스·로마에서 유래한 중세의 스트리가(*striga*)[47]라는 개념을 들 수 있다. 스트리가는 과거에 스트릭스(*strix*)라고 불렸는데, 이는 마녀와 새를 의미했다. 마녀는 검은 고

---

[47] 스트리가(striga)는 고대 로마의 야행성 괴물인 스트릭스(strix)에서 유래한 용어로 마녀상을 가리킨다. 스트리가는 중세 시대에 동물(주로 올빼미)로 변신하여 야간 비행을 하면서 인간을 해친다고 여겨졌다.

양이, 암늑대, 토끼로 변신하고, 마법사는 진흙 덩어리 같은 형태로 변신해 집 밖에 나타난다. 마법사나 마녀가 해를 끼치러 나갈 때는 동물로 변신해 이동하는데, 바로 그 상태로 사람들에게 붙잡힌다고 전해진다. 그러나 이때에도 두 이미지 사이에는 항상 상대적인 독립성이 유지되었다. 한편으로 마법사는 야간 비행을 할 때 결국 인간의 모습을 유지한 채, 단지 예전에 변신했던 동물에 올라타 있을 뿐이다. 다른 한편으로 둘 사이의 연결이 끊어져 마법사와 그의 동물 분신이 동시에 각자 다른 일을 하는 경우도 있다. 마녀의 경우, 이때 동물은 더는 일시적인 분신이 아니라 친밀한 조력자로서 그녀와는 별개의 존재가 된다. 1619년 3월 11일, 라틀랜드 백작의 친척에게 저주를 걸었다는 이유로 링컨에서 화형당한 마녀 마가렛과 필리파 플라워의 고양이 래터킨이 그 대표적인 사례다. 게다가 완전히 변신한 듯한 모든 상황 속에는 주술사의 편재성이 항상 내포되어 있다. 동물로 변한 마녀를 만났을 때, 사람들은 마녀 자신을 상대하는 것인지 단순한 대리인을 상대하는 것인지 구별할 수 없다. 결국 사람들은 우리가 앞서 언급한 근원적 혼동에서 벗어나지 못하는 것이다.

유럽의 마녀들은 아무 동물로 변신하지 않는다. 그들은 흔히 암말, 개구리, 고양이 같은 동물로 변신한다. 이러한 사실로 미루어보아, 변신은 특정 동물 종과의 지속적인 결합으로 볼 수 있다. 이러한 결합은 여러 곳에서 관찰된다. 알곤킨족, 이로쿼이족, 체로키족의 주술의들, 더 넓게는 아메리카 원주민의 주술의들은 오지브웨이어로 표현하자면 동물-마니투(*manitou*)[48]를 지닌다. 마찬가지로 멜라네시아의 일부 섬에서는 주술사들이 뱀과 상어를 조력자로 거느린다. 일반적으로 주술사의 힘은 이런 동물과의 연관에서 비롯된다. 이 동물들이 주술사에게 주문과 의례를 알려준다. 심지어 주술사가 지닌 힘의 한계까지도 동물 조력자와의 결속으로 결정된다. 아메리카 원주민 사회에서 동물 조력자는 같은 종의 동물들과 그와 관련된 것들을 다스리는 힘을 주술사에게 부여한다. 바로 이런 맥락에서 이암블리코스(Jamblique)[49]는 마고이 레온톤[50]과 마고이 오페온[51]을 언급했는데, 이 두 주술사는 각자 사자와 뱀을 다스리면서 그것들이 입힌 상처를 치유하는 힘을 지녔다고 한다.

원칙적으로, 아주 드문 경우를 제외하면, 주술사는 개별 동물이 아니라 그 동물 종 전체와 관계를 맺는다. 이러한 점만 봐도 이 관계는 토템 관계와 유사하다. 과연 이 관계는 실제로 토템적인가? 우리가 유럽을 바탕으로 추론한 내용은 오스트레일리아와 북아메

---

48 마니투(manitou)는 알곤킨어족 언어에서 유래한 개념으로, 초자연적 힘이나 정령, 혹은 만물에 내재하는 비인격적 생명력이나 에너지를 가리키는 용어이다.

49 이암블리코스(Iamblichus, 약 245~325)는 시리아 출신의 후기 신플라톤주의 철학자로서, 주술과 종교 철학에 큰 영향을 미친 『이집트 신비 제의에 관하여(*De Mysteriis Aegyptiorum*)』라는 저서를 남겼다.

50 마고이 레온톤(μάγοι λεόντων)은 사자 주술사을 뜻한다.

51 마고이 오페온(μάγοι ὄφεων)은 뱀 주술사를 뜻하는 말로, 여기서 '사자 주술사'와 '뱀 주술사'는 특정 동물과 신비적 관계를 맺고 그들을 다루는 능력을 지닌 주술사 집단을 가리킨다.

리카에서도 그대로 나타난다. 여기서 관련된 동물은 분명히 개인 토템이다. 호윗(Howitt)은 캥거루 서식지로 이주한 머링족 주술사 이야기를 전한다.[52] 이 주술사는 캥거루를 토템으로 삼게 되면서 더는 캥거루 고기를 먹지 못했다고 한다. 주술사들은 이러한 계시를 가장 먼저 받았고, 마지막까지 그 계시를 받아 개인 토템을 지닌 자로 남았던 듯하다.

토테미즘이 쇠퇴하면서, 특히 주술사 집안들이 씨족 토템을 계승하여 보존했을 수도 있다. 멜라네시아의 문어 가문이 바로 그러한 사례로서, 그들은 문어잡이에 특별한 능력을 지녔다고 전해진다. 동물과 맺는 모든 주술적 관계가 토템에서 비롯되었다는 점이 입증된다면, 주술사의 자격은 그의 토템적 속성에서 비롯된다고 말해야 할 것이다. 그렇게 단정할 수는 없더라도 우리가 지금까지 살펴본 사례들로부터 최소한 추론할 수 있는 것은, 이 관계가 단순한 우화가 아니라 주술사의 지위를 결정하는 데 영향을 미친 어떤 사회적 규약의 단서라는 점이다.

우리의 해석을 반박하기 위해, 일부 주술 전통(특히 고대 인도 브라만교 주술)에 토템적 관계가 없다는 사실을 근거로 들 수는 없다. 한편으로 우리는, 비록 의례 문헌의 성격을 띠긴 하지만, 오직 주술 이론가들이 쓴 문헌을 통해서만 브라만교 주술을 접했기 때문

---

52 앞에서 언급한 호윗의 책 『오스트레일리아 남동부 원주민 부족들(*The Native Tribes of South-East Australia*)』에 등장하는 사례이다.

이다. 이 기록물은 본래의 원형에서 상당히 변형되어 있다. 다른 한편, 인도에서도 변신이라는 주제가 없었던 것은 아니다. 설화나 자타카(Jâtaka)[53]에는 변신한 악마, 성인, 주술사의 이야기가 수없이 많으며, 오늘날에도 힌두교의 민간전승과 주술적 관습 속에서 그것들은 여전히 살아 있다.

우리는 앞서 주술사의 조력자인 정령에 대해 언급했다. 그러나 이들 정령은 주술사가 토템 동물이나 그 밖의 방식으로 관계 맺는 동물들과 엄밀히 구분되지 않는다. 이런 동물들은 정령으로 간주되거나 그렇게 인식될 수 있다. 일반적으로 정령도 실제 동물이나 환상 속 동물의 모습을 띠고 나타난다. 동물 조력자와 정령 조력자라는 두 개념은 주술사가 외부로부터 힘을 얻는다는 공통점을 가진다. 주술사의 능력은 자신과 분리된 독립적 협력자와의 관계에서 비롯된다. 분신의 경우와 마찬가지로, 이 관계는 다양한 정도와 형태를 띤다. 때로는 이 관계가 매우 느슨해져, 정령과 우연히 소통하는 단순한 능력으로 축소되기도 한다.

주술사는 정령들의 거처와 언어를 알고 있으며, 그들에게 접근하는 데 필요한 의례도 알고 있다. 죽은 자의 영혼이나 요정, 그리고 그와 유사한 다른 정령들[말레이의 한투(Hantu)[54], 아룬타족의 이룬

---

53   자타카(Jātaka)는 석가모니 부처의 수많은 전생(前生)에 관한 이야기를 모은 불교 경전의 일부를 가리킨다.

54   한투(Hantu)는 말레이-인도네시아 문화권에서 정령, 유령, 귀신 등을 총칭하는 말로, 숲이나 강 등 특정 장소에 깃들어 있거나 인간에게 영향을 미치는 초자연적 존재

타리니아(*Iruntarinia*)[55], 한투의 데바타(*Devatâ*)[56] 등]과의 관계가 대체로 이런 방식으로 형성된다. 멜라네시아의 여러 섬에서는 주술사가 보통 조상의 영혼으로부터 자신의 힘을 물려받는다.

친족관계는 주술사와 정령의 관계를 빗대어 설명하는 가장 흔한 방식이다. 사람들은 주술사의 아버지, 어머니, 조상을 정령으로 여긴다. 오늘날 인도에서도 일부 가문이 이와 유사한 기원으로부터 주술적 자질을 물려받았다고 전해진다. 웨일즈에서는 주술과 관련된 기술을 독점하는 가문이 인간과 요정 사이에서 태어난 인물의 후손들로 여겨진다. 이런 관계는 흔히 암묵적이거나 명시적인 계약 형태를 띤다. 그 계약은 포괄적이거나 개별적일 수 있고, 영구적이거나 일시적일 수도 있다. 양측은 일종의 법적 계약으로 묶인다. 중세 시대에는 피로 작성하고 서명과 함께 봉인된 증서 형태로 협약이 이루어졌다. 그것은 곧 피로 맺은 계약이었다. 설화에서 계약은 내기, 놀이, 경주, 시련 극복과 같은 덜 엄숙한 형태로 나타나는데, 이때 패배하는 쪽은 대개 정령과 악마 같은 영적 존재이다.

사람들은 종종 이러한 관계를 성적인 형태로 상상하기를 즐

를 뜻한다.

55　이룬타리니아(*Iruntarinia*)는 오스트레일리아 중부 아란다족(Aranda) 신화에 등장하는 영적인 존재로, 보통 죽은 자의 영혼이나 조상신을 의미한다.

56　데바타(*Devatâ*)는 산스크리트어에서 유래한 힌두교 및 불교 용어로, 신들보다 하위의 존재인 정령 또는 특정 장소나 사람을 수호하는 선한 신으로 묘사된다.

긴다. 마녀는 인큐버스[57]와 성관계를 맺는다고 알려져, 인큐버스를 거느린 여성은 마녀로 여겨지곤 했다. 이런 믿음은 유럽과 뉴칼레도니아뿐 아니라 다른 지역에서도 분명히 찾아볼 수 있을 것이다. 유럽의 마녀 집회에서는 마녀와 악마 간의 성관계가 반드시 뒤따른다. 이 관계는 결혼 같은 영구적인 계약으로까지 이어질 수 있다. 이런 관념은 결코 부차적인 것이 아니다. 중세와 고대 그리스 · 로마 사회에서 이 관념은 주술사의 적극적 자질을 형성하는 데 기여했다. 실제로 스트리가는 음탕한 여성이나 창부로 여겨졌는데, 바로 이러한 악마와의 성관계(*concubitus daemonum*)를 둘러싼 논쟁[58]을 거치면서 주술 개념이 상당 부분 명확해지기 시작했다. 악마와 주술사의 결합을 표상하는 여러 이미지가 중첩되는 경우도 있다. 예를 들어 라지푸트족(*râjput*)의 한 남성이 질병의 정령(*morve*)을 붙잡아 자기 집으로 데려왔는데, 그들 사이에서 태어난 후손은 오늘날까지도 바람을 지배하는 힘을 대대로 물려받는다고

---

57 인큐버스(Incubus)는 라틴어 '인쿠바레(incubare, 위에 눕다)'에서 유래한 말로, 중세 유럽의 악마학에서 잠자는 여성과 성관계를 맺기 위해 나타난다고 알려진 남성 형태의 악마를 일컫는다.

58 '악마와의 성관계'를 의미하는 라틴어 콘쿠비투스 다에모눔(concubitus daemonum)은 15~17세기 유럽 마녀사냥 시대의 핵심적인 신학적 · 법적 논쟁의 주제였다. 이 논쟁은 인간이 과연 비물질적 존재인 악마와 물리적인 성관계를 맺을 수 있는지, 그 결과로 자손을 낳는 것이 가능한지, 그리고 이 행위를 어떤 죄목으로 처벌해야 하는지를 두고 벌어졌다. 이 논쟁을 통해 악마의 실재성과 마녀의 이단성이 입증되었고 마침내 마녀재판의 이론적 토대가 강화되었다.

전해진다. 이는 놀이, 계약, 혈통이라는 주제를 동시에 포함하는 사례다.

이러한 관계는 단순한 우연이나 외부적 요인 그 이상으로 주술사의 신체적·정신적 성격에 깊이 영향을 미친다. 주술사는 자신과 동맹을 맺은 악마의 흔적을 몸에 새긴다. 오스트레일리아에서는 정령이 주술사의 혀를 찔러 구멍을 내고, 배를 찢어 내장을 새 것으로 교체한다고 한다. 뱅크스 제도에는 녹색 뱀(*mae*)이 주술사의 혀를 찌른다는 이야기가 전해진다. 주술사는 대개 빙의된 자이며, 점쟁이와 마찬가지로 빙의된 자의 전형으로 간주된다. 반면 성직자에게 이런 상태는 거의 발생하지 않는다. 또한 주술사는 자신이 빙의된 상태에 있다는 것을 자각할 뿐 아니라 대개 자신을 사로잡은 정령의 정체까지 알고 있다. 주술사가 빙의되었다는 믿음은 세계 어디에서나 발견된다. 기독교 유럽 사회는 주술사를 빙의된 자로 간주해 퇴마 의식의 대상으로 삼았고, 반대로 빙의된 자를 주술사로 다루기도 했다. 주술사의 능력과 상태는 흔히 빙의로 설명될 뿐만 아니라 어떤 주술 체계에서는 빙의 자체가 주술 활동의 필수조건이 되기도 한다. 예컨대 시베리아와 말레이 군도에서는 주술사가 반드시 샤먼 상태에 들어가야 한다. 이 상태에서 그는 자기 안에 낯선 인격이 들어와 있음을 느끼고, 더 나아가 자신의 인격이 완전히 사라져 정령이 그의 입을 통해 말하고 있다고 믿는다. 물론 수많은 의도적 연기(simulation)도 있겠지만 그것들 역시 실제로 경험된 상태를 모방한 것이므로, 그 기저에는 심리적·생리적으로 인격이 이중화된 상태가 자리 잡고 있다고 봐야 한다. 흥미롭게도 주술사는 어느 정도 스스로 자신의 빙의 상태를 조절할 수 있다. 실제로 그는 춤이나 단조로운 음악, 약물 사용 등을 통해 빙의 상태를 유도한다. 결국 빙의 능력은 주술사들에게 요구되는 신화적이고 신체적인 직업적 자질 중 하나이며, 오랜 세월에 걸쳐 전승되어 온 일종의 전문 지식이다. 이제 우리는 다시 출발점으로 되돌아왔다. 영혼의 발산과 유입은 개인이나 사회가 동일한 현상을 다르게 표현하는 방식일 뿐이다. 즉, 개인의 관점에서는 인격의 변화이고, 사회의 관점에서는 영적 세계로의 이동이다. 이 두 가지 표상 방식은 서로 겹치기도 한다. 예를 들어, 수족이나 오지브웨이족의 샤먼은 영혼이 빙의되어야만 주술을 행할 수 있으며, 영혼이 떠도는 동안에만 동물의 마니투를 얻을 수 있다고 한다.

주술사에 대한 이 모든 신화는 서로 얽혀 있다. 이러한 신화가 주술사에 대한 사회적 여론을 반영하는 징표가 아니었다면, 이렇게까지 길게 논의할 필요는 없었을 것이다. 주술사의 정체성은 동물과의 관계, 정령과의 관계, 그리고 궁극적으로는 영혼의 특질을 통해 드러난다. 더 나아가 주술사와 정령은 완전히 혼동되기까지 한다. 주술사와 주술 정령이 동일한 명칭을 지닐 때 이 둘은 더욱 쉽게 혼동된다. 이러한 경우는 너무나 자주 나타나서 거의 규칙이라고 할 수 있을 정도다. 그래서 사람들은 대개 이 둘을 구별할 필요를 느끼지 못한다. 이를 통해 주술사가 얼마나 세속을 벗어나 있는지 알 수 있다. 주술사가 자신의 영혼을 내보낼 때, 즉 그가 주술을 행하고 있을 때 그는 세속을 초월한 존재가 된다. 이 경우, 앞서 말했듯이 그는 인간세계보다는 영적 세계에 속한다고 할 수 있다.

따라서 주술사가 아직 사회적으로 공식적인 지위를 부여받지 않았더라도, 자신을 둘러싼 일관된 표상 덕분에 그는 주술사로서 확고히 인정받는다. 주술사는 무엇보다도 특별한 자질과 관계, 궁극적으로는 특별한 힘을 지닌 사람이다. 주술사라는 직업은 결국 가장 높이 평가받는 직업 중 하나였고, 아마도 가장 먼저 그렇게 평가된 직업이었을 것이다. 이 직업은 사회적 자격과 밀접하게 연관되어 있어서, 개인이 항상 자발적으로 자신의 의지에 따라 주술사가 되는 것은 아니다. 실제로 본인이 원치 않았음에도 주술사가 된 경우도 있다.

그러므로 주술사를 만들어내는 것도, 그가 발산하는 영향력을 만들어내는 것도 바로 여론이다. 여론의 힘 덕분에 주술사는 모든 것을 알고 무엇이든 할 수 있다. 자연이 그에게 어떤 비밀도 감추지 않아 그가 태양, 행성, 무지개, 또는 물속에서 직접 힘을 얻을 수 있다면, 그것은 여론이 그가 그렇게 할 수 있다고 믿기 때문이다. 한편 여론은 모든 주술사가 무한한 힘을 가지거나 동일한 능력을 지녔다고 보지는 않는다. 대부분의 경우, 매우 응집된 집단 안에서도 주술사들은 각기 다른 능력을 지닌다. 주술사라는 직업은 특수한 직업일 뿐만 아니라 그 내부에서도 보통 여러 전문 분야로 나뉜다.

2) 입문식, 주술 결사

여론은 어떻게 한 개인을 주술사로 인정하게 되는가? 그리고 그 개인은 어떻게 자신을 주술사로 받아들이게 되는가? 개인은 계시나 성별(聖別) 혹은 전승을 통해 주술사가 된다. 이 세 가지 자격 부여 방식은 관찰자들은 물론 주술사 자신도 인정해 왔는데, 종종 이 방식에 따라 주술사들이 계층적으로 구분되기도 한다. 앞서 인용한 파탄자리의 수트라(IV, I)에 따르면, "싯디(*siddhi*, 주술적 능력)는 태어날 때부터 비롯될 수도 있고, 식물이나 주문에서 비롯되거나, 혹은 고행의 열정과 황홀경을 통해 얻을 수도 있다."

주술사가 하나 또는 여러 영(靈)과 관계를 맺는다고 믿을 때마다 계시가 일어난다. 이 영들은 주술사를 섬기고 주술사는 그들로부터 가르침을 받는다. 이 첫 입문 방식은 많은 신화와 설화의 주제로서, 그 내용은 아주 단순한 것에서부터 매우 복잡한 것에 이르기까지 다양하다. 메피스토펠레스가 파우스트를 찾아오는 이야기[59]는 가장 단순한 유형에 속하지만, 훨씬 더 복잡한 이야기들도 있다. 머링족 사이에서는 주술사가 되려는 사람(*murup*, 영)이 한 노파의 뱃가죽을 잘라낸 뒤, 그 노파의 무덤에 눕는다고 한다. 그

---

59 괴테(Goethe)의 『파우스트(*Faust. Eine Tragödie*)』에서 파우스트가 악마 메피스토펠레스와의 계약을 통해 초월적 지식과 능력을 얻는 이야기를 가리킨다. 모스와 위베르는 이처럼 인간이 초월적 존재와 직접적이고 명시적인 계약을 맺어 힘을 얻는 것을 주술적 입문의 가장 단순한 유형으로 간주한다.

가 잠든 사이, 노파의 뱃가죽, 즉 노파의 무루프가 그를 하늘 너머로 데려간다. 그는 그곳에서 영들과 신들을 만나 의례와 주문을 전수받는다. 잠에서 깨어났을 때, 그는 자기 몸이 주술 주머니처럼 석영 조각으로 가득 차 있는 것을 알게 된다. 이후 의식을 치르는 동안 그는 입에서 석영 조각을 꺼내는데, 그것들은 영들이 준 선물이자 그들과 맺은 서약의 증표다. 이 경우 주술사가 영의 세계로 이동하지만, 다른 경우에는 영이 주술사의 몸 안으로 들어오기도 한다. 예를 들어, 수족이나 말레이족은 빙의를 통해 계시를 받는다. 비록 두 경우 모두 영과의 접촉은 순간적이지만, 이를 통해 당사자들은 영구적인 주술적 능력을 얻는다. 이 능력이 왜 영구적인지를 설명하기 위해, 사람들은 우리가 앞서 언급했던 인격의 심대한 변화를 상상하기도 한다. 예를 들어 영들이 주술사의 내장을 새 것으로 바꾸거나 무기로 그를 내리치거나 그의 혀를 깨문다는 식이다. 실제로 중앙 오스트레일리아 부족들 사이에서는 주술사가 자신이 겪은 시련을 증명하기 위해 구멍 뚫린 혀를 보여주기도 한다. 또한 분명히 전해지는 바에 따르면, 입문자는 계시를 받은 후 실제로 죽음을 체험하고 다시 태어난다고 한다.[60]

이 일시적 죽음이라는 관념은 종교적 입회식과 주술적 입회식

---

60 모스는 이 주제와 관련해 고등실습연구원의 종교학 분과 세미나를 통해 「오스트레일리아 사회에서 주술적 힘의 기원(L'orignie des pouvoirs magiques dans les sociétés australiennes)」(1903~1904)이라는 논문을 발표하였다.

의 공통된 주제다. 그러나 주술사는 다른 이들보다 훨씬 더 자주 부활 설화의 소재가 되곤 한다. 익숙한 연구 영역을 잠시 벗어나, 배핀(Baffin) 지역 에스키모들의 설화를 하나 인용해 보자.[61] 안게코크(*angekok*)가 되기를 원한 한 남자가 있었는데, 그는 안게코크 입문 지도자에게 죽임을 당했다고 한다. 그는 8일 동안 얼어붙은 채로 누워 있었다. 그동안 그의 영혼은 바다 깊은 곳, 땅속 깊은 곳, 하늘 높은 곳을 떠돌며 자연의 비밀을 배운다. 안게코크가 그의 팔다리에 숨을 불어넣어 다시 살려내자, 그 역시 안게코크가 되어 있었다. 여기서 우리는 여러 단계로 이루어진 완전한 계시의 모습을 엿볼 수 있다. 그 과정은 다음과 같다. 먼저 인격이 변하고, 정령의 세계로 건너가며, 끝으로 우주를 통찰하는 주술적 지식을 얻는다.

주술적 능력은 영혼의 분리 과정에서 얻어진다. 빙의와 분신을 반복해야 하는 샤머니즘과 달리, 주술사에게 입문 과정의 이러한 분리는 일생에 단 한 번뿐이며 그 효과는 영구적이다. 하지만 이 분리 과정은 최소한 한 번은 반드시 거쳐야 한다. 사실 신화적으로 보이는 이 과정은 현실의 입문식에도 고스란히 반영되어 있다. 입문자는 숲속 무덤 위에서 잠을 자고 일련의 수련을 받으며, 금욕을 수행하고 금제(禁制)와 금기를 지킨다. 이 모든 행위가 바로 의례다. 나아가 입문 중인 주술사는 황홀경에 빠져 꿈을 꾸기도 하는

---

61   이 설화의 출처는 프란츠 보아스(Franz Boas)가 1888년에 발표한 기념비적인 현지 조사 연구인 『중부 에스키모 (*The Central Eskimo*)』이다.

데, 그 꿈은 결코 단순한 허상이 아니다. 심지어 홀로 입문할 때조차도 그러하다.

하지만 입문 과정에는 대개 다른 주술사들이 개입한다. 참족의 경우, 선배 주술사인 파자(pǎja)가 입문자에게 최초의 황홀경을 경험하게 한다. 일반적으로 입문자는 현직 주술사가 집행하는 일종의 서임(敍任) 의식(ordination)을 통해 정식으로 주술사 자격을 부여받는다. 아룬타족의 경우, 정령을 통한 입문식 외에도 주술사에 의한 입문식이 있는데, 이 입문식은 금욕, 마찰, 도유(塗油) 등 여러 단계의 세부 의례로 구성된다. 이 과정에서 입문자는 후견인 격인 주술사가 발산하는 주술적 힘의 징표로서 작은 조약돌을 삼킨다. 그리스 파피루스 문서에는 장문의 주술 입문 의례인 "모세의 제8서(第八書)"(ὀγδόη Μωϋσέως)[Dietrich, Abraxas, p. 166 sqq.[62]]가 전해지는데, 그 안에는 정화, 희생, 기도 등 이와 유사한 의식의 전 과정은 물론 세계의 비밀을 밝히는 신화적 계시가 자세히 기록되어 있다. 그러나 이렇게 복잡한 의식이 꼭 필요한 것은 아니다. 해협 지방의 말레이 파왕(pawang)의 경우처럼, 단지 함께 정령을 불러내는 것만으로 서임 의식이 치러지기도 하고, 멜라네시아의 사례처럼 신성한 장소에서 정령에게 입문자를 소개하는 방식으로만 구

---

62 알브레히트 디터리히(Albrecht Dieterich, 1866~1908)는 고대 후기의 종교사와 그리스 마법 파피루스 연구에 중요한 업적을 남긴 독일의 고전 문헌학자이자 종교학자이다. 여기서 인용된 저서는 디터리히의 『아브락사스: 후기 고대 종교사 연구 (Abraxas: Studien zur Religionsgeschichte des spätern Altertums)』(1891)이다.

성되기도 한다. 어떤 경우든 주술 입문식도 다른 입문식과 동일한 효과를 낳는다. 그것은 인격의 변화를 유도하고, 필요에 따라 입문자의 이름을 바꾸기도 한다. 또한 개인이 초자연적 동맹자와 친밀하게 접촉하게 하여, 마침내 지속적이고 잠재적인 빙의 상태에 이르게 한다. 실제로 일부 사회에서는 주술 입문식이 종교 입문식과 혼동되기도 한다. 예를 들어, 아메리칸 인디언인 이로쿼이족이나 수족의 경우, 의술 능력의 획득은 비밀결사에 입회할 때 이루어진다. 아직 명확한 증거는 없지만, 멜라네시아의 일부 사회에서도 마찬가지였으리라고 추측된다.

입문식이 단순화되면 결국 단순한 형식적 전승에 가까워진다. 하지만 주술 전승은 결코 단순하거나 평범한 것이 아니었다. 실제로 주문을 전수할 때, 스승과 입문자 그리고 주변의 다른 사람들은 모두 비범한 태도를 취한다. 입문자는 선택받은 사람으로 받아들여지고, 자신도 그렇게 믿는다. 전승 과정은 대체로 엄숙한데, 신비로운 분위기 속에서도 그 엄숙함은 흐트러지지 않는다. 여기에는 다양한 의례적 형식이 수반되고, 목욕재계는 물론 다양한 예방조치가 뒤따르며, 정해진 시간과 장소 또한 엄격히 준수된다. 또 어떤 경우에는 주술적 처방을 전달하기에 앞서 그 효력을 좌우하는 것처럼 보이는 일종의 우주론적 계시가 먼저 주어지는데, 이는 주술 전수가 얼마나 중대한지를 잘 보여준다. 주술의 비법이 아무조건 없이 전해지는 경우는 드물다. 부적을 구매했더라도 계약 조건을 무시한 채 마음대로 사용할 수는 없다. 부당하게 양도된 부적은 더는 효력을 발휘하지 못하거나, 그것을 사용하는 자에게 해를 입히기도 한다. 이와 같은 사례는 전 세계의 민간전승에서 무수히 발견된다. 이러한 믿음 속에는, 가장 통속적이라 할지라도 주술 지식이 전승될 때마다 구현되는 특유의 정신 상태가 반영되어 있다. 앞서 언급한 전달 조건과 일종의 계약은, 비록 가르침이 한 사람에게서 다른 사람에게로 전해지더라도, 결국에는 그들을 완전히 폐쇄적인 집단으로 이끈다는 점을 보여준다. 이런 관점에서 계시, 입문, 전승은 동일한 기능을 수행하며, 각각의 방식으로 새로운 구성원이 주술사 집단에 가입하는 것을 공식적으로 나타낸다. 주술사들을 특별한 계층으로 여기는 것은 여론만이 아니다. 그들 스스로도 자신을 그렇게 인식한다. 앞서 언급했듯이, 주술사들은 고립된 개인이지만 실제로는 엄연한 주술 결사체를 형성하기도 했다. 이 결사체들은 세습이나 기존 구성원들의 지명(cooptation)을 통해 새로운 구성원들을 모집했다. 그리스 문헌에는 주술사 가문에 대한 언급이 나온다. 마찬가지로 켈트권 국가, 인도, 말레이시아, 멜라네시아 등지에서도 주술사 가문이 관찰된다. 주술은 가족 내에서 신중히 보존되는 일종의 유산이었다. 그러나 그 유산이 항상 다른 재산과 동일한 방식으로 계승되지는 않았다. 모계 중심의 멜라네시아에서는 아버지가 아들에게 물려주며, 웨일스에서는 일반적으로 어머니가 아들에게, 아버지가 딸에게 전수하는 것으로 보인다. 비밀결사, 즉 자발적으로 가입할 수 있는 남성들의 부분적 결사체가 중요한 역할을 하는 사회에서는, 주술사 집단이 비밀결사와 구별되지 않는 것처럼 보인다. 그리스 파피루스 문서에 기록된 주술 결사체들은 알렉산드리아의 신비적 결사체들과 나란히 존재한다. 일반적으로 주술 결사체가 존재하는 경우, 우리는 그것을 종교적 결사체와 명확히 구별하기 어렵다.

그러나 분명한 사실은 중세에는 주술이 오직 집단에 의해서만 수행되는 것으로 여겨졌다는 점이다. 가장 오래된 문헌에는 마녀들의 집회가 등장하고, 이 집단적 모습은 디아나를 따르는 야간 행렬 신화와 사바트(sabbat)라 불리는 주술 제의에서도 되풀이되어 나타난다. 물론 이런 이미지에는 과장된 면이 있지만, 비밀스러운 주술 집회가 열리고 주술이 유행처럼 번졌던 사례가 실재했던 것은 사실이다. 하지만 주술사 가문이나 주술 분파에 관한 이야기에서 신화와 세간의 부풀려진 평가를 걷어내더라도, 주술이 늘 부분적으로나마 소규모 집단을 통해 작동해 왔다고 볼 수 있는 근거는 충분히 남아 있다. 오늘날 오컬티즘의 마지막 신봉자들이 형성하는 집단처럼 말이다. 더욱이 명시적인 결사체가 없는 곳에서조차, 주술사들은 정신적으로 하나의 전문 집단을 이루고 암묵적인 규율을 따른다. 대개 그들은 동업 조합의 규율과 유사한 일정한 생활 규범을 지켜 나간다. 이 규범은 때로는 주술사의 도덕적 자질, 의례적 정결함, 그리고 엄숙한 품행 등을 요구하지만, 종종 전혀 다른 것을 요구하기도 한다. 요컨대, 주술사들은 전문가에 걸맞은 외양과 태도를 스스로 갖춘다.

지금까지 살펴본 주술 집행자의 사회적 성격에 대해 자격을 갖추지 않은 이들이 행하는 민간 주술도 있지 않느냐고 반박한다면, 우리는 다음과 같이 답할 것이다. 즉, 민간 주술의 집행자들 역시 자신이 떠올리는 주술사의 모습과 최대한 닮으려고 애쓴다. 또한 이 민간 주술이 촌락이나 가족 단위의 매우 단순한 소집단에서 일종의 잔존 형태로만 존재한다는 점도 지적할 것이다. 나아가, 설령 어떤 소집단의 구성원 모두가 역할 구분 없이 동일한 주술 행위를 반복한다고 하더라도, 그 행위의 전통성과 집단성을 근거로 이들 역시 사실상의 주술 결사체로 간주할 수 있다.

2. 행위

주술사의 행위는 의례다. 우리는 이 행위를 하나하나 설명하면서 그것이 의례라는 개념에 얼마나 부합하는지를 보여주려 한다. 우선 각종 민속학 자료집에 실린 주술 행위들은 대개 극히 단순하고 평범한 형태로 제시된다는 점을 지적할 필요가 있다. 자료집 편찬자들이 이 행위를 의례라고 은연중에라도 밝히지 않았더라면, 우리는 이를 그저 특별한 것 없는 평범한 몸짓쯤으로만 여겼을 것이다. 그러나 일반적으로 주술사의 행위를 엄숙함이 결여된 단순한 제스처로만 볼 수는 없다. 이 행위가 외견상 단순해 보이는 이유는 기록이 부정확하거나 관찰이 불충분했기 때문일 수도 있고, 혹은 의례 자체가 오랜 시간 반복되면서 그 형식이 마모되었기 때문일 수도 있다. 물론 우리는 이렇게 축약되어 제대로 알려지지 않은 의례들에서 주술 의례의 전형적 특성을 찾으려는 것은 아니다.

다행히도 우리는 매우 복잡한 주술 의례를 여럿 알고 있다. 예를 들어, 힌두교의 저주 의례는 대단히 정교하고 방대하다(Kauçika sûtra, 47-49)[63]. 이 의례에는 불길한 나무, 특정 방식으로 베어낸 풀, 특별한 기름, 음산한 불과 같은 재료가 필요하며, 모든 절차는 길조의 의례와는 정반대로 집행된다. 소금기 머금은 불모지 같은 곳, 비의적 용어로 지정된 날짜 중에서도 특히 불길한 날, 그리고 그늘진 장소(aroka)에서 불운한 별자리 아래 저주 의례를 수행해야 한다(47, 1-11). 이어서 주석서(Keçava ad sû. 12)에 따르면, 성대한 희생제의가 시작될 때 제의 의뢰자(sacrifiant)가 치르는 것과 비슷한 장시간의 특별한 입문식(dîkṣâ)이 거행된다. 이때부터는 브라만이 주요 의례의 주도자, 더 정확히는 본격적인 저주 의례를 구성하는 여러 의식을 이끄는 핵심 인물이 된다. 하지만 우리가 확인한 32가지 의례(47, 23~49, 27) ─그중 일부는 세 가지 형태로 나뉘기도 한다 ─ 가 하나의 거대한 의식에 속하는지, 아니면 이론적으로 서로 다른 의례들인지는 본문만으로 판단할 수 없다. 그나마 덜 복잡한 의례, 이를테면 진흙 인형을 대상으로 한 저주 의례조차 12

---

[63] 카우시카 수트라(Kauçika sûtra)는 그 저자로 추정되는 카우시카(Kauśika)의 이름을 딴 수트라로 『아타르바베다』에 포함되어 있다. 이 문헌은 장엄한 제의에 관한 상세한 설명을 담고 있으며 주술적 관행에 대한 정보도 제공하고 있어. 고대 인도 주술 연구의 핵심 자료로 간주된다.

일 이상 소요된다(49, 23). 이 저주 의례는 최종적으로 정화 의례를 거치며 마무리된다(49, 27). 체로키족이나 퀸즈랜드 피타피타족의 저주 의례 역시 단순하지 않다. 마지막으로, 우리가 소장하고 있는 그리스 파피루스 문서들과 아시리아 기록물에도 퇴마 의식과 점술 의식이 수록되어 있는데, 이 역시 결코 짧거나 간단한 절차가 아니다.

1) 의례의 조건

이제 의례 전반에 대한 분석으로 넘어가자. 먼저 주목해야 할 것은 주술 지침이 단지 한두 가지 핵심 절차만을 지시하는 것이 아니라 종교 의례 못지않게 여러 부수적 규칙을 포함하고 있다는 점이다. 실제 의례서, 즉 주술 지침서를 보면 상황에 따른 세부적인 지침들이 빠지지 않고 정확히 열거되어 있다.

의례가 치러질 시점은 신중하게 결정된다. 어떤 의례는 밤중, 특히 자정처럼 특정 시각에 치러야 하고, 또 다른 의례는 일몰이나 일출 무렵처럼 낮 시간대 중 특정 시점에 치러야 한다. 특히 새벽과 황혼은 주술에 적합한 때로 여겨져 왔다. 요일의 선택도 중요하다. 마녀 집회의 날로 알려진 금요일이 대표적이지만, 다른 요일들도 주술에 연관된다. 주(週) 단위의 시간 개념이 생긴 이래, 의례를 치르는 날짜는 특정 요일로 정해졌다. 마찬가지로 달(月)의 일정 날짜로 의례 시점이 정해지는데, 무엇보다도 달이 차고 기우는 주기에 따라 정해지는 경우가 많고, 또 그런 방식이 선호되기도 한다. 음력 날짜로 의례 시점을 정하는 것이 가장 보편적이다. 고대 인도에서 이론상 모든 주술 의례는 초승달과 보름달에 바치는 희생제의와 관련이 있었다. 또한, 고대 문헌뿐 아니라 후대 문헌에 따르면, 달이 차오르는 밝은 보름은 길한 의례에, 달이 기우는 어두운 보름은 불길한 의례에 각각 배정되었다. 천체의 운행, 달과 해와 행성들이 이루는 합(合)과 충(衝), 별들의 위치 역시 중요하게 고려되었다. 이를 통해 점성술은 주술에 편입되었다. 실제로 그리스의 주술 문헌 일부가 점성술 서적 안에 수록되어 있을 정도였으며, 인도 중세 초기의 주요 점성술 및 천문학 저술에서도 마지막 장 전체가 주술에 할애되기도 했다. 또한 그해의 몇 번째 달인지, 주기상 몇 번째 해인지를 고려할 때도 있다. 일반적으로 하지, 동지, 춘분, 추분과 그 전날 밤, 윤일(閏日), 대축일, 서양의 경우 특정 성인의 축일과 같은 다소 특이한 시기들이 의례에 특히 적합한 때로 여겨졌다. 이 모든 조건이 지나치게 복잡하게 얽혀, 실제로 완벽하게 부합하는 시점을 찾기가 거의 불가능할 때도 있다. 힌두 주술사들에 따르면, 어떤 의례는 45년에 단 한 번만 제대로 거행될 수 있다고 한다.

주술 의식은 아무 데서나 이루어지는 것이 아니라 일정한 조건을 갖춘 장소에서만 거행된다. 종교와 마찬가지로, 주술 역시 실제 성역을 갖고 있는 경우가 많다. 경우에 따라 종교와 주술이 같은 성역을 공유하기도 한다. 예컨대 멜라네시아와 말레이시아가 그러하고, 오늘날 인도에서는 마을 신의 제단이 주술에 사용되기도 한다. 기독교권인 유럽에서도 일부 주술 의식은 교회 안, 심지어 제단 위에서 집행되어야 한다. 반면, 종교의식이 금지되거나 불결한 곳, 혹은 그 자체로 특별한 의미를 지닌 곳이 주술의 공간으로 선택되기도 한다. 묘지, 교차로, 숲, 늪지대, 쓰레기 더미 등 망자나 악령이 거주한다고 여겨지는 곳은 모두 주술이 특별히 선호하는 공간이다. 마을이나 들판의 경계, 문지방, 아궁이, 지붕, 대들보, 거리, 길가, 발자국이 찍힌 흔적처럼 어떤 특정성이 부여된 곳이라면 어디든 주술의 무대가 될 수 있다. 의례에 적합한 장소가 되려면, 최소한 그 장소가 의례와 충분히 관련되어 있어야 한다. 적을 저주할 때는 그의 집 앞이나 그를 향해 침을 뱉는다. 다른 적절한 장소가 없다면, 주술사는 자신의 주변에 마법의 원이나 사각형을 그려 템플룸(*templum*)이라 불리는 임시 성역을 설정하고 그 안에서 의례를 수행한다.

　조금 전 우리는 희생제의와 마찬가지로 주술 의례에도 시간과 장소의 조건이 있음을 살펴보았다. 이 외에도 다른 조건들이 존재한다. 주술에서 사용되는 재료와 도구는 다양하지만, 절대 임의로 선택되지 않는다. 그것들을 준비하고 선택하는 일 자체가 하나의 의례 절차이며, 이 또한 정해진 시간과 장소에서만 행해진다. 예컨대, 체로키족 샤먼은 특정한 날, 해 뜰 무렵에 약초를 구하러 나선다. 그는 채취에 앞서 의례적으로 몇 차례 원을 그리며 돈 후, 자신의 그림자가 약초 위에 드리워지지 않도록 조심하면서 정해진 순서에 따라 특정한 손가락으로만 약초를 채취한다. 이때 목욕장에서 채취한 납이나 묘지에서 가져온 흙 같은 특수한 재료들을 사용한다. 이처럼 의례에 쓰일 물건과 재료는 오랜 시간을 들여 세심하게 제작하거나 준비한다. 인도에서는 부적이나 미약(媚藥)에 들어가는 모든 재료는 반드시 액체에 담가야 하며, 미리 특수한 방식으로 장시간 기름칠을 해두어야 한다. 일반적으로 주술에 쓰이는 사물들은 종교적인 의미에서의 성별(聖別)까지는 아니더라도, 최소한 주문을 통해 일종의 주술적 성별을 거친다.

이러한 예비적 주술 조치 외에도, 주술에 사용되는 물건들 가운데 상당수는 — 희생제물이 흔히 그러하듯 — 이미 처음부터 일정한 의례적 성격을 지니고 있다. 어떤 것들은 종교에 의해 이 성격을 부여받는다. 예를 들어, 먹어야 하거나 파괴되어야만 하는 제물의 잔재, 죽은 자의 뼈, 정화수 등이 이에 해당한다. 또 어떤 것들은 일상적 용도에서 배제된 것들로, 먹다 남은 음식물, 부스러기, 잘라낸 손톱이나 머리카락, 배설물, 유산된 태아, 생활 쓰레기 등, 일반적으로 버려지는 모든 것이 여기에 포함된다. 어떤 물질은 실제속성이나 상상된 속성, 혹은 의례와의 관련성에 의해 그 자체로 사용되기도 한다. 동물, 식물, 광물 등이 그 예다. 마지막으로, 밀랍, 풀, 석고, 물, 꿀, 우유처럼 다른 물질과 결합해 작용하며, 마치 마법의 요리가 담겨 나오는 접시와도 같은 역할을 하는 물질도 있다. 이런 물질들은 고유한 효능을 지닌 것으로 여겨지기에, 때로는 매우 엄격한 사용 규정을 따라야 한다. 예컨대 인도에서는 보통 일정한 색을 지닌 소의 우유를 사용하라는 규정이 있는데, 이때 그 송아지도 어미 소와 동일한 색을 가져야 한다. 이렇게 마련된 물질들 하나하나가 주술의 약전(藥典)을 구성한다. 이 약전 역시 주술 교리와 마찬가지로, 주술 교육 과정에서도 중요한 자리를 차지했을 것이다. 다만 그리스·로마 사회에서 그것이 끝없이 방대해 보이는 까닭은, 당시의 주술이 일반적이고 완결된 실용 주술 의례서나 규정집(Code)을 남기지 않았기 때문이다. 그러나 아타르바베다계(系)의 문헌 『카우시카 수트라』의 8장에서 11장까지의 장들, 또는 체로키족의 수기(手記) 같은 사례를 보면, 대체로 특정 시대의 특정 주술사 집단이 사용하는 약전의 범위는 거의 완벽하게 정해져 있었음이 분명하다. 우리가 보기에, 이 재료 목록들은 그 자체로 공식 약전(Codex)과 같은 강제적인 성격을 띠었다. 따라서 원칙적으로, 오늘날까지 온전히 전해지는 주술 약전들은 당대의 주술사 혹은 주술사 집단에게 사용 가능한 재료의 범위를 규정하는 완결된 실용서였다고 봐야 한다. 이러한 재료들 외에도, 주술 의식에는 고유한 주술적 효력을 지니게 된 온갖 도구들이 사용된다. 가장 단순한 도구는 마술 지팡이이고, 중국의 점술용 나침반은 가장 복잡한 도구 중 하나였다. 그리스와 로마의 주술사들은 대야, 반지, 칼, 사다리, 바퀴 모양 장식, 딸랑이, 방추, 열쇠, 거울 등 다양한 도구를 갖추고 있었다. 이로쿼이족이나 수족의 주술 주머니는 인형, 깃털, 조약돌, 실에 꿴 구슬, 뼛조각, 기도용 막대기, 칼, 화살 등 파우스트 박사의 연구실처럼 온갖 잡다한 물건들로 가득하다.

주술 의례에서 주술사와 의뢰인이 맺는 관계는, 희생제의에서 집전자와 제물 봉헌자가 맺는 관계와 같다. 주술사와 의뢰인도 역시 예비 의례를 따라야 하는데, 이는 때로는 당사자들에게만, 때로는 가족이나 집단 전체에게 적용되기도 한다. 몇 가지 예를 들자면, 이들은 순결을 지키고 몸을 정결히 해야 하며, 미리 몸을 씻고 기름을 발라야 한다. 금식하거나 특정 음식을 피해야 하고, 새 옷이나 더러운 옷, 흰옷이나 자줏빛 띠를 두른 옷 같은 특별한 복장을 갖춰야 한다. 분장하거나 가면을 쓰거나, 혹은 변장하거나 관을 쓰는 일도 있다. 때로는 알몸이 되어야 하는데, 이는 아마도 주술적 힘과 자신 사이의 모든 장벽을 없애려는 의도이거나, 혹은 민담 속 선량한 여인의 의례적 외설처럼 노출을 통해 주술적 효과를 일으키려는 의도에서 비롯된 행위일 것이다. 마지막으로, 믿음을 가지고 진지하게 임하는 정신적 태도도 요구된다.

시간, 장소, 재료, 도구, 그리고 주술 의식 집전자에 관한 이 모든 규칙이 실질적인 준비 단계, 즉 주술로 들어가는 의례를 구성한다. 이는 우리가 다른 곳에서 언급한 희생제의의 입장 의례와 유사하다. 이러한 예비 의례는 너무나 중요해서, 그에 따라 이루어지는 본래 의식과는 별개로, 그것만으로도 독립된 의식이 되기도 한다. 아타르바베다계의 문헌에는, 본 의식에 앞서 희생제의가 먼저 치러지고 이어지는 절차마다 또 다른 준비 의례들이 덧붙여진다고 기록되어 있다. 그리스의 경우, 특별한 주문, 구술되거나 필사된 기도문, 다양한 호신부를 제작하는 상세한 방법이 마련되어 있는

데, 이는 주술사를 자신이 다루는 힘이나 자신의 실수 또는 적대자의 계략으로부터 보호하기 위한 것이었다. 이러한 의례들 가운데 일부는, 우리가 보기에 예비 의례로 간주될 수 있다. 이러한 예비 의례는 본 의례, 즉 실제 목적을 수행하는 핵심 의례보다 훨씬 더 큰 비중을 차지하기도 한다. 예를 들어 주술적인 춤, 끊임없는 음악, 북소리, 향 피우기, 약물 복용 등이 그러하다. 이 모든 행위는 집전자와 의뢰인을 정신적 · 심리적으로뿐만 아니라 때로는 생리적으로도 평소와는 다른 상태로 이끈다. 그러한 변화는 샤먼의 트랜스나, 자의든 타의든 유도된 꿈속에서 가장 완전하게 나타나는데, 이들 역시 하나의 의례로 여겨진다. 이와 같은 행위들이 반복되는 횟수와 그 규모를 보면, 주술 의례가 얼마나 독자적인 주술적 장 속에서 진행되는지를 확인할 수 있다. 이 장을 만들어내고 그것을 다른 환경과 구분 짓는 것이 바로 예비 의례의 목적이다. 부득이한 경우에는 단순한 자세, 중얼거림, 말 한마디, 몸짓, 심지어 눈짓 하나만으로도 주술적 장이 형성되었음을 충분히 드러낼 수 있다.

희생제의에서와 마찬가지로, 이 경우에도 의례의 영향을 제한하고 집행자의 책임을 면하게 해주는 퇴장 의례를 — 항상은 아니지만 — 꽤 자주 거행한다. 의례에 사용되지 않은 물건들은 폐기하거나 파괴하며, 사람들은 몸을 씻어 정화하고 고개를 돌리지 않도록 주의하면서 주술이 행해진 장소를 떠난다. 이는 단지 개인적인 예방조치가 아니라 정해진 규칙이다. 이러한 행위 규칙은 체로키족의 의례와 아타르바베다 의례에도 명시되어 있으며, 그리스·로마의 주술 의례에도 분명히 포함되었던 것으로 보인다. 실제로 베르길리우스는 『전원시(*Eclogae*)』 제8편의 말미(102행)에서 이 의례를 언급한다.

재를 밖으로 들고 나가거라, 아마릴리스여, 흐르는 시냇물에
그것을 머리 너머로 던지고, 결코 뒤돌아보지 마라…
Fer cineres, Amarylli, foras, rivoque fluenti
Transque caput jace ; nec respexeris…

또한 파리의 대형 마법 파피루스 문서에 기록된 만테이아 크로니키(*Μαντεία Κρονική*)[64]라는 고대 점술 의식에서도 마지막에 종결 기도가 나오는데, 이는 사실상 퇴장 의례에 해당한다.

일반적으로 주술은 의례의 조건들을 끝없이 늘리다 못해, 급기야 그 조건들을 피해 갈 탈출구를 구하고 실제로 찾아내기까지 하는 듯하다. 주술에 관한 문헌 전통은, 주술의 복잡한 작동 방식을 단순화하기는커녕, 오히려 의도적으로 즐기듯 더욱 발전시켜 온 것으로 보인다. 이런 복잡성은 주술이라는 개념 자체와 밀접하게 연관되어 있다. 더욱이 주술이 실패했을 때, 주술사가 절차나 형식

---

64 만테이아 크로니키(*Μαντεία Κρονική*)는 크로노스 신에게 미래에 관한 신탁을 얻는 고대 후기 이집트의 점술 의식을 가리킨다.

적 흠결을 핑계 삼는 것은 어쩌면 자연스러운 일일 수 있다. 그러나 이 복잡성을 단순한 술책으로만 보아서는 안 된다. 그런 술책이었더라면, 주술사 자신이 첫 번째 피해자가 되어 직업을 유지할 수 없었을 것이다. 주술 의례의 무게감과 그 끝없는 증식은, 주술이라는 행위의 본질에서 비롯된 것이다. 특히 이때 지켜야 할 대부분의 조건이 비정상적이라는 점에 주목해야 한다. 아무리 평범한 의례일지라도, 사람들은 그것을 희귀하고 비범한 것으로 만들고 싶어 한다. 성 요한의 날, 성 마르틴의 날, 성탄절, 성금요일, 초승달에 채취한 약초만을 고집하는 데에도 나름의 이유가 있다. 이 재료들은 평범하지 않으며, 모든 주술 의례가 지향하는 비정상적인 특성을 의식에 부여한다. 주술사의 몸짓은 정상적인 몸짓, 적어도 종교 의식에서 허용되는 동작과는 정반대이며, 시간과 날짜 같은 조건들 또한 대부분 현실적으로 충족되기 어렵다. 사용되는 물질은 하나같이 불결하고 행위는 음란하다. 모든 것이 기이하고 인위적이며 부자연스러운 느낌을 준다. 이 모든 모습은 최근 일부 이론가들이 주술을 단순화하여 해석하려 한 시도와는 전혀 다른 양상을 드러낸다.

2) 의례의 본질

이제 직접적인 효력을 지닌 핵심 의례들을 살펴보자. 여기에는 보통 신체 의례(rites manuels)와 구송 의례(rites oraux)가 포함된다.[65] 우리는 이 대략적인 구분 외에 별도로 주술 의례를 분류하지는 않을 것이다. 우리는 단지 설명의 편의를 위해 의례를 몇 가지 유형으로 나누어 제시할 뿐, 이들 사이에 뚜렷한 경계가 있는 것은 아니다.

(1) 신체 의례

오늘날 종교학 연구 성과에 비추어보면, 공감적 또는 상징적 의례는 주술적 성격을 가장 잘 보여주는 첫 번째 범주에 해당한다. 이 의례에 관한 이론들은 이미 충분히 발전했고 그에 관한 목록도 상당히 갖춰졌으므로, 여기서 다시 자세히 논할 필요는 없다. 이들 목록을 읽다 보면, 상징적 의례는 이론적으로 무한히 가능하고 모든

---

65 본문에서 rite manuel은 '신체 의례'로, rite oral은 '구송(口誦) 의례'로 번역한다. 보통 rite manuel은 주로 '손'을 사용하는 의례를 지칭한다. 그런데 모스는 『민족지 교본(*Manuel d'ethnogaphie*)』(1949)에서 이 개념이 '손'을 넘어 '몸'으로 확장하는 더 포괄적 의미에서 '신체적' 의례 전반을 가리킨다고 지적한다. 모스는 춤추기, 공놀이, 안수와 봉헌, 고대 로마법의 만키피움(mancipium), 주술에 쓰일 물건의 제작 과정을 포함해 심지어 특정 행위를 하지 않는 금기까지 몸으로 행하는 의례(rite manuel)로 간주한다. 한편 rite oral의 경우, 구두(口頭) 의례 혹은 구술(口述) 의례로 번역할 수 있지만, 두 용어 모두 단지 '입으로 소리를 내거나 말한다'라는 의미 정도에 국한되는 한계를 지닌다. 반면 모스는 rite oral을 주문이나 기도처럼, 정형화된 형식을 갖추고 있으며 반복적으로 옳고 소리내어 암송하거나 노래하듯 읽는 의례로 간주한다(Marcel Mauss, *Manuel d'ethnogaphie*, Payot, 2002, pp. 331~338 참조) 이런 맥락에서 가장 적합한 번역어로 입으로 옳고 암송하다를 뜻하는 '구송 의례'를 택했다. 이러한 역어 선택은 의례의 본질이 입(口)과 손(手)으로 대비되는 신체 기관의 차이보다는 '말하는 것'과 '행하는 것'으로 나뉜다는 모스의 의도를 잘 전달한다고 본다.

상징적 행위는 그 자체로 효력을 지닌다고 생각할지도 모른다. 그러나 비록 입증할 수는 없어도, 우리는 특정 주술 체계 안에서 규정되고 실행되는 상징적 의례의 수는 언제나 제한되어 있다고 본다. 또한 이 의례들은 논리적으로 수행 가능해서가 아니라 규범적으로 정해져 있기에 실행된다고 생각한다. 무한히 가능한 상징체계들, 아니 인류 전체에서 실제로 관찰되는 상징체계들만 따져보더라도, 하나의 주술 체계 안에서 효과적으로 작동하는 상징의 수는 놀라울 만큼 적다. 만약 공감 의례의 목록을 실제로 찾아낼 수 있다면, 거기에는 언제나 상징체계를 제한하는 일정한 규정들이 담겨 있을 것이다. 하지만 그런 목록이 우리 손에 없는 것은 어찌 보면 당연한 일이다. 주술사들은 의례를 수행 방식이 아니라 대상에 따라 분류해 왔기에, 그런 목록을 따로 만들 필요가 없었던 것이다.

덧붙이자면, 공감의 방식이 모든 주술과 전 인류 차원에서 널리 쓰일 뿐 아니라 실제로 공감 의례라 부를 만한 것들이 존재하지만, 주술사들은 대체로 공감의 원리에 대해 자유롭게 사유해 본 적이 없다. 그들은 자신의 의례가 작동하는 메커니즘보다는 그것을 전승하는 전통과 의례 자체의 형식적이거나 예외적인 성격에 더 많은 관심을 기울였다.

따라서 주술사들의 실천은 우리에게 단순히 기계적으로 효과를 발휘하는 몸짓이 아니라 엄숙한 행위이자 진정한 의례로 비친다. 사실 우리가 알고 있는 모든 의례, 예컨대 힌두교, 아메리카, 그리스 의례 등에서 순수한 공감 의례만을 구별하여 목록화하기는 매우 어렵다. 공감이라는 주제는 너무도 다양하게 변형되어 그 의미가 희미해졌기 때문이다.

그러나 주술에는 공감 의례만 있는 것이 아니다. 우선 종교적 신성화와 탈신성화에 해당하는 다양한 의례들이 존재한다. 정화 의례 체계는 매우 중요해서, 힌두교의 '샨티(çânti, 속죄)'[66]는 아타르바베다 계파 브라만들의 전문 영역이었던 것으로 보이며, 그리스에서는 '카타르모스(καθαρμός)'[67]라는 말이 아예 주술 의례 전체를 가리킬 정도였다. 이와 같은 정화 의례에는 훈증, 증기 목욕, 불이나 물을 통과하는 행위 등이 포함되며, 대부분의 치료 의례나 액막이 의례 역시 이런 방식으로 이루어진다.

희생제의 역시 중요한 역할을 한다. 이는 앞서 언급한 만테이아 크로니키나 힌두교의 저주 의례에서도 확인할 수 있다. 아타르바베다계 문헌에 따르면, 본 의례에 앞서 의무적으로 치르는 희생제의 외에도, 대부분의 의례가 희생제의를 전제하거나 포함하고 있다. 예컨대 화살에 주문을 걸 때 그 화살을 만들었던 나무를 장작으로 태우는 것도 희생제의의 일환으로 여겨진다. 이 의례 전체에서 소비되는 모든 것 중 일부는 반드시 제물로 바쳐져야 한다. 그

---

66 샨티(çânti)는 산스크리트어로 '평화', '안정'을 의미한다. 『아타르바베다』에서는 질병이나 불행 같은 악한 영향력을 제거하고 평안을 얻기 위해 행하는 주술적 성격의 '속죄' 의례를 지칭한다.

67 카타르모스(καθαρμός)는 고대 그리스에서 종교적 · 도덕적 부정(miasma)을 씻어내는 의례적 '정화' 행위를 가리킨다.

리스 문헌에서도 희생제의에 대한 언급이 자주 등장한다. 이처럼 희생의 형상은 매우 강력해서, 마침내 주술 작용 전체를 사유 속에서 조직하는 지배적 틀로 자리 잡게 되었다. 실제로 그리스 연금술 문헌은 구리를 금으로 변환하는 과정을 희생제의의 우화를 통해 여러 차례 설명하기도 한다. 희생이라는 주제, 특히 아동 희생이라는 주제는 고대 주술과 중세 주술 모두에서 공통적으로 나타난다. 그 사례는 도처에서 찾아볼 수 있지만, 실제 관행이라기보다는 신화에서 전해지는 경우가 더 많다. 우리는 이 모든 의례를 희생제의로 간주한다. 그것들이 실제로 그렇게 제시되기 때문이다. 주술적 정화와 종교적 정화를 구분하지 않듯이, 어휘상으로도 주술적 희생과 종교적 희생은 구분되지 않는다. 게다가 이 주술 의례들은 종교적 희생제의와 동일한 효과를 낳는다. 즉 주술 의례는 특정한 영향력과 힘을 방출할 뿐 아니라 그것들과 접촉하는 수단이기도 하다. 만테이아 크로니키는 신이 의식에 실제로 현존한다고 전한다. 또한 여러 문헌에 따르면, 이 주술 의례에서 다루는 물질은 실제로 변화를 거쳐 신격화된다. 한 주문에서 그 사례를 읽을 수 있는데, 이 주문은 기독교의 영향을 받지 않은 것으로 보인다.

너는 포도주이되 포도주가 아니라 아테네의 머리이다. 너는 포도주이되 포도주가 아니라 오시리스(*Osiris*)의 내장, 이아오(*Iaô*)의 심장부이다. [대영박물관 소장 그리스 마법 파피루스 121번(PGM CXXI), 710행]

따라서 주술에도 희생제의가 존재하지만, 모든 주술에서 나타나는 것은 아니다. 예를 들어, 체로키족이나 오스트레일리아의 주술에서는 희생제의가 나타나지 않는다. 말레이시아에서는 희생제의를 매우 제한적으로만 행한다. 향과 꽃을 바치는 행위는 불교나 힌두교에서 유래한 것으로 보이며, 드물게 이뤄지는 염소나 수탉의 제물 봉헌은 대체로 이슬람교 기원을 갖는다. 일반적으로 주술적 희생제의가 나타나지 않는 곳에서는 종교적 희생제의도 발견되지 않는다. 어쨌든 주술 연구에서 공감 의례에 비해 주술적 희생제의를 별도로 다룰 필요성은 크지 않다. 이에 대한 논의는 주술 의례와 종교 의례를 비교하는 별도의 연구에서 다룰 것이다. 다만 일반적으로 보자면, 종교에서 희생제의가 고도로 전문화된 의례로서 확고하고 배타적인 범주를 형성하는 반면, 주술에서는 그렇지 않다. 앞서 언급한 화살 제작용 나무에 대한 희생제의나, 정의상 속죄를 위한 모든 주술적 희생제의와 같이, 이러한 유형의 희생제의도 결국 공감 의례의 외피에 불과하다. 따라서 엄밀히 말하면, 이들 역시 공감 의례의 한 형태로 간주될 수 있다. 다른 한편, 희생제의는 일종의 주술적 조제 방식이라고도 할 수 있다. 그것은 수많은 조제 방식 중 하나에 불과하다. 예컨대 그리스 주술에서 콜로우리아(κολλούρια)[68]를 제조하는 행위는 희생제의와 사실상 구별되지 않

---

68 콜로우리아(κολλούρια)는 고대 그리스의 제의에서 사용된 작고 둥근 모양의 빵 또는 과자를 가리키는 말이다. 주로 신이나 영들에게 바치는 제물이었으며, 동물 희생

으며, 파피루스 문서에서는 훈증용 혼합물이나 기타 제의적 조제물에 '에피튜마타($\dot{\epsilon}\pi\iota\vartheta\dot{\nu}\mu\alpha\tau\alpha$, 제물 또는 향료 혼합물)'[69]라는 명칭이 붙기도 한다.

여기서 우리는 명확히 규정되지 않은 광범위한 주술 행위들을 접하게 된다. 이 행위들은 주술과 그 이론체계에서 엄청난 비중을 차지한다. 왜냐하면 그것들은 접촉을 통해 효능이 전달되는 물질을 다루는 방식과 맞닿아 있기 때문이다. 다시 말해, 그것들은 공감적 관념연합을 활용하거나 사물을 공감적으로 이용할 수 있는 수단을 제공한다. 이 행위들은 널리 퍼져 있는 만큼이나 그 성격도 기이해서, 주술 전체를 그 기이함으로 물들이고 주술의 대중적 이미지를 형성하는 핵심적 특징 중 하나를 이룬다. 주술사의 제단은 곧 그의 마법 솥이다. 주술은 재료를 배합하고 혼합하고 발효시키는 조제 기술이다. 주술사들은 주술적 혼합물을 빻고, 으깨고, 반죽하고, 희석해서 향이나 음료, 탕약, 연고, 특수한 형태의 과자나 이런저런 형상으로 가공한다. 사람들은 그것들을 훈증하거나, 먹고 마시거나, 부적으로 보관한다. 이러한 조제술, 즉 화학 혹은 약제술은 주술용 물질을 사용하는 데 그치지 않고, 그것에 의례적 형식을 부여한다. 그리고 이 형식은 그 효능에 적지 않

을 대체하는 공물로서의 성격을 지녔다.

69 에피튜마타($\dot{\epsilon}\pi\iota\theta\dot{\nu}\mu\alpha\tau\alpha$)는 제단 위에서 태워 향을 내는 물질, 즉 '훈증용 향료'를 의미한다. 어원적으로 '희생(thusia)'과 관련이 깊으며, 신을 부르거나 악령을 쫓는 등 적극적인 주술 효과를 지닌 제물로 사용되었다.

은 영향을 미친다. 주술의 조제술은 그 자체로 전통적이고 형식적인 의례이며, 거기서 행해지는 모든 동작 하나하나도 의례에 해당한다. 이러한 의례들은 특정 주술 의식의 예비 의례나 부속 의례로 치부되어서는 안 된다. 재료를 준비하고 혼합물을 조제하는 과정이야말로 입장 의례와 퇴장 의례를 갖춘 완결된 의식의 핵심에 해당한다. 희생제의에서 제물을 준비하는 과정이 그러하듯, 주술 의례에서는 바로 이 조제술이 그러한 위치를 차지한다. 그것은 의례의 핵심적 국면이다.

사물을 다루는 이 기술은 다양한 수공예 기법과 복합적으로 얽혀 있다. 주술은 반죽, 점토, 밀랍, 꿀, 석고, 금속, 종이 반죽, 파피루스, 양피지, 모래, 나무 등으로 형상을 만들어 낸다. 주술은 조각하고, 형태를 빚고, 색을 칠하고, 그림을 그리고, 자수를 놓고, 뜨개질하고, 직조하고, 새기고, 보석 세공과 상감 세공까지 수행한다. 그 밖에도 주술에 쓰이는 수공예 기법은 이루 헤아릴 수 없을 만큼 다양하다. 이처럼 다양한 기술을 통해 신과 악마의 형상, 저주 인형, 각종 상징물이 제작된다. 또한 주술을 통해 만들어지는 그리그리[70], 스카풀라[71], 부적, 호부(護符) 같은 온갖 물건들 역시 그 자체

---

70 그리그리(gris-gris)는 서아프리카 지역에서 유래한 부적 혹은 주술적 보호물을 가리킨다. 주문을 적은 종이나 약초, 뼛조각 등을 넣은 작은 주머니 형태로, 소유한 사람을 보호하는 힘이 있다고 여겨진다.

71 스카풀라(scapulaires)는 로마 가톨릭의 수도회 복장(어깨에 걸치는 천)에서 유래한 성물(聖物)을 가리킨다.

의례의 연장(延長)으로 봐야 한다.[72]

(2) 구송 의례

일반적으로 주술에서 구송 의례는 주문(incantation)이라는 포괄적 명칭으로 지칭된다. 우리 역시 이 용례를 따르지 않을 이유는 없다. 물론 이는 주술에 단 한 종류의 구송 의례만 존재한다는 뜻은 아니다. 오히려 주술에서 주문 체계의 비중은 매우 커서, 어떤 경우에는 그 체계가 극도로 세분화되기도 한다. 그러나 이 비중을 충분히 다룬 연구는 거의 없는 것으로 보인다. 현대의 몇몇 주술 총람을 보면, 주술이 마치 신체 의례만으로 이루어진 듯한 인상을 받는다. 구송 의례는 형식적으로만 언급되다가, 뒤따르는 방대한 항목들이 열거되면서 가려져 버린다. 반면 핀란드 주술을 다룬 렌로트(Lönnrot)[73]의 주술 총람처럼, 오직 주문만을 수록한 문헌도 있다. 스키트(Skeat)가 말레이 주술에서, 무니(Mooney)[74]가 체로키

---

72 여기서 저자들은 부적이나 호부 같은 물건들이 단순히 주술 의례의 결과물이 아니라, 그것들을 만들어낸 의례의 효력을 응축하고 지속시키는 의례 자체 또는 의례의 물질적 형태로 간주해야 한다고 주장한다.

73 엘리아스 렌로트(Elias Lönnrot, 1802~1884)는 핀란드의 의사이자 언어학자로서 핀란드 민간 신앙과 주술을 체계적으로 연구해 핀란드 민속학의 기초를 다졌다. 핀란드 구전 서사시를 집대성한 서사시 『칼레발라(Kalevala)』(1849)를 편찬했다.

74 제임스 무니(James Mooney, 1861~1921)는 미국의 인류학자로서 체로키족의 신화와 의례, 주술에 대한 선구적인 연구 업적을 남겼다. 주요 저서로 『체로키족의 신성한 주문(The Sacred Formulas of the Cherokees)』(1891)이 있다.

족 주술에서 보여주었던 것처럼, 신체 의례와 구송 의례를 균형 있게 다룬 경우는 드물다. 한편 주술 의례집이나 주술사들의 교본을 살펴보면, 대체로 한쪽이 다른 한쪽 없이는 수행되지 않는다는 것을 알 수 있다. 신체와 구송 두 의례 범주는 매우 밀접하게 연결되어 있어서, 주술 의례를 정확히 설명하려면 둘을 함께 연구해야 한다. 만약 둘 중 하나가 더 우위를 차지한다면, 그것은 아마도 주문일 것이다. 무언의 의례가 실제로 존재했는지는 의심스럽지만, 상당수 의례가 오직 구송으로만 이루어진다는 점은 분명하다.

주술에도 맹세, 서원, 기원, 기도, 찬가, 감탄사, 단순한 정형구 등 종교에서 볼 수 있는 거의 모든 구송 의례가 나타난다. 하지만 우리가 앞서 신체 의례를 분류하지 않았던 것처럼, 구송 의례 역시 항목별로 분류하지는 않을 것이다. 이러한 분류는 명확히 정의된 사실들과 부합하지 않기 때문이다. 주술의 세계가 지닌 혼돈 때문에, 의례의 형식이 본래 목적과 꼭 들어맞지는 않는다. 이로 인해 우리를 놀라게 하는 불균형이 생기는데, 예컨대 가장 격조 높은 찬가가 지극히 하찮은 목적에 사용되는 경우를 종종 발견할 수 있다.

한편, 우리가 공감 의례라고 부른 것에 해당하는 주문의 한 범주도 존재한다. 이 가운데 일부 주문은 말 자체가 공감 작용을 일으킨다고 여겨진다. 즉 행위나 사물의 이름을 부름으로써 공감적 원리에 따라 그것들을 불러오는 것이다. 치료 주문이나 퇴마 주문에서는 '물리치다', '쫓아내다' 같은 의미를 지닌 단어나 병이나 악령을 지칭하는 말이 사용된다. 말장난이나 의성어 역시 언어적 공감 작용을 통해 질병을 퇴치하는 수단으로 활용된다. 이외에도, 신체 의례에 해당하는 행위를 주문으로 그대로 기술하는 방식이 있다. 테오크리토스[75]의 시에 나오는 다음 구절이 그 예다. "그것들을 뿌리고 이렇게 말해라. 내가 뿌리는 것은 델피스의 뼈다"(*Πάσσ' ἅμα καὶ λέγε ταῦτα. τὰ Δελφίδος ὀστίχ πάσσω* (테오크리토스, 『목가시(*Idylls*)』, II, 21). 이처럼 행위를 단순히 묘사하거나 언급하는 것만으로도, 실제로 그 행위와 효과를 불러올 수 있다고 여겨졌다.

주술에 희생제의가 포함되듯, 기도와 찬가, 특히 신에게 바치는 기도 역시 주술에 포함된다. 예를 들어, 수종(水腫) 치료를 위한 간단한 공감 의례 도중에 외우는 베다의 기도문을 살펴보자(Kauçika sûtra 25, 37 이하).

이 아수라는 신들을 다스린다. 참으로 바루나 왕의 뜻은 진리이니 (반드시 이루어지리라), 주술의 힘으로 모든 면에서 특출난 나는 이(이 병)로부터, 무서운 (신의) 분노로부터 이 사람을 구해내노라. 오 바루나 왕이여, 당신의 분노에 경의를 드리나이다. 오 무서운 자여, 그대는 온갖 기만을 꿰뚫고 계시니, 나는 다른 천 명의 사람들을 모두 그대에게 맡기노라. 부디 이 사람이 당신의 자비로 백 번의 가을을 누리며 살아가게 하소서….

---

75 테오크리토스(Theocritus, 기원전 3세기경)는 고대 그리스의 시인으로, 목가(牧歌) 장르를 창시한 것으로 유명하다.

물의 신 바루나는 죄를 지은 자를 수중으로 벌하기 때문에, 이 찬가 (『아타르바베다』, I, 10) ― 더 정확히는 4행의 주문(brahman) ― 에서는 자연스럽게 바루나에게 간청하는 것이다.

그리스의 파피루스 주술 문서에 실린 아르테미스와 태양에 대한 기도문은 본래 서정적인 운문이었다. 그러나 온갖 잡다한 주술적 요소가 끼어들면서 그 아름다움은 사라지고 본연의 의미는 거의 알아볼 수 없을 정도로 훼손되었다. 하지만 이런 기도나 찬가에서 그 기이한 외피를 조금이라도 걷어내고 보면, 그것들은 우리가 종교적 기도라고 여기는 것과 크게 다르지 않다. 실제로 기도와 찬가는 종교의식, 특히 이미 사라진 의식이나 외래의 의식에서 비롯된 경우가 적지 않다. 예컨대 디터리히는 파리의 대형 파피루스에서 미트라교[76]의 전례문 전체를 추출한 바 있다. 마찬가지로, 본래 종교적이었던 성스러운 경전이 때로는 주술적 성격을 띠기도 한다. 성경, 코란, 베다, 삼장(三藏) 같은 성스러운 책들은 상당수 인류에게 주문의 원천이 되어왔다. 종교적 성격을 지닌 구송 의례가 오늘날 주술 전반에 이토록 널리 확장된 것은 놀라운 일이 아니다. 이는 종교 내부에서 구송 의례가 확장되어 온 현상과 상응하기 때문이다. 마찬가지로 희생제의가 주술에서 사용되는 방식도 종교에서의 사용 방식과 밀접하게 연관되어 있다. 결국 한 사회에서 상상

76　미트라교(Mithraism)는 태양신 미트라스를 숭배했던 고대 로마의 밀의(密儀) 종교로, 특히 1~4세기 로마 군인들 사이에서 크게 유행했다.

할 수 있는 의례의 형태는 늘 제한되어 있기 마련이다.

주술에서 신체 의례가 대체로 하지 않는 것이 있다면, 그것은 바로 신화를 재현하는 일이다. 하지만 그에 반해, 우리가 신화적 주문이라 부를 수 있는 세 번째 유형의 구송 의례가 있다.[77] 그 가운데 첫 번째 종류는 주술사가 일으키고자 하는 효과와 유사한 작용을 서술하는 방식으로 이루어진다. 그와 같은 유형의 이야기들은 설화나 서사시의 형식을 띠며, 등장인물은 대개 영웅이나 신적인 존재들이다. 사람들은 현재의 사례를 그러한 원형적 이야기의 사례에 비유하는데, 그 논리는 다음과 같다. 만약 어떤 인물(신, 성인, 영웅)이 특정한 상황에서 그런 일(종종 지금보다 더 어려운 일)을 해낼 수 있었다면, 유사한 현재 상황에서도 마찬가지로 — 혹은 더욱 쉽게 — 그 일을 해낼 수 있을 것이다. 신화적 주문의 두 번째 종류는 '기원 의례(les rites d'origine)'라 불린다. 이 의례는 특정 존재나 사물, 또는 주술의 대상이 되는 악령의 탄생을 설명하며, 그 속성을 열거하고 이름을 밝혀낸다. 이는 주술 대상의 정체를 드러내는 일종의 고발 행위로 볼 수 있다. 주술사는 이 대상을 마치 주술 재판에 회부하듯 신원을 확인하고, 그를 억압하여 무력화한 뒤 명령을 내린다.

이러한 주문은 상당히 길어질 수 있으나, 점차 축소되는 경우가

---

[77] 서수(序數)로 정확히 기술되지 않았으나, 본문에서 구송 의례의 첫 번째 유형은 '기도나 찬가'를, 두 번째 유형은 '공감적 주문'을 가리킨다.

더 많다. 의성어나 의례 대상을 지시하는 단어, 혹은 특정 인명을 겨우 중얼거리는 수준으로 축소되면서, 구송 의례는 마침내 순전히 기계적인 반복 행위로 퇴화한다. 기도는 신성한 이름이나 악마의 이름, 또는 의미가 거의 사라진 삼성송(三聖頌, trisagion)[78]이나 코데쉬(qodesch)[79] 같은 종교적 단어를 단순히 입에 올리는 데 그친다. 신화적 주문은 고유명사나 보통명사 몇 개만을 발화하는 수준으로까지 줄어든다. 그리고 마침내 그 이름조차도 분해된다. 삼성송은 머리글자만 남고, 행성의 이름은 그 모음으로 대체된다. 이렇게 해서 결국 에페시아 그라마타(Εφέσια γράμματα)[80] 같은 주술 암호문, 또는 연금술 작용을 압축한 가짜 수식들이 등장한다.

구송 의례가 대체로 비슷한 형태를 띠는 것은, 그것들이 공통된 기능을 수행하기 때문이다. 구송 의례는 최소한 어떤 힘을 불러오거나 의식을 특수하게 만드는 효과를 낳는다. 주술사는 의례에 효력을 부여하는 영적 존재에게 간청하고 호소하여 자기 앞에 나타

---

78 "거룩하시다, 전능하시다, 영원하시다"라는 세 구절로 신을 찬미하는 기독교의 기도 문을 말한다. 동방 정교회 전례에서 유래했으며, 그 자체로 신성한 힘을 지닌다고 여겨져 악마를 쫓는 주문(exorcism)이나 주술적 문맥에서 사용되기도 했다.

79 코데쉬(qodesch)는 '거룩함', '분리됨'을 의미하는 히브리어로, 유대교에서 신의 신성함이나 성별(聖別)된 대상을 가리키는 핵심 용어이다.

80 고대 그리스 에페소스의 아르테미스 신전과 관련된, 의미를 알 수 없는 여섯 개의 신비로운 단어(askion, kataskion, lix, tetrax, damnameneus, aision)를 가리킨다. 부적으로 지니거나 주문으로 외우면 악을 막고 행운을 가져온다고 믿어져, 고대 지중해 세계에서 가장 유명한 주술적 주문 중 하나였다.

나게 하거나, 그것이 여의찮으면 최소한 자신이 어떤 힘에 의지하는지를 진술하려 한다. 예컨대 퇴마식에서 특정 신의 이름을 부르는 경우가 그러하다. 신화적 주문은 특정한 권위를 입증하는 방식으로 작용한다. 그것은 신체 의례가 무엇에 바쳐지는지, 누구를 위해 행해지는지를 진술하기도 한다. 주술 인형에 대상자의 이름을 새기거나 그 이름을 소리 내어 부르기도 한다. 또한 특정 약초를 채취할 때는 무엇을 위해, 누구를 위해 사용하는지 말해야 한다. 이렇게 구송 주문은 신체 의례를 구체화하고 보완하며, 때로는 그것을 대신하기도 한다. 또한 모든 의례적 몸짓에는 어떤 문구가 따라붙는다. 거기에는 항상 최소한의 표상이 존재하며, 바로 그 표상을 통해 의례의 본질과 목적이 내면의 언어라는 형태로라도 표현되기 때문이다. 완전히 침묵하는 의례가 존재하지 않는 것은 바로 이런 이유에서이다. 겉보기에는 침묵하더라도, 그 이면에는 욕망을 표현하는 무언의 주문이 늘 작동한다. 이런 관점에서 보면, 신체 의례란 결국 그 무언의 주문을 번역한 것에 지나지 않는다. 몸짓은 기호이며 언어이다. 말과 행위는 완전히 동등하며, 바로 그렇기에 신체 의례를 설명하는 구절들이 주문의 형태로 제시된다. 정형화된 신체적 행위 없이도, 주술사는 음성이나 숨결, 혹은 의지만으로도 만물을 창조하고 소멸시키며, 그 흐름을 바꾸고 쫓아내는 등 모든 것을 할 수 있다.

　모든 주문이 하나의 공식이고 모든 신체 의례 역시 사실상 하나의 공식을 갖는다는 점만 보아도, 주술이 강한 형식주의를 띤다는 것을 충분히 알 수 있다. 주문은 전승되고 형식화된 의례이며, 그 자체로 독자적인 효능을 갖는다는 점에는 이견이 없다. 즉, 말 자체가 직접 물리적으로 원하는 효과를 만들어낸다고 믿는 사람은 없었다. 반면, 신체 의례의 경우에는 이 점이 약간 덜 분명하다. 신체 의례와 원하는 효과 사이에는 훨씬 더 밀접한 연관성이 있으며, 그 관계가 때로는 논리적이기도 하고 심지어 경험적으로 입증되기도 하기 때문이다. 예컨대 증기욕이나 주술적 마찰요법이 병자의 고통을 실제로 덜어주는 경우가 그러하다. 그런데 실제로는 구송 의례와 신체 의례 모두 동일한 성격을 지니며 같은 방식으로 이해할 수 있는데, 이는 두 의례가 모두 비정상적인 세계에서 이루어지기 때문이다.

주문은 신들의 언어, 정령의 언어, 주술의 언어라 불리는 특수한 언어로 이루어진다. 그 가운데 특히 주목할 만한 사례로 말레이시아에서 쓰이는 바사한투(*bhàsahantu*, 정령의 언어)[81]와 에스키모인들이 사용하는 안게코크(*angekok*)의 언어가 있다. 고대 그리스에 대해 이암블리코스(Jamblique)는 에페시아 그라마타(*Εφέσια γράμματα*)가 신들의 언어라고 말했다. 프라크리트어 시대 인도에서는 산스크리트어가, 그리스어권에서는 이집트어나 히브리어가, 라틴어권에서

---

81 바사한투(Basa Hantu)는 말레이시아의 전통 주술에서 주술사(파왕)가 정령과 소통하거나 정령을 제어하기 위해 사용하는 특수한 언어 또는 주문을 가리킨다. '정령(hantu)의 언어(basa)'라는 뜻이다.

는 그리스어가, 우리 문화권에서는 라틴어가 주술의 언어로 사용되었다. 주술은 고대어 또는 낯설고 이해하기 어려운 언어를 사용하려는 경향을 지닌다. 오스트레일리아처럼 우리가 주술이 생겨나는 장면을 직접 관찰할 수 있는 지역에서도 주술은 이미 아브라카다브라(*abracadabra*)[82] 같은 중얼거림으로 시작된다.

신체 의례의 낯설고 기묘한 모습은 구송 의례에서 나타나는 중얼거림과 더듬거림의 수수께끼 같은 특성에 상응한다. 주술은 개인감정의 단순한 표출이 아니다. 주술은 매 순간 몸짓과 말 하나하나를 규제한다. 주술의 모든 요소는 고정되어 있으며 극도로 세밀하게 규정된다. 운율과 선율 역시 주술에 의해 강제된다. 주문은 특유의 억양과 리듬에 맞춰 속삭이거나 노래하듯 낭송해야 한다. 『차타파타 브라흐마나(*Çatapatha brâhmana*)』[83]나 오리게네스(Origène)[84]의 사례에서 보듯, 말보다 억양이 더 중요할 수도 있다.

---

82 아브라카다브라(abracadabra)는 고대 로마에서 질병을 막는 부적에 쓰이던 주술적 단어로 알려져 있다. 그 어원은 "나는 말한 대로 창조한다"는 아람어에서 유래했다는 설이 유력하다. 이는 말이 현실을 만든다는 주술적 세계관을 대표하는 주문으로 볼 수 있다.

83 『차타파타 브라흐마나(*Çatapatha brâhmana*)』는 '백 가지 경로의 브라흐마나'라는 뜻으로, 고대 인도의 베다 문헌 가운데 '백(白)야주르베다'에 속한 브라흐마나 문헌이다. 제례 의식의 절차와 그 상징적 의미를 상세히 해설하고 있으며, 특히 제의에서 사용되는 주문(만트라)의 정확한 발음과 억양이 의례의 성패를 좌우한다고 강조한다.

84 오리게네스(Origenes, 약 185~254)는 고대 기독교의 대표적인 신학자이자 성서 주석가이다. 그는 저서 『켈수스에 반하여(*Contra Celsum*)』에서 이교도들이 신들의 고

그렇다고 해서 몸짓에 대한 규제가 덜 엄격했다는 것은 아니다. 주술사의 몸짓은 마치 춤추듯 일정한 리듬에 맞춰 이뤄져야 한다. 의식을 행할 때 주술사가 어떤 손과 어떤 손가락을 쓸지, 어떤 발을 내딛을지는 미리 정해져 있다. 언제 앉고 일어서고 눕고 뛰고 소리쳐야 하는지, 어느 방향으로 걸어야 하는지도 정해져 있다. 설령 혼자 의식을 수행하더라도, 주술사는 제단 앞에 선 사제처럼 엄격하게 자신의 행위를 통제한다. 더 나아가 신체 의례와 구송 의례에는 공통된 일반 규범, 즉 수와 방향에 대한 규칙이 존재한다. 몸짓과 말은 정해진 횟수만큼 반복해야 한다. 이때 그 수는 임의적인 것이 아니라 주술적 숫자 또는 성스러운 숫자, 예컨대 3, 4, 5, 7, 9, 11, 13, 20 같은 숫자여야 한다. 한편, 말과 동작은 동서남북 중 어느 한 방향을 향해 이루어져야 한다. 방향과 관련해 최소한 지켜야 할 규범은 주술사가 주문을 보내는 대상 쪽을 향해야 한다는 것이다. 요컨대 주술 의례는 철저하게 형식화되어 있으며, 일상의 단순한 몸짓이 아닌 신비주의적 정교함의 극치를 지향한다.

가장 단순한 주술 의례도, 가장 세밀하게 규정된 의례들처럼 일정한 형식을 지닌다. 우리는 지금까지 주술을 적극적인 행위로만 설명해 왔지만, 여기에는 소극적 의례도 포함된다. 지금 우리가 말하려는 것은 바로 이런 극히 단순한 의례들이다. 앞서 주술 의식

유한 이름을 함부로 번역하지 않고 원어 그대로 발음해야만 주술적 효력이 있다고 믿었던 사실을 기록했다.

의 준비 과정을 열거하면서 주술사와 당사자가 지켜야 할 금욕에 대해 언급했을 때, 우리는 이미 소극적 의례를 다룬 바 있다. 그런데 이 의례는 단독으로 권유되거나 행해지기도 한다. 소위 미신이라 불리는 수많은 행위가 바로 이러한 의례에 해당한다. 이 의례는 주로 특정한 주술 효과를 피하고자 어떤 행위를 하지 않는 것으로 구성된다. 그런데 소극적 의례는 단순히 형식적인 것 이상으로, 거의 완벽에 가까운 강제적 성격을 띤다는 점에서 극도로 형식적이다. 우리가 지금까지 다른 여러 의례의 전통적, 비정상적, 형식주의적 특징들을 통해 그것들이 사회적 강제력의 산물임을 확인해 왔다면, 이 소극적 의례에서 나타나는 특유의 의무감은 그 사실을 더욱 분명히 보여준다. 그러나 우리가 공감적 금기 혹은 소극적 주술이라고 부를 수 있는 이 중요한 주제에 대해서는, 기존 연구도 우리 자신의 연구도 아직 충분하지 못하다. 따라서 이 자리에서는 이 주제가 하나의 연구 대상이 될 수 있음을 지적하는 데 그치기로 한다. 지금으로서는 이 사례들을 통해, 주술의 구성요소인 의례가 집합적으로 미리 규정된다는 점을 다시 한번 입증할 수 있을 뿐이다.

적극적 의례에 관해서는, 각 주술 체계마다 그 수가 일정하게 제한된다는 점을 이미 살펴보았다. 이들 의례는 주문, 소극적 의례, 희생제의, 조제 의례 등 다양한 요소들이 뒤섞여 구성되는데, 그렇게 만들어 낼 수 있는 조합의 가짓수 또한 한정적이다. 오히려 주술 체계는 이들을 결합해 일정한 수의 안정된 복합체를 형성하는 경향이 있으며, 우리는 이를 하나의 의례 유형이라 부를 수 있을 것이다. 이러한 유형들은 도구의 유형 혹은 예술에서 말하는 장르와도 충분히 비교할 수 있다. 각 주술 체계는 가능한 형식 중 일부를 선택하고 선별하여 일정한 유형을 확립하는데, 일단 확립된 유형은 그 구성 논리와 무관하게 여러 목적에 끊임없이 반복해 사용된다. 마녀가 주문을 건 사물을 통해 마녀를 불러낸다는 주제의 다양한 변형이 그 예이다. 우유가 버터로 변하지 않으면 교반기에 담긴 우유를 단검으로 찌르는 의례가 행해졌고, 이후에 사람들은 이 의례를 다른 악을 물리치는 데에도 반복적으로 사용하였다. 이는 하나의 주술 의례 유형이지만, 같은 주제를 바탕으로 한 다른 유형들도 존재한다. 두 개나 세 개의 인형을 사용하는 저주 의례 또한 이와 같은 확장을 통해 나타난 것이다. 이러한 의례들은 그 지속성과 형식성으로 볼 때 종교 축제에 필적한다.

한편, 예술이나 기술에 민족적, 더 정확히는 국가적 유형이 있듯이, 각각의 주술에도 특정 의례의 우위로 특징지어지는 고유한 유형이 있다. 예를 들어, 오스트레일리아 주술에서는 죽은 자의 뼈를 저주에 사용하고, 아메리카 주술에서는 담배 연기를 이용한 훈증 의례를, 유대교와 이슬람교의 영향을 받은 주술에서는 유대교적 혹은 이슬람교적 축복이나 신조를 사용한다. 오직 말레이인들만이 집회라는 특이한 주제를 하나의 의례 형식으로 삼는 듯하다.[85]

---

85 여기서 저자들은 스키트(Walter William Skeat)의 저서 『말레이 주술(*Malay*

사회에 따라 주술 형식이 고유하게 분화되어 있다면, 각각의 주술 체계 안에도, 또는 다른 관점에서 보면 우리가 따로 기술했던 주요 의례의 부류들에도 지배적인 유형들이 존재할 것이다. 어떤 의례 유형을 선택할지는 부분적으로 전문 주술사들에게 달려 있다. 그들은 자신이 다룰 수 있는 모든 경우에 단 하나 또는 극소수의 의례만을 일관되게 적용하기 때문이다. 주술사는 각자 특정한 처방, 도구, 약 주머니 하나씩을 갖고 있으며, 그것들을 어떤 경우에든 어김없이 사용한다. 주술사들은 자기 능력보다는 자신이 행하는 의례를 통해 전문화된다. 덧붙이자면, 일시적으로 주술을 행하는 이들은 정식 주술사보다 훨씬 적은 수의 의례만 알고 있으며, 이를 무한히 반복하려는 경향까지 보인다. 이렇게 아무런 근거나 이유 없이 끝없이 반복된 처방은 결국 전혀 이해할 수 없는 것이 되어버린다. 이처럼 주술에서는 형식이 내용보다 우위를 점하는 경향이 있다는 사실을 우리는 다시금 확인하게 된다.

　방금 우리는 주술 의례에서 유형이 형성되는 방식에 대해 언급했지만, 그렇다고 해서 이 의례들이 실제로 분류 가능하다는 뜻은 아니다. 규정되지 않고 떠도는 수많은 의례가 여전히 존재한다. 또한 이 무정형의 의례들 가운데서 여러 유형이 생겨나는 것은 전적

Magic)(1900)을 참조하는 것으로 보인다. 말레이인들에게 '집회'나 '회합'이 하나의 독특한 '의례'로 여겨진다는 것은, 그러한 모임이 평범한 교류가 아니라 공동체의 중대사를 해결하고 안녕을 기원하기 위해 '파왕'이라는 전문 사제를 중심으로 열리는 공적이고 집단적인 의례였음을 뜻한다.

으로 우연일 뿐, 실질적인 기능의 다양성을 반영하는 것도 아니다. 주술에는 종교 제도와 제대로 견줄만할 그 어떤 것도 존재하지 않는다.

3. 표상

주술적 실천은 결코 의미 없는 행위가 아니다. 그것은 흔히 매우 풍부한 표상과 조응하는데, 바로 이 표상이 주술의 세 번째 요소에 해당한다. 우리는 모든 의례가 일종의 언어임을 살펴보았다. 따라서 의례는 관념을 전달한다.

모든 주술 행위에는 최소한의 표상이 담겨 있는데, 그것은 바로 주술이 일으킬 효과에 대한 표상이다. 그런데 이 표상은 아무리 단순해 보여도 실은 그 자체만으로도 매우 복잡하다. 그것은 여러 시간적 층위와 여러 구성요소로 이루어져 있기 때문이다. 우리는 그 가운데 적어도 몇 가지를 살펴볼 것인데, 이는 단순한 이론적 고찰에 그치지 않는다. 실제로 일부 주술사들은 이러한 구성의 복잡성을 자각하고 그것을 각각 다른 단어나 은유로 표기해 놓았기 때문이다.

첫째, 우리는 이렇게 가정해 볼 수 있다. 주술사와 그 추종자들은 자신들의 의례가 일으킬 개별적 효과를 생각하면서, 늘 무의식적으로나마 주술의 보편적인 효과까지 함께 떠올렸을 것이다. 모든 주술 행위는 일종의 삼단논법적 추론을 따르는 것으로 보인다. 그 대전제는 종종 주문 속에서 명확하게 드러난다. "독은 독으로 물리치고, 본성은 본성으로 이긴다(*Venenum veneno vincituri natura naturam vincit*)"[86], "우리는 너의 근원을 안다…, 네가 어찌 여기서 해를 끼칠 수 있단 말인가(『아타르바베다』, 제7권, 76편, 5절, *vidma vai te…jánam… Kathám ha tátra tvám hano…*)" 같은 구절들이 그러하다. 의례가 낳는 효과들이 아무리 제각각 특수하더라도, 의례가 거행되는 그 순간만큼은 모두 공통된 성격을 띤다. 실제로, 주술 행위는 언제나 어떤 특성이나 상태를 부여하거나 제거하는 효과를 낳는다. 예컨대 저주와 해방, 빙의와 회복처럼, 두 단어로 요약하자면 '상태 변화'가 일어난다. 우리는 모든 주술 행위의 효과를 다음과 같이 단정할 수 있다. 즉, 그 효과란 생명체나 사물을 어떤 상태에 두어 특정 행위나 사건, 현상이 반드시 뒤따르게 만들거나, 혹은 그것들을 해로운 상태에서 벗어나게 하는 것이다. 각각의 주술 행위는 시작 상태, 변화의 방향을 결정짓는 상황, 그리고 주어진 고유한 목적에 따라 서로 다르다. 하지만 주어진 상태를 즉각적이고 본질적으로 변화시킨다는 점에서는 모두 유사하다. 주술사는 바로 이 점에서 자신의 주술이 늘 같은 방식으로 작동한다는 것을 알고 있고 몸으로도 그렇게 느낀다. 그는 주술이 변화를 다루는 기

---

86 "독은 독으로 물리친다(Venenum veneno vincitur)"는 동종요법(homeopathy)이나 공감주술의 원리, 즉 '같은 것은 같은 것을 제어한다'라는 믿음을 나타낸다.

술, 즉 힌두 전통에서 말하는 마야(mâyâ)[87]라는 것을 항상 염두에 두고 있다.

하지만 둘째로, 이처럼 순전히 형식적인 관념 외에도 주술 의례라는 관념 속에는 이미 또 다른 구체적인 요소들이 존재한다. 만물은 오고 간다, 즉 영혼이 돌아오고 열병이 쫓겨난다는 표상이 바로 그것이다. 사람들은 여러 이미지가 누적되어 생기는 효과로 주술을 설명하려 한다. 주술에 걸린 자는 병자, 불구자, 죄수이다. 주술의 이미지 속에서 그의 뼈는 부러지고 골수는 마르고 살가죽은 벗겨진다. 가장 자주 쓰이는 이미지는 묶였다가 풀리는 끈의 이미지인데, "악의로 맺어진 저주의 끈"이나 "땅에 새겨진 속박의 사슬" 등이 그 예다. 그리스에서 이와 같은 주문은 카타데스모스(κατάδεσμος)[88] 또는 필트로카타데스모스(φιλτροκατάδεσμος)[89]라 불렀다. 같은 관념이 라틴어에서는 좀 더 추상적으로 렐리기오(religio)라는 단어로 표현되는데, 이 단어 역시 끈('묶다', '속박')이라는 의미를 지닌다. 인후통을 치유하기 위해 쓰이는 주문은 그 중

---

87 고대 인도 철학, 특히 베단타 학파의 핵심 개념으로, 우리가 경험하는 현상 세계가 궁극적 실재(브라흐만)가 아니라 환영(幻影)에 불과하다는 것을 의미한다.

88 카타데스모스(κατάδεσμος)는 고대 그리스에서 특정 인물에게 해를 입히거나 원하는 바를 이루기 위해 쓰이는 마법의 속박을 뜻한다. 원뜻은 '아래로 묶는다'로, 적의 행동이나 능력을 구속하는 저주 행위를 가리킨다.

89 필트로카타데스모스(φιλτροκατάδεσμος)는 사랑의 묘약(philtron)과 저주(katadesmos)의 합성어로, 특정 인물의 사랑을 얻기 위해 사용된 구속 주술을 뜻한다. 이 주술 역시 상대의 의지를 꺾고 자신에게 묶어두려는 속박의 주술에 해당한다.

상을 일일이 기술하고 나열한 뒤, 다음과 같이 이어진다. "나는 주문으로 이 자의 사지와 골수를 얽매고 있는 렐리기오를 불러내어 밖으로 끌어내 쫓아낸다(*Hanc religionem evoco, educo, excanto de istis membris, medullis*)"(마르셀루스, 『의약론(*De Medicamentis*)』, 15장, 11절). 여기서 렐리기오는 붙잡아 쫓아낼 수 있는 흐릿한 존재, 정체가 불분명한 인격체처럼 취급되고 있다. 어떤 경우에는 평화, 사랑, 유혹, 두려움, 정의, 소유와 같은 정신적 이미지들이 주술 의례의 효과를 표현하는 데 동원되기도 한다. 이 표상은 여기저기서 희미한 윤곽만 드러내지만, 때로는 하나의 뚜렷한 관념으로 응축되어 특별한 이름을 얻기도 한다. 아시리아인들은 이를 마미투(mâmit)라는 말로 표현했고, 멜라네시아에서는 마나(mana)라 불렸다. 사람들은 마나가 의례를 통해 생겨난다고 믿었다. 이로쿼이족(휴론족)에게는 주술사가 던지는 오렌다(*orenda*)[90]가 그에 해당하며, 고대 인도에서는 브라만(중성명사)이 그런 작용을 일으키는 힘이었다. 오늘날 우리 문화권에서는 이 개념이 주문, 저주, 마법 등의 용어로 나타난다. 이러한 관념들을 지칭하는 단어들을 보면, 그것이 얼마나 이론적 개념과 거리가 멀었는지를 알 수 있다. 사람들은 마치 그것을 구체적 사물이자 실재하는 대상인 것처럼 말한다. 그래서

---

90 오렌다(orenda)는 멜라네시아의 '마나(mana)'나 알곤킨족의 '마니투(manitou)'와 유사한 개념으로, 이로쿼이족의 신앙 체계에서 나타나는 비인격적인 힘 또는 영적 에너지를 가리킨다.

주문과 룬(rune) 문자[91]를 마치 물건처럼 던지고, 저주를 물에 씻어 내거나 불에 태워 버리는 것이다.

셋째로, 의례에 관여하는 존재와 사물 사이에 일정한 관계가 있다는 관념이 나타난다. 이 관계는 때때로 성(性)적인 것으로 이해되기도 한다. 예컨대, 아시리아-바빌로니아의 한 주문은 악령과 그것을 상징하는 형상 사이에 신비로운 결합을 만들어 낸다. "너, N과 그의 아들을 사로잡는 온갖 사악한 자여, 네가 남성이라면 이 것을 네 아내로 삼고, 네가 여성이라면 이것을 네 남편으로 삼으라"(포세[92], 『아시리아 주술(La Magie assyrienne)』, 133쪽). 이 관계를 사유하는 방식은 천 가지도 넘는다. 이 관계는 주술을 거는 자와 주술에 걸린 자가 서로 상대방을 지배하는 관계로 나타낼 수 있다. 주술사는 자신이 주술을 건 피해자로부터 역으로 해를 입을 수 있다. 이런 식으로 피해자도 주술사에게 영향력을 행사하게 된다. 마찬가지로 주술사에게 주술을 되걸어 그가 걸었던 주문을 풀 수도 있다. 주술사는 당연히 자기 주문을 다스릴 수 있기 때문이다. 주술사가 피해자에게 영향력을 행사하는 방식은 여러 가지다. 주술

---

91 룬(rune)은 고대 게르만어권에서 '비밀', '신비' 또는 '비밀스러운 대화'를 뜻하는 단어로, 신비한 힘을 지닌 문자로 여겨져 주술적 상징이나 주문에 사용되었다.

92 샤를 포세(Charles Fossey, 1869~1946)는 프랑스의 아시리아학자이자 고대 근동 전문가이다. 그의 저서 『아시리아 주술(La Magie assyrienne)』(1902)은 아시리아-바빌로니아의 주문과 의례를 체계적으로 분석한 초기 연구 중 하나로 평가받는다.

사 본인이 직접 희생자를 지배하기도 하지만, 자신의 영혼이나 자신을 따르는 악령을 통해서도 지배할 수 있다. 악령의 빙의는 주술사와 자기 의례의 대상 사이의 관계를 가장 강하게 표현하는 방식이고, 단순한 홀림은 그 가장 약한 표현이다. 주술 의례에는 언제나 주술사, 대상자, 재료, 정령, 목적 사이에 일종의 연속성이 존재한다고 여겨진다. 결국 우리는 주술 안에서, 희생제의에서 보았던 것과 같은 현상을 다시 마주하게 된다. 주술은 이미지들의 혼동을 전제하는데, 우리가 보기엔 이 혼동 없이는 의례 자체가 아예 성립할 수 없다. 희생제의에서 의뢰인, 제물, 신, 그리고 희생 행위 자체가 하나로 뒤섞이는 것처럼, 주술에서도 주술사와 의례 그리고 그 의례의 효과는 분리할 수 없는 하나의 이미지로 혼합된다. 게다가 이 혼동은 그 자체로 하나의 표상 대상이 된다. 실제로 주술 의례의 표상을 이루는 다양한 계기들이 아무리 뚜렷이 구분되어 있더라도, 이 계기들은 하나의 종합적 표상 안에 포섭되고 그 안에서 원인과 결과 역시 서로 뒤섞인다. 이것이야말로 주술이라는 개념 그 자체, 즉 즉각적이고 무한한 효능과 직접적인 창조라는 관념이다. 바로 이것은 힌두인들이 마야(mâyâ)라고 이름 붙인 절대적 환상이다. 주술에서는 소망과 실현 사이에 아무런 간극이 없다. 이 점은 주술의 주된 특징 중 하나로, 특히 설화에서 가장 두드러지게 나타난다. 우리가 지금까지 언급한 모든 표상은 주술이라는 관념의 다양한 형태이자 계기일 뿐이다. 주술에는 이 외에도 더 구체적인 표상들이 존재한다. 이제 우리는 그러한 표상들을 살펴보고자 한다.

우리는 그 표상들 속에 개별적 존재의 관념이 포함되었는지에 따라, 이를 비인격적 표상과 인격적 표상으로 구분한다. 비인격적 표상은 다시 추상적 표상과 구체적 표상으로 나뉜다. 반면 인격적 표상은 당연히 구체적 표상이다.

1) 추상적인 비인격적 표상, 주술의 법칙

주술의 비인격적 표상이란, 적어도 연금술사나 주술의들이 암묵적으로나 명시적으로 정립해 온 주술의 여러 법칙을 의미한다. 최근 들어 이러한 표상 유형이 매우 중요하게 인식되고 있다. 사람들은 주술이 오직 특정 법칙의 지배를 받는다고 믿었기에, 자연스럽게 주술을 일종의 과학이라고 결론 내렸다. 법칙이 있다는 것은 곧 과학이 있다는 뜻이기 때문이다. 실제로 주술은 인과율이라는 원리에 대한 거대한 변주처럼 보인다. 하지만 이러한 사실이 특별히 새로운 점을 알려주는 것은 아니다. 주술의 유일한 목적이 어떤 효과를 일으키는 데 있다면, 주술이 인과율과 무관하다는 생각이야말로 오히려 놀랄만한 일일 것이다. 주술의 공식에서 그 뼈대만 추출해보면, 주술이 과학적 분과, 즉 원시 과학이라는 점만큼은 인정할 수밖에 없다. 프레이저와 제번스는 실제로 그렇게 생각했다. 더 나아가 주술은 과학의 기능을 수행하며, 아직 태어나지 않은 과학을 대신한다. 주술의 이러한 과학적 성격은 잘 알려진 사실이며, 주술사들은 이를 의식적으로 추구하기도 했다. 우리가 말하는 과학을 향한 이러한 노력은 당연하게도 더 정교한 형태의 주술에서 뚜렷하게 드러난다. 이러한 주술은 습득된 지식과 정제된 실천을 전제로 하며, 실증과학의 개념이 이미 자리 잡은 환경 속에서 수행된다.

실제 주술에서는 갖가지 표현들이 뒤죽박죽 얽혀 있는 것처럼 보인다. 하지만 그 안에서 세 가지 지배적인 법칙을 가려낼 수 있다. 만약 공감(sympathie)이라는 단어에 반감(antipathie)도 포함된다면, 다음의 세 가지 법칙은 모두 공감의 법칙이라고 할 수 있다. 접촉의 법칙, 유사의 법칙, 대립의 법칙이 바로 그것이다. 접촉하는 사물들은 서로 결합하거나 그 결합 상태를 유지하며, 유사한 것은 유사한 것을 낳으며, 반대되는 것은 반대되는 것에 작용한다. 타일러와 그 뒤를 이은 학자들은 이러한 법칙이 (성인의 사고에 나타나는) 관념연합의 법칙과 다르지 않다고 지적했다. 다만 주술은 관념의 주관적 연합을 사물의 객관적 연합으로까지 확장하여 추론한다는 점에서 차이가 있다. 다시 말해, 마음속의 우연한 연결이 외부 사물 세계의 인과적 연결과 동일하다는 것이다. 이 세 가지 법칙을 하나의 공식으로 통합해 이렇게 말할 수 있다. 접촉은 동시성에, 유사는 동일성에, 대립은 대립성에 각각 대응하며, 이러한 대응은 사고 속에서도 실제 현실에서도 성립한다. 다만 이 공식만으로 소위 세 가지 법칙이 실제로 어떻게 이해되었는지 정확히 설명할 수 있을지는 의문이다.

먼저 접촉의 법칙을 살펴보자. 공감적 접촉 개념의 가장 단순한 형태는 부분이 전체와 동일시되는 사고에서 나타난다. 부분이 전체를 대신한다. 치아, 침, 땀, 손톱, 머리카락은 한 인간 전체를 대표한다. 따라서 누군가를 유혹하거나 저주할 때, 그것들을 가지고 그 사람에게 직접 영향을 미칠 수 있다. 사물이 분리된다고 해서 연속성이 중단되는 것은 아니다. 심지어 그 일부만으로도 전체를 재구성하거나 되살릴 수 있다. 즉, 전체는 부분 안에 존재한다 (*Totum ex parte*). 이런 믿음은 굳이 예를 들 필요도 없을 정도로 잘 알려져 있다. 이 법칙은 또 다른 방식으로도 표현될 수 있다. 즉, 한 존재의 인격은 분할될 수 없으며 그것은 각 부분 안에 온전히 깃들어 있다.

이 법칙은 사람뿐 아니라 사물에도 적용된다. 주술에서 사물의 본질은 전체뿐 아니라 그 부분에도 깃들어 있다. 요컨대 이 법칙은 전적으로 일반적이며, 개인의 영혼과 사물의 영적 본질 양쪽에 동등하게 부여된 하나의 특성을 보여준다. 그뿐 아니라, 각각의 사물은 자신이 속한 종(種)의 본질을 고스란히 담고 있다. 머리카락 한 올이 한 인간의 생명 원리를 담고 있듯이, 모든 불꽃은 불을, 죽은 자의 뼈는 죽음을 담고 있다. 이를 통해 우리는 이 법칙이 단지 개별 영혼에만 국한된 관념이 아님을 알게 된다. 따라서 이 법칙은 영혼에 암묵적으로 부여된 속성만으로는 설명되지 않는다. 나아가 이 법칙은 생명의 담보(gage de vie) 이론의 필연적 귀결도 아니다.[93] 오히려 생명의 담보에 대한 믿음은 '전체는 부분 안에 존재한다'는 법칙의 특수한 사례에 불과하다.

접촉의 법칙은 다른 방식으로도 전개된다. 옷, 발자국, 풀이나 침대에 남은 몸의 자국, 침대, 의자, 평소에 쓰는 물건이나 장난감처럼, 사람과 직접 접촉한 모든 것은 몸에서 떨어져 나온 일부와 똑같이 여겨진다. 옷이나 일상적으로 쓰는 물건처럼 이러한 접촉이 반드시 습관적이거나 빈번하게 일어날 필요는 없으며, 심지어 접촉이 실제로 일어날 필요조차 없다. 통로, 우연히 만진 물건, 목욕 후의 물, 먹다 남은 과일 등에도 주술이 가해질 수 있다. 식사 후 남은 음식에 주술이 보편적으로 가해지는 것은, 음식 찌꺼기와 섭취된 음식, 그리고 그 음식을 먹은 사람(자신이 먹은 것과 실질적으로 동일해진 사람) 사이에 연속성, 즉 절대적인 동일성이 존재한다는 관념에 기인한다. 이와 매우 유사한 연속적 관계는 사람과 그의 가족 사이에도 존재한다. 누군가에게 확실히 영향을 미치려면, 그의 부모에게 주술을 가하는 것이 효과적이다. 주문을 외면서 그 부모의 이름을 부르거나 그들의 이름을 주물(呪物) 위에 적는 것만으로도 당사자에게 해를 입히는 효과를 기대할 수 있다. 사람과 그의

---

93 모스와 위베르는 여기서 전체는 부분 안에 존재한다는 법칙을 마치 생명의 담보, 즉 생명이 특정 사물로 이동하여 저장된 상태처럼 이해되어서는 안 된다고 강조한다. 가령 머리카락 한 올에 한 인간의 생명 원리가 담겨 있다는 것은 머리카락이 생명을 '담보'하는 특별한 물건이라는 뜻이 아니다. 이는 머리카락이 나 자신과 동일하며, 나의 본질을 나누어 가지고 있다는 뜻이다.

가축, 집, 집의 지붕, 밭 등과도 똑같은 관계가 성립한다. 상처와 그 상처를 입힌 무기 사이에도 접촉을 통한 공감 관계가 성립하는데, 이 관계를 이용해 무기를 매개로 상처를 치료할 수 있다. 이러한 연속성은 살인자와 희생자 사이에도 존재한다. 살인자가 시신 가까이 다가오면 시신이 피를 흘린다는 믿음도 공감적 연속성에서 비롯된다. 이는 시신이 살해 직후의 상태로 되돌아간다는 것을 의미한다. 이러한 설명은 타당하다. 이와 같은 연속성을 예시하는 더 분명한 사례들이 존재하기 때문이다. 이 연속성은 비단 가해자에게만 적용되는 것은 아니다. 예컨대 어떤 사람이 붉은가슴울새를 학대하면, 그 사람의 젖소가 붉은 우유를 낸다고 믿는 경우도 있었다[스위스 지멘탈(Simmenthal) 지역의 전승].

요컨대 사람과 사물은 이론상 무한한 수의 공감적 대상들과 연결되어 있다. 이 연결의 사슬은 너무나 촘촘하고 연속성도 강해서, 원하는 효과를 얻기 위해서라면 이 사슬의 어느 고리에 작용하든 상관이 없을 정도이다. 시드니 하틀랜드에 따르면, 버림받은 여성은 자기 머리카락을 개구리 다리나 담배에 마는 행위[이탈리아 루카(Lucca) 지방의 풍습]를 통해 연인을 괴롭힐 수 있다고 믿는다.[94] 또한 멜라네시아(뉴헤브리디스 제도 및 솔로몬 제도)에서는 누군가 다른 사람을 해치면, 그 행위만으로도 가해자의 친구들이 주술을 써서

---

94 이는 시드니 하틀랜드의 『페르세우스의 전설(*The Legend of Perseus*)』에서 인용한 것이다.

피해자의 상처를 덧나게 할 수 있다고 한다.

주술의 연속성 개념은 전체와 부분 사이의 선행 관계에서 비롯되었든 우연한 접촉을 통해 형성되었든, 전염이라는 개념을 내포한다. 사람들은 자질, 질병, 생명, 운세 등 온갖 종류의 주술적 영향력이 이러한 공감 사슬을 따라 옮겨갈 수 있다고 믿는다. 전염 관념은 주술 및 종교적 관념들 가운데 가장 잘 알려진 것 중 하나이다. 하지만 이에 대해서도 잠시 살펴볼 필요가 있다. 상상의 전염의 경우, 희생제의에서 살펴보았듯 이미지들의 융합이 일어나며, 그 결과 접촉한 사물과 존재는 상대적으로 동일시된다. 말하자면, 공감 사슬을 따라 이동하는 것은 바로 옮겨져야 할 대상의 이미지이다. 이러한 공감 사슬은 의례 자체에 형상화되어 나타나기도 한다. 예컨대 인도에서는 의례의 특정 순간에 당사자가 주술사의 몸에 직접 닿음으로써 병이 빠져나갈 통로가 생기고, 오스트레일리아의 한 사례에서는 주술사가 연결한 끈이나 사슬을 따라 병이 이동하게 된다. 그러나 주술적 전염은 단지 관념적이거나 비가시적인 세계에 한정되는 것만은 아니다. 그것은 구체적이고 물질적이며, 모든 면에서 물리적 전염과 매우 유사하다. 마르셀루스 드 보르도(Marcellus de Bordeaux)[95]는 내장 질환을 진단하기 위해 환

---

95 마르셀루스(Marcellus)는 '마르셀루스 엠피리쿠스(Marcellus Empiricus)' 또는 '보르도의 마르셀루스(Marcellus de Bordeaux)'로 알려진 인물로 4세기 말에서 5세기 초 로마제국의 갈리아 속주에서 활동했다. 그는 민간요법과 약초학, 주술적 주문이 포함된 『의약론(De Medicamentis)』이라는 방대한 의학 처방집을 남겼다.

자에게 젖먹이 강아지와 3일 동안 함께 잠을 자도록 권유했다. 이 때 환자는 자기 입으로 직접 강아지에게 반복적으로 젖을 먹인 뒤 (*ut aeger ei lac de ore suo frequenter infundat*), 그 강아지의 배를 가르면 된다(마르셀루스, 『의약론(*De Medicamentis*)』, 28장, 132절). 마르셀루스는 이어 개의 죽음이 곧 인간의 치유를 의미한다고 덧붙인다. 중앙 아프리카의 바간다족 사이에서도 거의 동일한 의례가 존재한다. 이 경우 이미지들의 융합은 완벽해서, 단순한 환상을 넘어선 환각이 발생한다. 병이 실제로 몸을 빠져나와 다른 매개로 옮겨지는 장면이 눈앞에 펼쳐지는 것이다. 이는 관념연합이라기보다는 관념의 전이라고 할 수 있다.

하지만 이 관념의 전이는 감정의 전이가 겹치면서 더 복잡해진다. 주술 의례의 처음부터 끝까지 하나의 동일한 감정이 전체를 관통하는데, 바로 이 감정이 의례의 의미와 분위기를 형성할 뿐 아니라 실제로 모든 관념연합을 이끌고 통제하기 때문이다. 바로 이러한 작용 방식을 통해 주술 의례에서 연속성의 법칙이 실제로 어떻게 작동하는지 알 수 있다.

접촉에 의한 공감의 원리는 대부분 순수하고 단순하게 적용되지 않는다. 즉, 한 대상(사물이나 사람)의 자질이나 상태가 다른 대상에게 그대로 확장되는 일은 거의 없다. 만약 우리가 공식화한 법칙이 절대적이고, 주술 행위에서 오직 이 법칙만이, 그것도 지적인 형태로만 작용한다고 가정해 보자. 다시 말해 주술에는 단지 관념연합만 존재한다고 가정한다면, 우리는 다음과 같은 두 가지 결론에 이르게 될 것이다. 첫째, 주술적 사슬이 필연적이든 우연적이든 무한한 접촉으로 이루어지는 만큼, 그 모든 구성요소도 전이시키고자 하는 속성으로부터 똑같이 영향을 받을 것이다. 둘째, 이 사슬의 어느 한 요소가 지닌 모든 속성은, 그것이 무엇이든 간에, 다른 모든 요소에 완전히 전이될 것이다. 그러나 실제로는 그렇지 않다. 만약 그랬다면, 주술은 애초에 성립할 수 없었을 것이다. 공감 효과는 항상 의도된 효과에만 국한된다. 한편으로 공감의 흐름은 특정 순간에 차단되고, 다른 한편으로는 전이될 수 있는 여러 속성 중 오직 하나 혹은 극소수만이 전이될 뿐이다. 예컨대, 주술사는 의뢰인의 병을 삼켜도 전혀 고통받지 않는다. 마찬가지로 주술사는 생명 연장에 쓰이는 미라 가루의 지속성, 황금과 다이아몬드의 가치, 죽은 자의 치아가 지닌 무감각성만을 전달할 뿐이다. 이처럼 전염의 효력이 미치는 범위는 추상화(抽象化)를 통해 분리된 바로 그 속성에만 국한된다.

게다가 이러한 속성에는 특정한 장소에 머무는 성질이 있다고 여겨진다. 가령 한 사람의 운은 그의 초가지붕에 있는 밀짚 하나에 깃들어 있다고 한다. 이렇게 특정 지점에 속성을 집중시킬 수 있다는 생각은 그것을 분리할 수도 있다는 생각으로 자연스럽게 이어진다. 고대 그리스인과 로마인은 도마뱀의 시력을 병자에게 옮겨 눈병을 치료할 수 있다고 믿었다.[96] 이때는 먼저 도마뱀의 눈을 멀

---

96   이 사례는 대(大)플리니우스(Pliny the Elder 23/24~79)의 『박물지(*Naturalis Historia*)』에 기록되어 있다. 플리니우스는 녹색 도마뱀의 눈을 멀게 한 뒤, 그 도마뱀

게 한 뒤 부적으로 쓸 돌에 접촉시켰다. 이는 시력이라는 속성을 뿌리째 잘라내 온전히 원하는 곳으로 옮기기 위해서였다. 이 사례에서 분리와 추상화는 의례를 통해 형상화되지만, 그런 대비책이 꼭 필요한 것은 아니다.

접촉 법칙의 이론적 효과를 이렇게 제한하는 것이야말로 역설적으로 그 법칙을 실제로 적용하기 위한 전제 조건이 된다. 의례를 만들고 관념연합을 촉진하는 바로 그 요구가 연합을 중단하고 선택하는 과정에도 똑같이 작용한다. 이처럼 주술적 접촉이라는 추상적 개념이 작동할 때마다 관념연합은 감정의 전이, 추상화, 선택적(배타적) 주의 집중, 의도적 지향과 같은 현상들을 수반한다. 이 현상들은 비록 의식 속에서 일어나지만, 관념연합과 마찬가지로 객관적인 현실처럼 다뤄진다.

두 번째 법칙, 즉 유사의 법칙은 첫 번째 법칙보다는 공감 개념을 덜 직접적으로 표현한다. 따라서 프레이저가 시드니 하틀랜드와 함께 엄밀한 의미의 공감이라는 명칭을 전염 현상에만 한정하고, 지금부터 다룰 현상을 '모방적 공감(sympathie mimétique)'이라 칭한 것은 옳은 판단이었다고 할 수 있다. 유사의 법칙에는 서로 구별해야 할 두 가지 주요 공식이 있다. 하나는 "유사한 것은 유사한 것을 불러일으킨다(similia similibus evocantur)"라는 공식이며, 다른 하나는 "유사한 것은 유사한 것에 작용하고, 특히 유사한 것

과 함께 밀봉해 둔 돌을 부적으로 지니면 눈병을 치료하는 효험이 있다고 전한다.

을 치유한다(*similia similibus curantur*)"라는 공식이다.

먼저 첫 번째 공식을 살펴보자. 이 공식은 유사는 접촉에 상응한다는 것을 의미한다. 이미지와 실물의 관계는 부분과 전체의 관계와 같다. 다시 말해, 단순한 형상이라 하더라도 그 어떤 접촉이나 직접적 연결 없이도 실물 전체를 온전히 대표할 수 있다. 바로 저주 의식에 이 공식이 적용되는 듯하다. 그러나 겉보기와는 달리, 여기서 작동하는 것은 단순히 이미지라는 개념만이 아니다. 사실 여기서 작용하는 유사성은 전적으로 관습적인 것이며, 초상화의 닮음과는 무관하다. 이미지와 그 대상은 양자를 연결하는 관습적 합의 외에 어떠한 공통점도 없다. 인형이나 그림으로 표현된 이미지는 극도로 축소된 도식 혹은 변형된 표의문자에 가깝다. 이런 이미지는 이론적이고 추상적인 의미에서만 대상과 닮았을 뿐이다. 따라서 유사의 법칙은 앞선 법칙과 마찬가지로 추상화와 주의 집중이라는 현상을 전제한다. 대상을 이처럼 동일시하는 것은 환상에서 비롯된 작용이 아니다. 더 나아가 굳이 형상을 갖춘 이미지조차 필요하지 않다. 단지 이름을 부르거나 떠올리기만 해도, 혹은 마음속에서 가장 초보적인 수준의 동일시가 일어나기만 해도 새, 짐승, 나뭇가지, 활시위, 바늘, 반지 같은 임의의 대체물은 대상이 되는 존재의 표상이 될 수 있다. 결국 이미지는 특정 인물을 [의례의 현장에-옮긴이] 현전(現前)하게 만드는 기능을 통해서만 정의될 뿐이다. 중요한 것은 그 재현 기능이 충족되기만 하면 된다는 점이다. 따라서 이 기능이 부여된 대상은 의식 도중에 다른 것으로 바

꿸 수 있으며, 재현 기능 자체가 둘 이상으로 나뉘어 수행되는 일도 가능하다. 예를 들어 원수의 눈을 멀게 하려면, 먼저 세 벌의 수의를 꿰맸던 바늘의 구멍에 그의 머리카락 한 올을 통과시킨 다음, 그 바늘로 두꺼비의 두 눈을 찌르면 된다. 이때 머리카락과 두꺼비는 순차적으로 볼트(volt)[97] 역할을 한다. 빅토르 앙리[98]가 지적했듯이, 브라만 주술에 등장하는 도마뱀은 의식이 전개되는 동안 저주 그 자체, 저주를 거는 자, 나아가 악을 행하는 실체까지 동시에 표상한다.

접촉의 법칙이 그러하듯, 유사의 법칙도 사람과 그 영혼뿐 아니라 사물과 그 존재 방식, 가능한 것과 실재적인 것, 정신적인 것과 물질적인 것 모두에 적용된다. 이미지 개념은 그 범위가 확장되면서 상징 개념이 된다. 사람들은 비, 천둥, 태양, 열병, 태아를 양귀비 머리로, 군대를 인형으로, 마을의 결속을 물 항아리로, 사랑을 매듭으로 상징화해 표현할 수 있으며, 이러한 표상을 통해 그것들을 하나하나 만들어 낼 수 있다. 앞서 살펴본 것과 마찬가지로, 이 경우에도 이미지들의 융합은 완벽하다. 병이나 가죽 부대에 바람

---

97 볼트(volt)는 프랑스어 'envoûtement'에서 유래한 주술 용어로, 저주나 주술의 대상을 상징하는 인형이나 형상을 가리킨다.

98 빅토르 앙리(Victor Henry, 1850~1907)는 프랑스의 언어학자이자 인도학자로, 특히 산스크리트어와 베다 문헌 연구에 기여했다. 대표 저서로는 『아타르바베다』를 중심으로 인도 주술의 원리를 상세히 분석한 『고대 인도의 주술(La Magie dans l'Inde antique)』(1904)이 있다.

을 담아 매듭으로 묶거나 고리로 둘러싸는 일은 단지 관념적 표상이 아니라 바람을 정말로 가두는 행위로 여겨진다.

그런데 이 법칙이 실제로 적용될 때는 매우 주목할 만한 해석 작업이 일어난다. 상징을 결정하고 사용하는 과정에서도 선택적 주의 집중과 추상화라는 동일한 현상이 나타난다. 이러한 과정이 없었다면, 우리는 저주의 이미지 사례에서 유사의 법칙이 어떻게 적용되는지, 또 연속성의 법칙이 어떻게 작동하는지 상상조차 할 수 없었을 것이다. 주술사는 상징으로 선택된 대상에서 하나의 속성만을 취한다. 납에서는 냉기, 무게 혹은 색깔을, 점토에서는 단단함이나 부드러움을 취하는 식이다. 의례를 추동하는 필요와 경향은 상징의 선택과 그 사용법을 결정할 뿐만 아니라, 접촉에 의한 관념연합처럼 이론상 무한해야 할 동일화 작용의 결과를 제한하기도 한다. 나아가 상징이 지닌 모든 특성이 상징되는 대상으로 전이되는 것은 아니다. 주술사는 자신의 행위가 불러올 수 있는 효과의 범위를 의도적으로 제한할 수 있다고 믿는다. 이를테면, 장례 상징을 사용할 때 그 효과를 수면이나 실명 정도로 제한한다. 비를 부르는 주술사도 홍수를 두려워해 소나기 정도에 만족한다. 개구리로 표상된 사람이라 해도, 개구리의 눈을 멀게 한다고 해서 그 사람이 진짜 개구리로 변하는 것은 아니다.

이 추상화와 해석 작용이 자의적으로 보이더라도, 상징의 수를 무한히 증식시키지는 않는다. 오히려 상상력이 자유롭게 작용할 수 있는 여지가 있음에도 불구하고 특정한 주술 체계 내에서 사용되는 상징의 수는 이상하리만큼 제한되어 있다. 하나의 사물에 대해 하나 혹은 소수의 상징만이 존재하며, 상징으로 표현될 수 있는 사물도 극히 일부에 불과하다. 결국 주술의 상상력이 그토록 빈약했기에 몇 가지 상징이 고안되어 매우 다양한 용도로 반복적으로 쓰이게 된 것이다. 예컨대 매듭의 주술은 사랑, 비, 바람, 저주, 전쟁, 언어 등 수많은 것을 표현하는 데 쓰인다. 상징이 이처럼 빈약한 것은 심리적으로는 자유롭게 꿈꿀 수도 있었을 개인의 탓이아니다. 그는 의례와 전통적 관념이라는 두 실체와 마주하고 있다. 그는 그것들을 새롭게 바꿔볼 엄두조차 내지 못한다. 그는 전통만을 믿으며, 전통 없이는 믿음도 의례도 존재하지 않는다고 믿기 때문이다. 따라서 전통이 빈약한 상태로 남아 있는 것도 당연하다.

　유사의 법칙 중 두 번째 형태, 즉 "유사한 것은 유사한 것에 작용하며, 유사한 것을 치유한다"라는 공식은 그 표현 안에 추상화와 선택적 주의 집중이라는 요소를 명확히 담고 있다는 점에서 첫 번째 공식과 다르다. 물론 앞서 언급했듯이, 추상화와 선택적 주의 집중은 첫 번째 공식의 전제 조건이기도 하다. 다만 첫 번째 공식은 유사한 것이 다른 유사한 것을 그저 연상시키는 일반적인 차원에 그치지만, 두 번째 공식은 유사성을 통해 두 대상을 하나로 묶는 동일화가 정해진 방향으로 효과를 낳는다는 점을 분명히 드러낸다. 이때 행위의 방향은 의례에 의해 규정된다. 이피클로스(Iphiclos)의 치유에 관한 전설을 예로 들어보자.[99] 어느 날 그의 아버지 필락스(Phylax)가 염소를 거세하던 중, 피 묻은 칼로 아들 이피클로스를 위협했다. 그러자 이피클로스는 공감 작용의 영향으로 불임이 되어 자식을 얻지 못했다. 이 일로 점술가 멜람포스(Melampos)가 불려 왔다. 그는 필락스가 나무에 꽂아 두었던 칼을 찾아내어, 거기서 생긴 녹을 긁어내 술에 섞어 열흘간 이피클로스에게 마시게 했다. 공감 원리에 따르면 이 칼은 여전히 이피클로스의 병을 악화시킬 수 있었고, 반대로 이피클로스의 속성이 칼로 옮겨질 수도 있었다. 그런데 멜람포스는 이 두 번째 효과만을 선택했고, 나아가 그 효과가 불임에만 미치도록 제한했다. 이렇게 해서 칼이 지닌 거세의 성질이 이피클로스 왕이 겪는 불임증을 빨아들여 제거하게 되었다. 마찬가지로 인도에서 브라만이 목욕 의례로 수종을 치료할 때, 그는 환자에게 수분을 더하는 것이 아니라 의례에 사용된 물이 환자에게 고통을 주는 수분을 빨아들여 없애도록 만든다.

이러한 사례들은 분명 유사의 법칙에 속하고 모방적 공감(*attractio similium*)이라는 추상 개념에 포함되기는 하지만, 그 법칙이 다루는 다른 사례들[가령 앞에서 제시한 '저주의 인형'과 같은 사례-

---

99 이피클로스의 전설은 아폴로도로스(Apollodorus)의 『도서관(*Bibliotheca*)』 등 여러 그리스 신화집에 기록되어 있다. 예언가 멜람포스가 어린 시절의 충격으로 불임이 된 이피클로스를 치료하기 위해, 그 원인이었던 피 묻은 칼의 녹을 긁어내 약으로 사용했다는 내용으로, 공감 주술의 대표적인 사례로 꼽힌다.

옮긴이]과는 명백히 구분되는 별개의 범주를 이룬다. 이 범주는 유사의 법칙의 단순한 귀결이 아니라 그것과 경쟁하는 또 하나의 개념이다. 각 주술 체계에서 이 개념이 작용하는 의례의 수를 고려할 때, 그것은 일반적인 유사의 법칙만큼이나 중요한 개념이라고 할 수 있다.[100]

유사의 법칙의 두 번째 형태에 대한 설명을 마치기도 전에, 우리는 이미 대립의 법칙에 이르게 되었다. 실제로 유사한 것이 유사한 것을 치유한다는 것은 유사한 것이 대립적인 것을 생성한다는 뜻이기 때문이다. 거세의 힘을 지닌 칼이 다산을 낳고 물은 수종(水腫)의 부재를 낳는다. 이러한 의례의 완전한 공식은 "유사한 것이 유사한 것을 몰아내고 대립된 것을 불러온다"일 것이다. 반대로 모방적 공감의 첫 번째 유형에 해당하는 사례의 경우, 유사한 것이 또 다른 유사한 것을 불러오면서 동시에 대립적인 것을 몰아낸다. 물을 부어 비를 부르는 것은 곧 가뭄을 없애는 행위이기 때문이다. 이처럼 유사성이라는 추상적 개념은 대립이라는 또 다른 추상적 개념과 분리될 수 없다. 결국 유사성의 여러 공식은 "대립하는 것은 대립하는 것을 몰아낸다"라는 하나의 공식, 다시 말해 대립의

---

100 이 문장은 논리적으로 다소 혼동을 일으킬 수 있다. 여기서 "유사가 유사를 치유한다"라는 공식은 당연히 일반적인 유사의 법칙("유사는 유사를 낳는다")에 속한다. 그러나 이 공식에서 드러나는 작용 원리가 주술 체계 내에서 광범위하게 발견되므로, 모스와 위베르는 그 중요성이 "유사는 유사를 낳는다"는 일반 법칙에 버금간다고 주장하고 있다.

법칙으로 통합될 수 있다.

하지만 주술사들은 정작 이 대립의 법칙을 유사의 법칙과는 별개의 것으로 생각했던 것 같다. 공감이 반감에 대응하긴 하지만, 이 둘은 명확히 서로 별개의 것으로 취급되었다. 그 증거로는 『공감과 반감에 대하여(Περὶ συμπαθείων καὶ ἀντιπαθείων)』라는 고대의 책 101을 들 수 있다. 이 책에서는 마법 약의 제조나 저주의 주문을 푸는 의례 전반이 반감의 개념 아래 분류된다. 모든 주술은 상반되는 것들, 즉 대립하는 것들에 대해 사유해 왔다. 수많은 사물이 행운과 불운, 냉기와 열기, 물과 불, 자유와 속박 같은 대립하는 범주 아래 분류되었고, 그러한 대립성은 주술적으로 활용되었다. 이처럼 주술에서 대립의 개념은 별개의 개념으로 취급되었다.

사실 유사성이 대립성 없이 작동하지 않는 것처럼, 대립성 또한 유사성 없이 작동하지 않는다. 아타르바베다 의례에서는 비가 멎게 하려고 아르카(arka) 나무를 사용했다고 한다. 이 나무의 이름이 '빛', '번개', '태양'을 뜻했기에, 그 이름의 힘을 빌려 비의 반대인 태양을 불러낼 수 있다고 믿은 것이다. 그런데 이 대립의 의례에서도 이미 공감의 전형적인 작동 방식이 관찰된다. 유사와 대립이라는 두 개념이 서로를 배제하지 않는다는 점은, 같은 나무를 이용

---

101 『공감과 반감에 대하여』는 기원전 2세기경 멘데스의 볼로스(Bolus of Mendes)가 저술한 것으로 알려진 고대 문헌이다. 이 책은 우주의 모든 사물이 서로 끌어당기거나(공감) 밀어내는(반감) 신비한 힘으로 연결되어 있다는 사상을 바탕으로 자연 세계의 주술적 속성을 설명했다.

해 폭풍우, 천둥, 번개를 직접 멈추게 할 수 있다는 사실에서 잘 드러난다. 두 경우 모두 의례에 사용된 재료는 같다. 다만 그 배열 방식만 약간 다를 뿐이다. 한쪽에서는 불을 드러내고, 다른 쪽에서는 숯불을 땅에 묻는다. 이러한 의례적 배치의 미묘한 차이는 그것을 이끄는 의지의 방향성을 드러낸다. 그러므로 우리는 "대립물은 자기와 유사한 것을 불러냄으로써 그 반대물을 몰아낸다"고 말할 수 있다.

이처럼 유사의 법칙에 속한 다양한 공식들은 대립의 법칙과 정확하게 대응한다.[102] 우리가 희생제의 연구에서 도입한 의례 도식 개념을 다시 취해보면, 상징 작용은 세 가지 도식적 형태로 나타나며, 각각 다음의 세 가지 공식에 대응한다. 유사한 것은 유사한 것을 낳고, 유사한 것은 유사한 것에 작용하고, 대립하는 것은 대립하는 것에 작용한다. 이들 공식은 그 구성요소들의 배열순서만 다를 뿐이다. 첫 번째 공식에서는 어떤 상태의 결여를 전제로 하며, 두 번째 공식에서는 그 상태의 존재를 상정한다. 세 번째 공식에서는 실현하고자 하는 상태에 반대되는 상태의 존재를 우선 염두에 둔다. 첫 번째 경우, 비가 오지 않는 상태를 전제로 하고, 상징을 통해 비를 만들어내고자 한다. 두 번째 경우에는 비가 내리는 상태를 상정하고, 그 비를 멈추기 위해 상징을 활용한다. 세 번째 경우에

---

102 여기서 모스와 위베르는 유사의 법칙이 여러 형태를 띠더라도, 그 근본적인 작동 원리는 결국 대립의 법칙이라는 단 하나의 원리로 귀결된다고 주장한다.

는 마찬가지로 비를 떠올리지만, 이때는 비의 대립물을 불러내어 그것을 통해 비를 그치게 하려고 한다. 이처럼 유사와 대립이라는 추상적 개념들은 모두 전승된 상징 행위라는, 보다 일반적인 개념 아래에 속하게 된다.

마찬가지로 유사의 법칙과 접촉의 법칙도 서로 가까워지려는 경향을 보인다. 프레이저는 이 경향을 정확히 지적했는데, 그 증거 역시 어렵지 않게 제시할 수 있었을 것이다. 유사성에 근거한 의례는 일반적으로 접촉을 이용한다. 예컨대 마녀와 그녀의 의복, 주술사와 그의 지팡이, 무기와 상처 사이에는 접촉이 존재한다. 물질이 지닌 공감적 효과는 흡수, 주입, 만짐 등을 통해서만 전달된다. 반대로 접촉은 대개 상징적 기원을 가진 특성을 전달하기 위해 사용된다. 머리카락을 대상으로 한 저주 의식에서 그 머리카락은 표상된 파괴 행위와 그 희생자를 잇는 연결 고리 역할을 한다. 이와 비슷한 수많은 사례를 통해, 우리는 더는 개념과 의례로 구분된 도식이 아니라 그 둘이 얽힌 구조를 발견하게 된다. 행위는 지나치게 복잡해서 둘 중 하나의 범주로 쉽게 분류하기 어렵다. 실제로 저주 의례의 전체 범주에는 순수한 유사성뿐만 아니라 여러 형태의 접촉과 유사 그리고 서로의 작용을 상쇄하는 대립의 요소들도 존재한다. 주술사들이 이 점을 의식하지 못했거나 의례의 최종 목적 외에는 아무것도 생각하지 않았을지라도, 이러한 사실은 달라지지 않는다.

이제 두 법칙의 복잡한 적용 사례는 잠시 제쳐두고 그 자체만을 살펴보면, 우리는 먼저 원거리에서의 (모방적) 공감 행위가 항상 자명하게 받아들여지지는 않았음을 알게 된다. 그래서 사람들은 몸에서 발산되는 기운, 이동하는 마법적 형상, 주술사와 그 행위를 잇는 선, 밧줄이나 사슬을 상상한다. 심지어 주술사의 영혼은 그가 방금 일으킨 행위를 실행하기 위해 몸을 떠나기도 한다.『마녀 망치(Malleus Maleficarum)』[103]에는 한 마녀가 비를 내리기 위해 빗자루를 연못에 담근 뒤, 그 비를 가지러 하늘로 날아올랐다는 이야기가 나온다. 오지브웨이족의 수많은 그림문자에는 제사장 역할을 하는 주술사가 의식을 마친 후, 하늘을 밀어 헤치면서 구름을 끌어내리는 장면이 그려져 있다. 이처럼 사람들은 유사성을 접촉성으로 이해하려는 경향을 보인다. 반대로 접촉성 그 자체가 유사성과 대등한 것임은 두말할 나위가 없다. 사물의 각 부분과 그 사물에 접촉한 또 다른 사물 사이에서뿐 아니라 전체에 걸쳐 동일한 본질이 순환하고 머물면서 이 모든 것을 서로 닮게 만들 때만 그 법칙이 성립하기 때문이다. 따라서 유사, 접촉, 대립에 대한 비인격적이고 추상적인 표상들은 한때 각각 별개의 것으로 의식되었을지라도, 결국에는 서로 뒤섞여 자연스럽게 혼동되기 마련이다. 이들은 결국 하나의 동일한 개념이 지닌 세 가지 측면이다. 이제 우리는 그 얽힌 실타래를 풀어내야 한다.

---

103 『마녀 망치(Malleus Maleficarum)』는 1486년 독일의 도미니코회 수사 하인리히 크라머(Heinrich Kramer)가 저술한 책으로, 가장 악명 높은 마녀사냥 지침서로 알려져 있다. 이 책은 마녀를 색출하고 심문하고 처벌하는 방법을 상세히 기술하여 유럽의 마녀재판에 지대한 영향을 미쳤다.

자신이 수행하는 의례에 대해 가장 깊이 성찰했던 주술사들은 이런 혼동을 누구보다도 뚜렷하게 감지하고 있었다. 예컨대 연금술사들은 자신들의 이론적 사유를 가장 잘 대변하는 공식으로 보이는 하나의 일반원칙("하나는 전체이고 전체는 하나 안에 있다")을 가지고 있었는데, 그들은 이 원칙을 조제술의 앞부분에 자주 적어두었다. 다음의 구절은 우연히 고른 것이지만, 이 원칙이 분명하게 표현된 사례 중 하나이다. "하나가 곧 전체이며, 하나로부터 전체가 비롯한다. 만약 전체가 전체를 포함하지 않는다면, 전체는 아무것도 아니다(ν γὰρ τὸ πᾶν, καὶ δὶ ´ αὐτοῦ τὸ πᾶν γέγονε. Εν τὸ πᾶν καὶ εἰ μὴ τἀνέχη τὸ πᾶρ, οὐ γέγονε τὸ πᾶν)." 모든 것 안에 있는 모든 것, 그것이 곧 세상이다. 이 세상은 때로 하나의 동물에 비유될 수 있는데, 이 동물의 각 부분은 아무리 멀리 떨어져 있어도 필연적으로 서로 연결되어 있다. 모든 것은 서로 닮았고 모든 것은 서로 접촉한다. 이러한 주술적 범신론을 통해 지금까지 살펴본 여러 법칙을 종합해 볼 수 있다. 그러나 연금술사들은 그 공식 자체에 별다른 주의를 기울이지 않았다. 형이상학적이거나 철학적인 주석을 덧붙이기 위해 그 공식을 언급했을 가능성은 있지만, 지금 전해지는 것은 그러한 주석의 단편들뿐이다. 오히려 그들은 그 공식과 함께 제시된 또 다른 공식, 즉, "본성이 본성을 지배한다(Natura naturam vincit)"[104]라

---

104 이 문구는 연금술의 핵심 격언 중 하나로 널리 알려진 것으로, 연금술사의 능동적 개입으로 자연의 정제된 본성이 그 원초적 본성을 지배할 수 있다는 믿음을 가리킨다.

는 공식을 더욱 중시했다. 여기서 본성은 사물과 그 부분 안에 동시에 존재하는 것, 다시 말해 접촉 법칙의 기초를 이루는 것이다. 또한 본성은 동일한 종에 속하는 모든 존재 안에서 공통으로 발견되기에, 유사의 법칙이 성립하는 바탕이 된다. 나아가 본성은 같은 종류에 속하지만 서로 대립하는 사물들 사이에 작용을 가능하게 해주는 것으로, 이는 곧 대립의 법칙의 토대가 된다.

하지만 연금술사들은 그런 추상적 사유의 영역에 머무르지 않았다. 바로 이 점이 그들의 개념이 실제 주술에서 작동했음을 보여준다. 그들이 말하는 본성(Phusis, φύσις)은 숨겨진 본질이며, 금을 만들어내는 마법의 물 중 하나이다. 앞서 언급한 여러 공식이 암시하는 개념이자 연금술사들이 결코 숨길 수 없는 개념은 실체이다. 실체는 자신의 고유한 속성에 따라 어떤 방식으로든 다른 실체에 작용한다. 바로 이 작용이 공감 작용, 혹은 유사한 성질을 지닌 실체들 사이에서 발생하는 작용이다. 이 작용은 "유사한 것은 유사한 것에 작용한다"라는 공식으로 표현된다. 아니면 연금술사들이 말하듯이 "유사한 것은 유사한 것을 끌어당긴다(ἕλχει)" 혹은 "유사한 것은 유사한 것을 지배한다(χρατεῖ)"라고도 표현될 수 있다. 아무것이나 다른 모든 것에 작용할 수는 없기 때문이다. 본성은 형상(εἴδη)에 둘러싸여 있기에, 서로 작용하는 사물들 각각의 형상 사이

원초적 본성 상태의 광석(납)에서 온갖 불순물을 제거해 그 안에 숨겨진 정수(금)를 추출하는 것이 그러한 믿음의 대표적 사례이다.

에는 어떤 적절한 관계가 반드시 존재해야 한다. 따라서 연금술사들이 "하나의 본성이 다른 본성을 이긴다"고 말할 때, 이는 사물들이 서로 긴밀한 의존관계에 있어 불가피하게 서로를 끌어당긴다는 뜻이다. 이런 의미에서 그들은 본성을 파괴적인 것으로 규정한다. 실제로 본성은 분해하는 힘, 즉 불안정한 결합체에 영향을 미쳐 그것을 파괴하는 힘을 지닌다. 그리고 그 과정에서 본성은 결합체를 이루는 여러 요소 가운데 안정된 요소, 즉 자기와 동일한 요소를 끌어당겨 새로운 현상이나 형태를 창조해 낸다.

여기서 우리는 단지 고대 그리스 주술의 특정 분파에만 한정된 개념이 아니라 주술의 일반 개념을 다루고 있는 것 아닐까? 연금술사들이 이러한 개념을 창안하지는 않았을 것이다. 이 개념은 철학자들 사이에서도 볼 수 있고 의학에서도 응용되고 있다. 이 개념은 힌두 의학에서도 작동했던 것으로 보인다. 어쨌든 설령 이 개념이 다른 곳에서 이와 같은 의식적 형태로 표현되지 않았다 해도, 우리에게는 문제가 되지 않는다. 유사, 접촉, 대립이라는 추상적 표상들은, 한 존재나 대상에서 다른 존재나 대상으로 전이될 수 있는 사물, 본성, 속성이라는 개념들과 결코 분리될 수 없다. 바로 그것이 우리가 확실히 알고 있고 이 논의에서 도출하고자 했던 전부이다. 또한 속성과 형상은 여러 단계로 이루어져 있어, 주술사가 자연에 작용하려면 반드시 그 단계를 차례로 밟아야 한다. 그러므로 주술사의 창의성은 자유롭지 않으며, 그가 쓸 수 있는 주술적 작용의 수단들은 본질적으로 제한될 수밖에 없다.

2) 구체적인 비인격적 표상

따라서 주술적 사유는 추상적 개념만으로 유지될 수 없다. 연금술사들이 본성 일반에 대해 말할 때조차, 실은 매우 특수한 본성을 염두에 두고 있었음을 우리는 앞서 확인한 바 있다. 그들이 말하는 본성은 공감 법칙을 포괄하는 순수한 관념이 아니라 실제로 효력을 지닌 속성에 대한 분명한 표상이었다. 여기서 우리는 속성이나 자질과 같은, 구체적이면서도 비인격적인 표상의 문제로 나아가게 된다. 주술 의례는 추상적 법칙을 적용해 설명하기보다는, 그 작용과 반작용이 이미 알려진 속성의 전이로 이해하는 편이 훨씬 더 쉽다. 접촉 의례는 정의상 속성의 단순한 전달이다. 예를 들어, 말을 못 하는 아이에게는 앵무새의 수다스러움을 옮겨주고 치통을 앓는 이에게는 쥐 이빨의 단단함을 전해주는 식이다. 대립의 의례는 같은 종류지만 서로 반대되는 성질을 가진 속성들 사이의 충돌에 불과하다. 불은 물과 서로 정반대의 성질을 지니므로, 불을 사용해 비를 멎게 할 수 있다. 마지막으로 유사의 의례는, 말하자면, 단 하나의 속성에 몰두하여 그 속성만을 재현하는 데 귀착하기 때문에 유사의 의례라 불린다. 주술사가 피운 불이 태양을 만들어낸다고 여겨지는 것은 태양이 불과 같은 속성을 갖기 때문이다.

그러나 이 속성이라는 관념은 아무리 명확하게 보이더라도, 모든 주술적·종교적 관념이 그렇듯 본질적으로는 불투명하다. 주술에서든 종교에서든, 개인은 이성적으로 사유하지 않으며, 사유하더라도 대개 무의식적으로 이루어진다. 마찬가지로 자신이 행하는 의례의 구조를 숙고할 필요가 없고 기도나 희생제의의 의미를 이해할 필요도 없다. 그 의례가 논리적일 필요도 없고 자기가 사용하는 속성이 어떤 원리에 근거하는지 따져볼 필요도 없다. 개인은 자신이 어떤 사물을 선택했는지, 또 그것을 어떻게 사용하는지에 대해 합리적으로 설명하려 들지도 않는다. 우리는 이따금 그가 품은 생각들이 거쳐온 숨겨진 연상의 경로를 되짚어볼 수는 있다. 하지만 정작 당사자에게는 불가능한 일이다. 그는 자신이 무엇을 할 수 있는지를 막연히 짐작할 뿐이다. 반면 도달해야 할 목적에 대해서는 놀라울 만큼 분명히 알고 있다. 그렇기에 전통은 그 막연한 인식이 실현되도록 이미 완성된 수단들을 제공한다. 예를 들어, 딸이 태어날까 봐 두려워 산모 주변에 파리가 날지 않게 하라고 권하는 것은, 파리가 [여성을 낳게 하는-옮긴이] 성적인 속성을 지녔다고 여기기 때문이다. 맑은 날씨를 기원하며 갈고리를 집 밖으로 던질 때도, 사람들은 그 갈고리에 일정한 효능이 깃들어 있다고 믿는다. 그러나 사람들은 그 의례의 창시자들이 어떻게 그런 관념에 도달했는지 보여주는 관념연합의 사슬을 굳이 되짚어보지는 않는다.

이런 유형의 표상은 주술의 구체적이고 비인격적인 표상 중에서 가장 중요한 부류일 것이다. 부적이 널리 사용된다는 점에서, 이러한 표상이 얼마나 광범위하게 퍼져 있는지 알 수 있다. 상당수의 주술 의례가 부적을 제작하기 위해 치러지는데, 이렇게 만들어

진 부적은 이후 별도의 의례 없이 사용될 수 있다. 더 나아가, 상당
수의 부적은 특별한 의례 없이도 얻을 수 있을 법한 물질이나 혼
합물로 이루어져 있다. 사람들이 주술적 속성을 지녔다고 여기는
보석, 다이아몬드, 진주 같은 물질이 그러하다. 그러나 이들 부적
의 효능이 의례에서 비롯되었든, 재료의 고유한 속성에서 비롯되
었든 간에, 사람들이 부적을 사용할 때는 그 지속적인 효능만을 염
두에 둔다는 점만은 분명하다.

　주술에서 속성 개념이 얼마나 중요한지는 다음의 사실에서 잘
드러난다. 즉, 주술의 주요 관심사 중 하나는 존재자, 사물, 나아가
관념의 용도를 밝히고 그 힘이 개별적인지, 유형적인지, 아니면 보
편적인지를 규명하는 것이었다. 주술사는 타고난 재능이나 경험,
또는 계시를 통해 자연과 개별 사물들의 본성을 꿰뚫어 보는 사람
이다. 그가 수행하는 의례는 자신의 지식에 따라 결정된다. 이 점
에서 주술은 과학에 매우 근접해 있다. 진정한 과학은 아닐지라
도 이 측면에서 주술은 매우 정교한 지식을 포함할 수 있다. 여기
서 언급된 지식의 상당 부분은 실제 실험을 통해 획득되고 검증되
기도 한다. 주술사들은 최초로 독을 쓸 줄 아는 사람들이었고 또
한 최초로 등장한 외과 의사들이었다. 원시 민족들 사이에서 외과
술이 고도로 발달했음은 널리 알려진 사실이다. 그들은 야금술에
서도 실제로 중요한 발견을 해냈다. 일부 이론가들은 주술에서 간
혹 발견되는 공감 개념 같은 추상적 표상을 근거로 주술을 과학에
비유해 왔지만, 우리가 보기에 주술은 사물의 구체적 속성에 대한

사유와 관찰에 기반하기에 과학적 성격을 띤다고 할 수 있다. 우리가 앞서 살펴본 주술의 법칙들은 일종의 주술적 철학에 지나지 않았다. 이 철학은 인과율을 흉내 낸 공허하고 형식적인, 게다가 어설프게 구성된 일련의 사유 형식들이었다. 이제 속성 개념 덕분에 진정한 과학적 법칙의 단초, 즉 특정 사물들 사이에 존재한다고 여겨지는 필연적이고 실증적인 관계가 드러난다. 전염, 조화, 대립에 주의를 기울였기에, 주술사들은 더는 신비적이지 않은 인과성의 개념에 도달하게 되었다. 그것이 실험적으로 검증되지 않은 속성에 관한 것이었음에도 말이다. 이 지점에 이르면 주술사들은 단어와 상징의 효능마저도 기계적인 방식으로 이해하게 된다.

한편 각 주술 체계는 식물, 광물, 동물, 신체 부위 등에 관한 목록을 갖추지 않을 수 없었다. 그 대상들의 속성이 특별하든 아니든, 실험으로 확인된 것이든 아니든, 이 목록은 그러한 속성들을 기록하기 위해 작성되었다. 다른 한편 각 주술 체계는 기하학적 도형, 숫자, 도덕적 특성, 죽음, 생명, 운세 등 추상적인 대상들의 속성을 체계화하는 데에도 몰두했다. 그리고 마침내 이 다양한 목록들을 서로 대응시키려 했다.

여기서 한 가지 반론이 제기될 수 있다. 즉, 바로 공감의 법칙이 이런 속성들이 무엇인지를 결정한다는 주장이다. 예를 들어, 어떤 식물이나 사물의 속성은 그것이 작용한다고 여겨지는 대상이나 존재와 동일한 색 혹은 반대되는 색에서 비롯된다는 식이다. 그러나 우리는 이렇게 반박할 수 있다. 이 경우 두 대상이 색깔로 인해 관념연합이 일어난다고 보기는 어렵다. 오히려 그 반대로 우리는 마치 법처럼 작용하는 명시적 규약과 마주하고 있다. 이 규약을 통해 사람들은 여러 속성 중 색을 선택해 사물들 사이의 관계를 설정하며, 게다가 같은 색을 지닌 사물들 전부가 아니라 한두 가지만 골라 그 관계를 실현한다. 체로키족이 황달 치료에 "노란 뿌리(racine jaune)"를 사용하는 것이 그 대표적인 예다.[105] 우리가 색에 대해 말한 이 논리는 형태나 내구성, 그 외 모든 속성에도 똑같이 적용될 수 있다.

한편, 이름 덕분에 힘을 갖는 사물도 분명히 있다(예를 들어, 병을 다스려라! 다스려라! *reseda morbos reseda*[106]). 그런데 이런 사물은 특정한 속성을 지닌 물체라기보다는 주문처럼 작용한다. 사실상 그런 사물은 구현된 단어(mots réalisés)와 같기 때문이다. 더욱이 이 경우, 앞서 언급한 규약이라는 개념이 더욱 명백히 드러난다. 언어란 의미와 음성 등 그 전체가 본질적으로 부족이나 민족이 맺은 합의의 산물로서, 그 자체 완전한 사회적 약속이기 때문이다. 더 난해

---

105 이 사례는 미국의 인류학자 제임스 무니(James Mooney)의 저서 『체로키족의 신성한 주문(*The Sacred Formulas of the Cherokees*)』(1891)에 기록되어 있다. 무니는 체로키족이 노란색 병(황달)을 치료하기 위해 같은 노란색을 띤 식물의 뿌리를 사용하는 '색채 공감'의 원리를 적용했다고 설명했다.

106 이 주문은 대(大)플리니우스(Pliny the Elder)의 『박물지(*Naturalis Historia*)』에 기록된 사례이다. 염증을 가라앉히는 효능이 있다고 알려진 식물 '레세다(reseda)'를 사용할 때 외는 주문(reseda morbos reseda)은 식물의 이름과 '진정시켜라(resedare)'라는 동사의 발음이 같은 것을 이용한 언어유희적 주문에 해당한다.

한 예로는 주술적 열쇠들을 들 수 있다. 이 열쇠들은 사물의 속성을 특정 신이나 사물과 맺는 관계에 따라 정의하는 듯 보인다. 예컨대 비너스의 머리카락, 주피터의 손가락, 아몬(Ammon)[107]의 수염, 처녀의 소변, 시바(Çiva)[108]의 정액, 입문자의 뇌, 페두(Pedu)[109]의 뇌수 등이 그러한 경우에 속한다.[110] 이 열쇠들은 결국 각각의 신이나 사물이 지닌 힘을 대표한다고 여겨진다. 이 새로운 사례가 더 이해하기 어려운 이유는 공감을 성립시키는 사회적 합의가 이중으로 작용하기 때문이다. 우선 명칭, 즉 첫 번째 기호의 선택을

---

107 아몬(Ammon)은 고대 이집트의 주요 신 중 하나로, 종종 태양신 라(Ra)와 결합하여 '신들의 왕'인 아몬-라로 숭배되었다.

108 시바(Śiva)는 힌두교의 3대 주신 중 하나로, 파괴와 창조, 변혁을 관장하는 신이다. 베다 시대의 신 루드라(Rudra)에서 유래했으며, 고행과 명상을 통해 우주적 힘을 제어하는 존재로 숭배된다. (모스와 위베르가 표기한 Çiva는 옛 프랑스어권에서 쓰였던 방식이며, 오늘날의 표준적 표기는 Śiva이다)

109 페두(Pedu)는 고대 인도의 성전 리그베다(Rigveda)에 등장하는 인물로, 기마(騎馬) 영웅 아슈빈(Ashvins)으로부터 백마를 선물 받은 전설적인 왕으로 알려져 있다.

110 여기서 열거된 사물의 주술적 속성은 다음과 같다. 비너스의 머리카락은 가늘고 섬세한 줄기 모양 때문에 '여신의 머리카락'이라는 별명이 붙은 식물 아디안텀(Maidenhair fern)을 가리킨다. 주피터의 손가락과 아몬의 수염은 모두 최고신(제우스-주피터-아몬)의 권위를 상징하는 식물을 가리킨다. 처녀의 소변은 문자 그대로 '순결한 처녀의 소변'을 의미하며, 고대와 중세의 연금술 및 민간요법에서 중요한 재료였다. 시바(Śiva)의 정액은 인도의 연금술인 '라사 샤스트라(Rasa Shastra)'에서 '수은(mercury)'을 가리키는 은유적 표현이다. 수은은 신화적으로 시바 신의 정액(精液)으로 여겨졌으며, 다른 물질을 변성시키고 불멸을 가져다주는 가장 강력하고 신성한 물질로 간주되었다. 입문자의 뇌와 페두(Pedu)의 뇌수는 영적 경지에 오른 '입문자'나 리그베다의 전설적 왕 '페두'처럼 강력하고 신성한 존재의 '정수(essence)'를 상징하는 물질이다.

결정하는 사회적 합의가 있고(소변 = 시바의 정액), 다음으로는 그렇게 명명된 사물, 즉 두 번째 기호와 그 효과 사이의 관계를 결정하는 사회적 합의가 있다(시바의 정액 = 열병 치료, 이 관계는 시바가 열병의 신이기에 성립한다).

식물, 향료, 광물이 각각 특정 행성에 대응될 때, 공감 개념이 다시금 뚜렷하게 드러난다. 그러나 이러한 물질들을 각각의 행성에 배정한 인위적인 성격은 차치하더라도, 각 행성의 효능, 대개는 도덕적 성격을 지닌 효능(예를 들어, 화성=전쟁)을 결정하는 합의는 반드시 짚고 넘어가야 한다. 결국 공감 관념이 속성 개념의 형성을 이끈 것이 아니라 오히려 속성 관념과 그것을 둘러싼 사회적 합의 덕분에 집단정신이 공감 관계를 만들어낼 수 있었던 것이다.

우리가 스스로 제기한 반론에 대한 이 대답은 우리가 사물의 속성을 공감 관계의 체계 일부로 보지 않겠다는 뜻이 아니다. 오히려 우리는 방금 언급한 사실들을 매우 중요하게 여긴다. 이 사실들은 보통 징표(signature)[111], 즉 상징적 대응 관계로 알려져 있다. 이는 분류의 사례로서, 우리가 지난해 『사회학 연보』에서 연구했던 분류[112]와 같은 맥락에서 살펴봐야 한다. 예컨대, 특정 별 아래 분

---

[111] 여기서 signature는 '징표'로 옮긴다. 이 용어는 고대부터 르네상스 시대에 이르는 약리학 전통, 즉 사물의 형태나 색 등 외형적 특징이 그 본질적인 치유력을 나타낸다는 '징표론(Doctrine of Signatures)'의 '징표'에 해당하는 개념이다.

[112] 1903년 뒤르켐과 모스가 『사회학 연보』에 발표한 『분류의 원시적 형태들(De quelques formes primitives de classification)』(1903)을 가리킨다.

류된 사물들은 그 별과 그 별이 속한 구역, 그 별의 천궁 등과 같은 부류에, 아니 그보다는 같은 가족(famille)에 속한다. 동일한 색이나 형태를 지닌 사물들 역시 그 색, 형태, 성별 등을 근거로 서로 친족관계에 있다고 여겨진다. 사물들을 대립 항에 따라 나누는 것 또한 분류 방식의 하나이다. 선과 악, 생명과 죽음처럼 사물을 적어도 두 부류로 나누는 것은 모든 주술의 기본적인 사고방식이다. 그러므로 공감과 반감의 체계 역시 집합표상에 기반한 분류 체계에 지나지 않는다. 사물들이 서로에게 작용하는 것은 그것들이 동일한 계열에 속하거나 동일한 종류 안에서 서로 대립하는 방식으로 분류되어 있기 때문이다. 사물, 운동, 존재, 수, 사건, 자질이 서로 유사하다고 보는 이유도, 그것들이 같은 계열에 속한다고 간주되기 때문이다. 또한 그들 중 하나가 다른 하나에 작용할 수 있다고 믿는 이유는, 동일한 본성이 전체 계열에 공유된다고 여기기 때문이다. 이는 마치 한 씨족 전체에 같은 피가 흐른다고 생각하는 것과 같다. 따라서 이들은 유사성과 연속성을 지닌다. 한편, 서로 다른 종류 사이에는 반드시 어떤 대립이 존재한다. 주술은 분류된 종들을 통해서만 작동할 수 있다. 종과 분류는 본래 집합적 현상이다. 그것들이 임의로 정해지고 특정 대상에만 적용된다는 점이 이를 잘 보여준다. 결국 주술적 속성을 표상하는 순간, 우리는 언어와 비슷한 현상에 직면하게 된다. 하나의 사물에 무한한 명칭이 붙지 않는 것처럼, 사물을 지시하는 기호 또한 제한되어 있다. 단어와 그 지시 대상 사이에는 거의 관계가 없거나 전혀 관계가 없는 것처럼, 주술적 기호와 그것이 가리키는 대상 사이에도 매우 밀접하지만 극히 비현실적인 관계만 존재한다. 이 관계는 수, 성(性), 이미지, 그리고 전적으로 상상된 것에 불과하지만 사회가 상상했기에 실재성을 띤 관념적 특성들로 이루어진다.

주술에는 속성 외에도 또 다른 비인격적이고 구체적인 표상들이 존재한다. 그것은 주술 의례의 힘과 그 작용 방식에 대한 표상이다. 우리는 앞서 주술의 일반적인 효과와 관련하여 이 개념의 구체적 형식인 마미투, 마나, 발산물(effluves), 사슬, 선, 방출 등을 언급한 바 있다. 주술사가 지닌 힘과 그 작용 방식에 대한 표상 역시 마찬가지다. 우리는 주술사에 대해 설명하면서 시선의 위력, 힘, 무게, 비가시성, 물에 가라앉지 않는 성질, 어디든 갈 수 있는 능력과 원거리에서도 직접 작용하는 능력 등을 이미 언급했다.

이러한 구체적 표상들은 추상적 표상들과 뒤섞여 있긴 하나, 그것들만으로도 하나의 주술 의례를 구상하는 데 충분하다. 실제로 명확한 표상 없이 행해지는 주술 의례도 적지 않다. 이와 같은 구체적 표상들만으로도 충분하다는 사실은 어쩌면 특정 학자들의 입장을 정당화해 줄지도 모른다. 그들은 주술에서 의례의 직접적 작용에만 주목하고 정령 표상은 부차적인 것으로 치부해 왔다. 하지만 정령 표상은 지금까지 알려진 모든 주술 체계에 포함되어 있다. 이는 필연적으로 보인다.

3) 인격적 표상, 정령론[113]

앞서 언급한 구체적이면서도 추상적인 표상들과 [이제 다루게 될-옮긴이] 영혼을 가리키는 개념들 사이에 실질적인 불연속성은 없다. 주술 작용의 영적(비물질적) 속성(spiritualité)에서 영적 존재라는 관념으로 나아가는 것도 전혀 어려운 일이 아니다. 이런 관점에서 주술 의례와 속성의 효력을 구체적으로 표상하려는 시도

---

113 앞서 언급했듯이, 본문에서 démonologie는 '정령론'으로 옮겼다. 이 용어를 '악령론' 혹은 '악마론'으로 옮기게 되면 저자들의 의도를 심각하게 왜곡할 수 있다. 그 이유는 원문에서 여러 번 명확하게 확인된다. 우선, 모스와 위베르는 'démon'을 설명하면서 'esprits personnels(인격적인 영적 존재)', 'personnes spirituelles(영적 인격체)', 'esprit(영)' 등의 단어를 혼용한다. 이는 démon이 선악의 구분을 떠나 초자연적 존재 전반을 가리키는 기술적인 용어임을 시사한다. 더 결정적으로는, 힌두교와 북미 원주민의 주술을 논할 때, 저자들은 démon의 예시로 'siddhas'(싯다)와 'vidyâdhâras'(비디야다라)를 예로 든다. 힌두교 전통에서 '싯다'는 '완성된 자' 혹은 '초자연적 힘(siddhi)을 획득한 자'를 의미하며, '비디야다라'는 지식(vidyā)을 지닌 자(dhāra)를 뜻하는데, 이는 모두 '악령'이나 '악마'와는 무관한 존재라는 점에 주목할 필요가 있다. 한편, 저자들이 démon을 설명하면서 알곤킨족의 '마니투'를 예로 든 것도 역어 선택에 있어서 중요하게 고려해야 할 지점이다. '마니투'는 선악을 초월한 범신론적 '영적인 힘' 또는 '정령'을 의미하는 단어로, 단순히 '악령'을 지칭하지 않기 때문이다. 이와 더불어 모스와 위베르가 démon 개념에서 '비인격성'과 '익명성'을 특별히 강조하는 점도 주목할 만하다. 이는 démon이 악한 '인격적 존재'와는 거리가 멀다는 것을 암시하는데, 실제로 저자들은 démon 개념을 ἀπόρροιαι(aporrhoiai), effluves처럼 '발산물' 혹은 '흘러나오는 기운'에 비유하며 인격성이 희박한 개념임을 드러낸다. 이처럼 저자들이 의도적으로 기독교 문화권 밖의, 선악의 가치판단이 배제된 존재들을 démon의 예시로 든 것은, 이 단어를 악령이 아닌 정령이라는 포괄적이고 중립적인 용어로 사용하고 있음을 방증한다.

는 필연적으로 인격적 집행자(agent personnel)라는 개념으로 이어진다. 실제로 정령론은 주술 현상을 설명하는 수단으로 간주되기도 했다. 어떤 기운(effluve)을 정령(démon)으로 여길 때가 그러한데, 다음 구절이 이를 잘 보여준다. "별들로부터 흘러나오는 선한 기운은 다이몬(정령)이며, 튀카이(운수)와 모이라이(운명)[114]다(αἱ ἀγαθαὶ ἀπόρροιαι τῶν ἀστέρων εἰσὶν δαίμονες καί τυχαι καί μοῖραι)." 이렇듯 정령은 다른 개념들과 대립하는 것이 아니라 법칙과 속성의 작용을 설명하기 위해 보완적으로 덧붙여진 개념이다. 다시 말해, 그것은 단지 주술적 인과성을 인격적 원인으로 대체할 뿐이다.

모든 주술적 표상은 인격화된 표상으로 이어질 수 있다. 주술사의 분신이나 그를 돕는 동물은 주술사의 힘과 그 작용 방식을 인격화한 표상이다. 오지브웨이족의 몇몇 그림문자는 조사키드(jossakid)[115]의 마니투가 인격화된 표상임을 보여준다. 마찬가지로 넥타네보(Nectanebo)[116]의 명령을 전달하는 신비한 매 역시 넥

---

114 다이몬(δαίμων)은 신과 인간 사이에 있는 중간적 존재 혹은 비인격적인 신의 힘을 가리키는 말로, 기독교의 악마(demon)와는 구별되는 중립적 개념이다. 튀카이(Τύχη)는 한 개인이나 도시의 행운과 번영을 관장하는 여신으로, 우연이나 운수를 인격화한 존재로 여겨진다. 모이라이(Μοῖραι)는 세 명의 운명의 여신(클로토, 라케시스, 아트로포스)을 가리킨다. 이들은 각각 인간이 태어나서 죽을 때까지의 삶을 결정하는 실을 뽑고, 재고, 끊는 역할을 맡는다.

115 조사키드 혹은 제사키드(jessakkid)는 북미 오지브웨이족의 예언자이자 점술가를 가리킨다. 이들은 신비한 힘(마니투)의 도움을 받아 미래를 예언하고 잃어버린 물건을 찾는 능력을 지녔다고 믿어졌다.

116 넥타네보는 기원전 4세기 이집트의 마지막 토착 파라오인 넥타네보 2세(Nectanebo

타네보의 주술적 힘을 표상한다. 보조 동물이든 정령이든, 그들은 모두 주술사의 인격적이고 실제적인 대리자로 여겨진다. 주술사는 이들을 통해 원거리에서도 영향을 미칠 수 있다. 마찬가지로 의례의 힘도 인격화된다. 아시리아에서는 마미투가 정령과 가까운 존재로 여겨졌고, 그리스에서는 마법의 바퀴(ῖυγξ)[117]가 정령을 만들어냈으며, 에페시아 그라마타(Ephesia grammata) 같은 특정 주술 공식 또한 마찬가지였다.

속성이라는 개념도 인격화될 수 있다. 효험이 있는 식물에는 병을 치료하거나 병을 유발하는 정령이 깃든다고 여겨진다. 식물의 정령에 대한 믿음은 멜라네시아, 체로키족, 유럽(발칸, 핀란드 등등)에서도 나타난다. 그리스 주술의 목욕탕 정령은 목욕탕에서 가져온 물건들이 저주에 사용되면서 생겨났다. 이 두 번째 사례는 인격화가 의례의 극히 사소한 세부 사항에도 적용될 수 있음을 보여준다. 이와 같은 인격화는 주술적 힘에 대한 가장 일반적인 관념에도 적용된다. 인도에서는 샥티(Çakti)[118], 곧 힘 자체를 신격화했으며, 힘의 획득을 뜻하는 싯디(siddhi) 또한 신격화했다. 그래서 사람

II)로, 후대의 전설에서 강력한 힘을 지닌 마법사로 여겨졌다.

117 고대 그리스의 연애 주술에 사용된 마법 바퀴인 잉크스(ῖυγξ)를 가리킨다. 이 바퀴를 끈에 매달아 돌리면 사랑하는 사람의 마음을 끌어당기는 힘을 가진 정령을 부른다고 알려져 있다.

118 샥티(Çakti, Śakti)는 힌두교에서 우주를 창조하고 움직이는 근원적인 힘이자 에너지를 의미한다. 이 힘은 종종 위대한 여신으로 인격화되어 숭배의 대상이 되며, 남성적 원리(시바)와 결합하여 세계를 현현시키는 원동력으로 여겨진다.

들은 그 힘을 성취한 존재인 싯다(*Siddha*)[119]에게 기도를 올리듯이, 싯디(*Siddhi*) 자체를 인격화하여 기도 대상으로 삼는다.

인격화의 사례는 여기서 그치지 않는다. 의례의 대상 자체가 그 일반적인 명칭 그대로 인격화되기도 한다. 우선 질병이 그 대표적인 경우다. 열병, 피로, 죽음, 파멸 등, 요컨대 퇴마의 대상이 되는 모든 것이 이에 해당한다. 또 하나의 흥미로운 사례로는 아타르바베다 의례에 등장하는 모호한 신적 존재인 '설사(Diarrhée)' 여신을 꼽을 수 있다. 이와 같은 인격화 현상은 주로 주문, 특히 강령술 같은 구송 의례 체계에서 발생한다. 반면 신체 의례에서는 이러한 인격화가 잘 드러나지 않는다. 실제로 주문에서는 쫓아내려는 질병에게 말을 건네는데, 이는 이미 그 질병을 인격체로 취급하고 있음을 보여준다. 그렇기에 말레이 지역의 거의 모든 주문은 왕자나 공주에게 바치는 호소의 형식을 취한다. 이들 왕자나 공주는 사실, 기원하거나 물리치려는 사물이나 현상 그 자체와 다르지 않다. 『아타르바베다』에서는 주문이 걸린 모든 것이 실제로 인격적 존재가 된다. 화살, 북, 소변 등도 마찬가지다. 이는 분명 단순한 언어적 표현의 형식을 넘어, 이 인격체들이 단순한 호칭에 그치지 않는다는 점을 보여준다. 이들은 주문 이전에도 존재했고, 주문 이후에도

---

119 싯다(Siddha)는 싯디(siddhi), 즉 초자연적인 힘을 성취한 '완성된 존재'를 의미한다. 이들은 영적인 수행을 통해 해탈에 이르렀거나 신과 같은 능력을 얻은 성자(聖者) 또는 요기(yogi)를 가리킨다.

계속 존재한다. 그리스의 포보이($\varphi\acute{o}\beta o\iota$)[120], 발칸 민속 전승의 질병 정령들, 인도의 락슈미(*Lakṣmī*, 행운)[121]와 니르리티(*Nirṛti*, 파괴)[122] 역시 모두 그러하다. 이들 존재는 자신만의 신화를 지니고 있으며, 이는 대부분의 주술 체계에서 인격화된 거의 모든 질병이 신화를 갖는다는 점과 맥락을 같이 한다.

주술에 정령 개념이 도입된다고 해서 반드시 주술 의례가 변화 하는 것은 아니다. 원칙적으로 주술에서 정령은 자율적인 힘을 가 진 존재가 아니라 단지 의례에 복종하는 존재이다. 의례를 통해 정 령이 어떤 방향으로 작용해야 하는지가 정해진다. 따라서 정령의 존재는 꼭 드러날 필요가 없으며, 주문에서조차 언급되지 않을 수 도 있다. 하지만 이 영적 조력자가 주술 의식에서 자기 몫을, 그것 도 꽤 큰 몫을 차지해서 정령이나 보조 동물의 형상을 따로 제작 하기도 한다. 우리는 이러한 의식 안에서 기도나 공물, 희생제의 같은 의례들을 발견할 수 있는데, 이 의례들의 목적은 오직 개별 정령을 불러내고 그를 만족시키는 데 있다. 사실, 이 의례들은 중 심 의례에 덧붙여진 보충적 의례일 때가 많은데, 그 중심 의례의 기본 구조는 대체로 상징적이거나 공감적인 형태로 남아 있다. 하

---

120 포보이($\varphi\acute{o}\beta o\iota$)는 포보스의 복수형으로, 고대 그리스에서 '공포'와 '두려움'을 인격화 한 신이나 정령들을 가리킨다.

121 락슈미(Lakṣmī)는 행운, 부, 번영을 상징하는 힌두교의 여신을 가리킨다.

122 니르리티(Nirṛti)는 죽음, 부패, 불운을 상징하는 여신을 가리키는 말이다.

지만 이 보충적 의례의 비중이 너무 커져 전체 의식을 압도하기도 한다. 예컨대, 쫓아내야 할 악령에게 바치는 희생제의나 그 악령을 쫓아내는 신에게 올리는 기도 전체가 하나의 퇴마 의식을 이루기도 한다.

이러한 의식에서는 영적 존재라는 개념이 중심축 역할을 한다고 볼 수 있다. 바로 이 개념을 중심으로 의식이 전개된다. 예컨대 그리스-이집트 주술에서처럼 주술사가 신에게 자신을 대신할 정령을 보내달라고 기도할 때, 그의 머릿속에 다른 무엇보다도 정령이라는 관념이 우선하는 것은 당연한 일이다. 이 경우 의례라는 개념은 점차 희미해지고 그 안에 내포된 기계적 필연성 또한 함께 사라진다.[123] 이 영적 존재는 독립적으로 활동하는 하인으로 간주되며 주술 작용에서 우연적 요소를 대표하게 된다. 결국 주술사는 자기 기술이 완벽하지 않을 수도 있으며 자신의 욕망이 반드시 실현되는 것도 아니라는 사실을 받아들이게 된다. 그의 앞에 어떤 힘이 솟아나 마주 서 있다. 이렇듯, 영적 존재는 복종하기도 하고 자

---

[123] 여기서 모스와 위베르는 주술의 동인이 전환되는 지점을 포착한다. 일반적으로 의례는 정해진 절차를 따르면 결과가 보장되는 기계적 필연성을 바탕으로 이루어진다. 하지만 신에게 자신을 '대리'할 정령을 요청하는 순간, 주술사의 관념 속에는 의례의 기계적 필연성보다 정령 개념이 우위를 점하게 된다. 그 결과 주술의 성패는 의례의 정확성이 아닌 정령의 의지와 능력에 좌우된다. 이는 주술의 작동 방식이 의례의 기계론적 필연성에서 대리 존재에게 위임되는 단계로 이행하는 것을 보여준다. 이런 의미에서 저자들은 주술의 핵심이던 의례 개념이 중심에서 밀려나고, 의례에서 정해진 형식과 절차로 기계적으로 발생하는 주술적 효과 역시 사라진다고 언급한다.

율적이기도 하며, 의례와 결합하기도 하고 분리되기도 한다. 종교사에서 그러하듯, 주술의 역사에도 가득한 모순적 혼란의 사례 하나가 바로 여기에 있는 것 같다.

표면적으로 모순된 이런 상황은 주술과 종교의 관계에 대한 이론을 통해 해결해야 할 문제다. 다만 여기서 분명히 말할 수 있는 점은 다음과 같다. 즉, 주술에서 가장 흔한 사례는 의례가 강제력을 갖는 것처럼 보이는 경우들이다. 그렇다고 해서 그와는 다른 방식으로 작동하는 주술 사례가 없다고 단정할 수는 없다. 이에 대한 논의는 다른 곳에서 다루게 될 것이다.

주술에서 영적 존재란 무엇인가? 이제 우리는 이 영적 존재들을 아주 간략히 분류하고 빠르게 열거하면서, 주술이 어떻게 그들을 군단처럼 끌어모았는지 살펴볼 것이다. 그러면 곧 영적 존재들이 주술적 특성 이외의 다른 특성도 지니고 있으며, 나아가 종교에도 속하는 존재임을 확인할 수 있을 것이다.

주술에서 영적 존재의 첫 번째 범주는 죽은 자의 영혼이다. 어떤 주술 체계는—후대에 와서 다른 영혼을 배제했기 때문인지, 아니면 본래 그랬던 것인지 모르지만—오직 죽은 자의 영혼만 인정하기도 한다. 멜라네시아 서부에서는 종교와 마찬가지로 주술 의식에서도 사람들은 틴달로(*tindalo*)[124]라 불리는 영적 존재에게 호소

---

124 멜라네시아(특히 플로리다섬과 산타크루즈 제도)의 민간 신앙에서 죽은 사람의 영혼을 가리키는 용어이다. 이 영혼들은 살아 있는 사람들에게 영향을 미칠 수 있는 강

하는데, 이들은 모두 죽은 자의 영혼이다. 죽은 자가 기적이나 해악 등으로 자기 힘을 드러내면 틴달로가 될 수 있다. 그러나 원칙적으로는 살아 있을 때 주술적이거나 종교적인 힘을 지녔던 자만이 틴달로가 될 수 있다. 이렇듯 이 지역에서는 죽은 자가 영적 존재의 역할을 할 수 있다. 오스트레일리아, 체로키족, 오지브웨이족의 경우도 마찬가지다. 고대 및 현대 인도의 주술에서는 죽은 자, 즉 신이 된 조상들을 소환한다. 그러나 저주 의례를 수행할 때는 장례식을 완전히 치르지 못한 자(*prêta*), 매장되지 못한 자, 비명횡사한 남자, 산고 중 죽은 여자, 사산된 아기(*bhûta, churels* 등)의 영혼을 소환한다. 이와 같은 현상은 그리스 주술에도 등장한다. 그리스의 다이모네스(δαίμονες), 즉 주술적인 영적 존재에게는 종종 그들이 영혼임을 나타내는 수식어가 따라붙는다. 죽은 자의 정령(νεκυδαίμονες), 모계 혹은 부계의 정령들(δαίμονες μητρῷοι καὶ πατρῷοι)에 대한 언급도 가끔 등장하지만, 더 자주 언급되는 것은 비명횡사한 자들(βιαιοθάνατοι)이나 매장되지 못한 자들(ἄποροι ταφῆς)이다. 그리스 세계에서는 또 다른 부류의 죽은 자들이 주술의 조력자 역할을 한다. 이들은 영웅, 즉 공적 숭배의 대상이 되는 죽은 자들이다. 다만 모든 주술적 영웅이 반드시 공식적인 영웅이었는지는 확실하지 않다. 이 점에서 멜라네시아의 틴달로는 그리스의 영웅에 정확

력한 존재로 여겨져, 주술이나 종교 의례에서 도움이나 힘을 얻기 위해 호소하는 대상이 된다.

3장_ 주술의 요소들

169

히 필적한다. 틴달로가 실제로는 신격화된 망자가 아니었을지라도, 의무적으로 그러한 모습으로 사유되기 때문이다. 기독교 전통에서 모든 죽은 자는 활용 가능한 속성, 즉 죽음의 속성을 지닌다. 그러나 주술에서 실제로 활용되는 것은 대개 세례받지 못한 아이의 영혼, 비명횡사로 죽은 자의 영혼, 범죄자의 영혼이다. 이처럼 아주 간단한 서술을 통해서도 우리는 죽은 자들이 주술적인 영적 존재가 된다는 것을 알 수 있다. 여기에는 죽은 자들이 신적인 힘을 지녔다는 일반적 믿음, 혹은 그들이 유령의 세계에서 종교적 존재와는 구별되는 특수한 지위를 누린다는 믿음이 전제되어 있다.

주술적 존재의 두 번째 범주는 정령이다. 물론 우리에게 정령이라는 말은 악마(diable)의 동의어가 아니다. 오히려 요정(génie)이나 진(*djinn*)[125]과 같은 개념의 동의어로 보인다. 정령은 한편으로는 죽은 이의 영혼과 거의 구별되지 않으면서, 다른 한편으로는 아직 신의 반열에 도달하지 못한 존재이다. 비록 개성이 뚜렷하지는 않지만, 정령은 주술 의례나 특성, 사물 등을 단순히 의인화한 존재를 넘어설 때가 많다. 오스트레일리아에서는 정령이 꽤 뚜렷한 형태로 곳곳에서 출현한다고 한다. 나아가 충분한 정보를 가지고 정령들을 살펴보면, 그들은 대체로 상당히 특화된 존재들

---

125 진(djinn, jinn)은 이슬람 이전 아랍 신화에 기원을 둔 영적 존재를 가리킨다. 이슬람 신학에 따르면, 이들은 연기 없는 불에서 태어났으며, 인간처럼 자유의지를 갖고 선하거나 악할 수 있는 존재로 여겨진다.

로 비친다. 예컨대 아룬타족 사이에서는 오룬차(*Oruncha*)와 이룬타리니아(*Iruntarinia*)라는 주술적 정령들이 나타난다. 이들은 엄연한 토착 정령으로서, 그 복잡한 성격은 이들이 독립적인 존재임을 잘 보여준다. 멜라네시아 동부에서는 소환되는 정령들 상당수는 죽은 자의 영혼도 아니고 엄밀한 의미의 신도 아니지만, 솔로몬제도의 부이(*vui*)나 플로리다의 비고나(*vigona*)[126]와 같이 자연주의적 주술 의례에서는 매우 중요한 위치를 차지한다. 인도에서는 데바(*deva*)[127]라는 신들에 맞서는 존재로 피사카(*pisâca*), 야크사사(*yaksasa*), 락샤사(*râksasa*) 등이 있는데[128], 이들 모두는 분류 체계 안에서 아수라(*Asura*)[129]라는 범주를 구성한다. 그들 가운데 주요 인격으로는 인드라(Indra)[130]의 적수 브르트라(*Vrtra*)[131]와 나

---

126 부이(vui)와 비고나(vigona)는 모두 솔로몬제도(멜라네시아) 원주민 신앙에 등장하는 자연 정령을 가리킨다. 한편, 원문의 플로리다(Floride)는 오늘날 솔로몬제도의 응겔라 제도(Nggela Islands)를 가리키는 옛 지명이다.

127 데바(deva)는 힌두교와 고대 브라만교에서 신을 총칭하는 용어이다.

128 피사카(pisāca), 야크사사(yaksasa) 혹은 야크샤(yakṣa), 락샤사(rākṣasa)는 고대 인도 신화에 등장하는 정령과 악마로서, 각각 시체를 먹는 악귀, 자연의 정령, 강력한 악마를 가리킨다.

129 아수라(Asura)는 베다 시대에는 신적 존재였으나 후대에 데바와 적대하는 악신 또는 반신(半神)으로 격하된 존재들을 총칭하는 용어이다.

130 인드라(Indra)는 베다 시대 최고의 신으로, 천둥과 번개를 다스리는 폭풍의 신이자 신들의 왕을 가리킨다.

131 브르트라(Vrtra)는 리그베다에 등장하는 대표적인 아수라로, 가뭄을 상징하는 거대한 뱀의 모습을 한 인드라의 적수이다.

무치(Namuci)[132] 등이 있다. 잘 알려져 있듯이, 조로아스터교에서는 이와 반대로 아흐리만(Ahriman)[133]의 수하인 다에바(daevâ)[134]들을 아후라 마즈다(Ahura Mazda)[135]의 적수로 간주한다. 이 두 가지 사례에는 모두 특화된 주술적 존재들, 즉 사실상 사악한 정령들이 나타난다. 그러나 이들의 명칭만 봤을 때, 적어도 처음에는 이들이 신들과 뚜렷이 구분되지 않았다는 것을 알 수 있다. 그리스에서 주술적 존재는 다이몬(δαίμονες)으로, 앞서 살펴봤듯이 이들은 죽은 자들의 영혼과 인접해 있다. 이들의 분화는 매우 뚜렷해서 그리스에서는 주술이 정령과의 관계에 따라 정의되기도 했다. 정령들은 성별도 다양하고, 종류도 제각각이며, 존재 양상 또한 서로 다르다. 일부는 특정 장소에 머물고, 또 일부는 공중을 떠돈다. 고유한 이름을 가진 정령들도 있는데, 대부분은 주술적인 이름들이다. 다이몬의 운명은 악령으로 전락하여, 결국 케르코페스(Kerkopes), 엠푸사(Empuses), 케레스(Kêres) 같은 해를 끼치는 정령들

---

132 나무치(Namuci)는 리그베다에 등장하는 아수라이며, 신들의 왕 인드라의 주요 적수 중 하나로 묘사된다.

133 아흐리만(Ahriman)은 조로아스터교에서 악과 어둠, 파괴를 상징하는 악의 신을 가리킨다.

134 다에바(daēva)는 조로아스터교에서 악마를 뜻하는 용어이다. 본래 인도-이란 공통 시대에는 신을 의미했으나, 조로아스터교에서는 악한 존재로 격하되었다.

135 아후라 마즈다(Ahura Mazdā)는 조로아스터교의 최고신으로, 선과 지혜, 창조를 상징하는 유일한 숭배의 대상이다.

로 분류되었다.[136] 말레이 주술처럼, 그리스 주술 또한 유대계 천사들, 특히 대천사를 선호했다. 마침내 그리스 주술은 대천사, 천사, 아르콘(*archonte*)[137], 악령, 에온(*éon*)[138]으로 구성된 위계적인 주술적 판테온을 형성하였다. 중세의 마술은 그리스의 주술적 판테온을 이어받았는데, 이는 극동 전체가 힌두교의 판테온을 계승한 것과 마찬가지이다. 그러나 정령은 악마로 변형되어 사탄-루시퍼(Satan-Lucifer)[139]를 정점으로 한 악마 계열에 편입되었다. 그 결과 주술 또한 이 사탄의 영역에 속하게 되었다. 그럼에도 중세 주술, 그리고 오늘날까지도 우리보다 오래된 전통이 더 잘 보존되어 있는 여러 나라에서는 여전히 다양한 존재들—요정(fées), 파르파데(farfadets), 고블린(gobelins), 코볼트(kobolds) 등[140]—이 존속해

---

136 케르코페스(Kerkopes), 엠푸사(Empusa), 케레스(Kêres)는 그리스 신화의 해로운 정령들로, 케르코페스는 장난을 치는 악동, 엠푸사는 사람을 유혹하는 몽마(夢魔), 케레스는 죽음과 파멸을 상징하는 악령을 가리킨다.

137 아르콘(archōn)은 영지주의(Gnosticism)에서 물질세계를 창조하고 지배하는 하위의 신적 존재들로, 최고신에 대한 지식(그노시스)에 이르는 것을 방해하는 악한 지배자로 묘사된다.

138 에온(aeon)은 영지주의에서 최고신으로부터 유출된 신성한 속성 또는 하위의 신적 존재를 가리키는 용어이다.

139 사탄-루시퍼(Satan-Lucifer)는 기독교 신학에서 신에게 대적한 타락한 천사들의 우두머리이자 악의 근원을 가리킨다. 여기서 사탄은 '대적자'를, 루시퍼는 타락 이전의 '빛을 전하는 자'를 의미한다.

140 파르파데(farfadets), 고블린(gobelins), 코볼트(kobolds)는 유럽 민속 전승에 등장하는 정령 또는 요정의 일종이다. 주로 집이나 특정 장소에 머물며 인간에게 장난을 치거나 때로는 도움을 주는 존재로 묘사된다.

왔음을 확인할 수 있다.

그런데 주술이 반드시 특화된 정령만을 상대하는 것은 아니다. 사실 우리가 앞서 언급한 여러 유형의 정령들도 오직 주술적 존재 만은 아니다. 그들은 주술적 존재가 된 이후에도 여전히 종교에서 자기 자리를 유지한다. 예컨대 지옥이라는 개념은 결코 주술적 관 념으로 간주되지 않는다. 다른 한편, 신과 정령의 기능이 명확히 구분되지 않는 지역들도 있다. 북아메리카 전역이 그 대표적인 사 례이다. 알곤킨족의 마니투는 신과 정령의 역할을 자유롭게 넘나 든다. 멜라네시아 동부도 마찬가지다. 그곳에서는 틴달로가 같은 방식으로 신과 정령의 역할을 번갈아 맡는다. 아시리아에서는 일 련의 정령들이 등장하는데, 이들이 신인지 아닌지는 명확하지 않 다. 고대 문헌을 보면, 이들의 이름에는 보통 신을 지칭하는 접두 사가 붙어 있다. 특히 그들 가운데 중요한 정령으로는 이기기(*Igigi*) 와 아누나키(*Annunnaki*)가 있는데, 이들의 정체도 여전히 수수께끼 로 남아 있다. 결국, 정령의 기능은 신적 기능과 양립할 수 있다. 게 다가 특화된 정령이 존재하더라도, 주술은 다른 영적 존재들을 불 러내어 일시적으로 정령 역할을 부여할 수 있다. 그래서 모든 주술 체계에서 신들이 등장하고, 기독교 주술에서는 성인들이 영적 조 력자로 나타나기도 한다. 인도에서는 저주 의례가 전문화되어 있 음에도 불구하고, 신들이 그 영역에까지 개입할 뿐만 아니라 나머 지 모든 주술 의례에서도 핵심적인 역할을 맡는다. 한때 힌두화되 었던 말레이시아와 참파(캄보디아)에서는 브라만교의 판테온 전체가 주술 체계 속에 포함되어 있다. 그리스의 주술 문헌은 무엇보다도 수많은 이집트 신들을 이집트 이름이나 그리스 이름으로 언급한다. 또한 아시리아와 페르시아의 신들, 야훼(Iahwé)를 비롯해 유대인 천사들과 예언자들, 즉 그리스 문명에 이질적인 신들도 언급한다. 게다가 그 문헌에는 그리스의 "위대한 신들(grands dieux)"도 기도 대상으로 등장한다. 이들은 제우스, 아폴론, 아스클레피오스와 같은 신들로, 그리스식 이름과 형상은 물론 그들을 특정 지역의 신으로 구별 짓는 지명(地名) 수식어까지 함께 기록되어 있다. 이에 비해 유럽의 많은 주문, 특히 신화적 주문에는 성모, 그리스도, 성인들만이 등장한다.

주술의 인격적 표상은 신화를 형성할 만큼 충분한 일관성을 이미 갖추고 있었다. 앞서 언급한 신화적 주문에는 주술 고유의 신화가 포함되어 있다. 이외에도 전통적 주술의 기원, 공감 관계, 그리고 의례가 시작된 이유를 설명하는 신화들도 있다. 그러나 주술에 신화가 있다고 해도, 그것은 매우 단순하고 사물 중심적이다. 거기에는 영적 인격체에 관한 이야기가 거의 등장하지 않는다. 주술은 시적이지도 않고, 정령들에 대한 서사 자체를 만들어내려 하지도 않는다. 정령은 군대의 병사와 같아서, 그들이 모이면 부대, 가나(*gana*)[141], 사냥꾼무리, 기병대가 형성된다. 그래서 정령들에

---

[141] 가나(gaṇa)는 산스크리트어로 무리, 집단, 부대를 의미하는 단어이다. 힌두교에서는 특히 시바 신을 따르는 난쟁이 정령이나 악귀들의 무리를 가리키는 데 쓰인다.

게는 진정한 개별성이 없다. 더 나아가 신들이 주술 안으로 들어올 때, 그들은 자신의 인격을 잃어버린다. 말하자면 신들이 자신의 신화를 문 앞에 내려놓은 채 주술의 문턱을 넘어서는 셈이다. 주술은 신의 개별적 인격을 인정하지 않는다. 그 대신 신을 유형적 (générique)이거나 특수한 속성 또는 힘으로 간주한다. 게다가 주술은 신들을 제멋대로 변형시키고, 종종 단지 이름에 불과한 존재로까지 끌어내린다. 주문이 정령을 불러오듯이, 신들 역시 결국 주문으로 환원된다.

주술이 신들을 받아들였다는 사실은, 주술이 사회의 의무적 믿음을 활용할 줄 알았음을 보여준다. 신들이 바로 사회의 믿음의 대상이었기에, 주술은 신들을 자기 목적에 동원할 수 있었던 것이다. 그러나 신이나 죽은 자의 영혼과 마찬가지로 정령도, 때로는 의무적이고 때로는 의례를 통해 승인되는 집합표상의 대상이다. 정령도 집합표상의 대상이기에 주술적 힘을 지닌 존재로 여겨진다. 실제로 각 주술 체계는 그 수가 많든 적든, 적어도 유형 면에서는 정령들을 일정하게 제한된 범주로 목록화할 수 있었을 것이다. 이처럼 이론상으로나마 목록을 한정할 수 있다는 점 자체가 정령 표상의 집합적 성격을 보여주는 첫 번째 징표이다. 둘째로, 신들의 명명 방식과 유사하게 이름 붙여진 정령들도 존재한다. 이들 정령은 관습적으로 온갖 목적에 사용되기에, 그 광범위한 활용을 통해 일종의 개별성을 부여받고 각자 전승 대상이 된다. 더 나아가 영적 존재의 주술적 힘에 대한 공동의 믿음은 해당 영적 존재의 능력이 사람들의 눈에 기적이나 효험을 통해 입증되었다는 사실을 전제로 한다. 정령이 진정한 존재로 여겨지려면 집합적 경험, 혹은 적어도 집합적 환상이 필요하다. 끝으로 대부분의 주술적 정령은 의례나 전승을 통해서만 주어진다는 사실을 기억해 두자. 이들의 존재는 반드시 그것이 실재한다고 강하게 믿는 집합적 신념이 형성된 뒤에야 비로소 확인된다. 이처럼 주술의 비인격적 표상이 집합적 믿음, 즉 집단 전체에 공유되는 전통적 믿음 외에는 아무런 실재성을 갖지 않는 것처럼, 주술의 인격적 표상 역시 본질적으로 집합적 산물로 보인다. 우리는 이러한 측면이 오히려 더 자연스럽게 받아들여질 것으로 본다.

4. 개관

주술사들이 관계 맺는 영적 힘의 모호하고 다양한 성격은 분명 주술 전체의 특성이기도 하다. 언뜻 보기에 우리가 수집한 사실들은 서로 이질적이다. 어떤 사실들은 주술을 과학이나 기술과 혼동하게 만들고, 또 다른 사실들은 주술을 종교와 동일시한다. 사실 주술은 이 둘 사이에 있는 무언가로, 그 목적이나 절차 혹은 개념으로도 명확히 정의되지 않는다. 지금까지의 고찰을 통해 주술은 그 어느 때보다 더 모호하고 불확실한 것임이 드러났다. 주술은 그 실용적 목적, 수많은 적용 방식의 기계적 성격 그리고 일부 주요 개념의 거짓된 실험 분위기에 비춰봤을 때, 세속적 기술과 유사해 보인다. 그러나 특별한 행위자나 영적 중개자를 불러내고, 숭배 행위에 몰두한다는 점에서 기술과 확연히 구별된다. 종교로부터 빌려온 여러 요소로 볼 때, 주술은 오히려 종교에 가깝다고 볼 수 있다. 실제로 거의 모든 종교 의례에는 주술에 상응하는 요소들이 존재한다. 심지어 주술에서도 정통이라는 개념이 나타나는데, 그리스-이집트 주술에서 불결한 의례에 대한 주술적 고발을 뜻하는 디아볼라이($\delta\iota\alpha\beta o\lambda\alpha\acute{\iota}$)[142]가 그 증거다. 하지만 종교와 주술이 서로 맞서는 대립을 문제 삼지 않더라도(이러한 대립은 보편적이지도, 항구적이지도 않다), 주술의 비일관성과 주술이 환상에 내맡긴 몫으로 미루어 볼 때, 주술은 우리가 일반적으로 떠올리는 종교의 이미지에서 멀어질 수밖에 없다.

그럼에도 주술 체계 전체의 통일성은 이제 더욱 명확하게 드러난다. 이것이 우리가 이 주제를 우회하면서 길게 논의한 끝에 얻어낸 첫 번째 성과이다. 우리는 주술이 하나의 실질적 전체를 이룬다고 확언할 만한 근거를 확보했다. 주술사들은 공통된 특징을 보이고, 주술 행위가 낳는 효과들 역시 그 무한한 다양성에도 불구하고 일정한 공통성을 드러낸다. 서로 다른 방법들이 결합해 특정한 유

---

142 디아볼라이($\delta\iota\alpha\beta o\lambda\alpha\acute{\iota}$)는 고대 그리스어에서 중상, 비방을 의미하는 단어이다. 주술적 맥락에서는 타인을 해치기 위해 저주 주문을 외우거나, 경쟁 주술사가 부정한 방법을 사용한다고 고발하는 행위를 가리켰다. 모스와 위베르는 이 단어를 통해 주술 세계 내에서도 나름의 규칙이나 정통성 개념이 존재했음을 시사한다.

형과 복합적 의례를 이룬다. 매우 이질적인 관념들조차 서로를 보완하며 조화를 이루지만, 전체로서의 주술은 여전히 비일관적이고 파편화된 모습을 띤다. 그럼에도 그 모든 부분이 실로 하나의 전체를 형성한다.

그러나 전체의 통일성은 각각의 부분보다 훨씬 더 본질적이다. 우리가 순차적으로 다루었던 이 요소들은 사실 동시에 나타나는 현상이기 때문이다. 분석 과정에서 우리는 이 요소들을 분리했지만, 실제로는 긴밀하고도 필연적으로 결합되어 있다. 우리는 주술사를 주술 의례의 집행자로, 주술적 표상을 그에 상응하는 표상으로 정의함으로써 양자를 충분히 규정했다고 여겼다. 양자 모두 주술 의례와 맞물려 있으므로, 몇몇 선학들이 주술을 단지 일련의 행위로만 이해했던 것도 놀라운 일은 아니다. 하지만 주술의 요소들을 주술사와의 관계 속에서 정의하는 것도 얼마든지 가능했을 것이다. 주술사와 주술 행위는 서로를 전제로 하기 때문이다. 명예직 주술사나 아무것도 하지 않는 주술사는 존재하지 않는다. 주술사가 되려면 주술을 행해야 한다. 반대로 주술을 행하는 사람이라면 누구든지 그 순간만큼은 주술사이다. 의례를 마친 뒤 곧장 평범한 삶으로 돌아가는 일시적인 주술사도 존재한다. 주술적 표상 역시 의례를 떠나서는 존재하지 않는다. 주술사에게 대부분의 표상은 이론적 관심의 대상이 아니다. 주술사가 표상을 정식화하는 경우도 드물다. 이 표상들은 오직 실천적 관심의 대상이며, 주술에서는 대개 행위를 통해 드러난다. 주술적 표상을 가장 먼저 체계화한 이들은 주술사가 아니라 철학자들이었다. 주술적 표상 이론을 제공한 것은 비의(祕儀) 철학[143]이었다. 주술은 심지어 자신만의 정령론조차 구축하지 않았다. 인도에서든 기독교 유럽에서든 정령 목록을 작성한 것은 종교였다. 의례를 벗어나면 정령은 오직 설화나 교리 속에서만 살 수 있을 뿐이다. 따라서 주술에는 순수한 표상이 존재하지 않는다. 주술 신화는 여전히 배아 상태에 머물러 희미할 따름이다. 종교에서는 한편으로 의례 및 그 여러 유형이, 다른 한편으로 신화와 교리가 각기 진정한 자율성을 갖고 분화되어 있다. 그러나 주술의 요소들은 본질적으로 서로 분리될 수 없다.

주술은 살아 있으면서도 형태가 없고 조직되지 않은 집합체로서, 그 구성 요소들은 고정된 위치나 기능을 갖지 않는다. 구성 요소들이 서로 뒤섞여 구별되지 않는 경우도 있다. 표상과 의례는 엄연히 구분되지만, 표상을 입에 올리는 단순한 행위만으로도 의례가 될 정도로 그 구분이 모호해질 때도 있다. "독은 독으로 다스린다(*venenum veneno vincitur*)"는 것은 그 자체가 하나의 주문이다. 주술사가 소유한 정령, 혹은 그를 사로잡은 정령은, 그의 영혼이나 주술적 힘과 혼동된다. 주술사와 정령이 동일한 이름으로 불리는 경우도 흔하다. 의례의 힘, 정령의 힘, 주술사의 힘은 보통 하나의

---

143 비의(祕儀) 철학(la philosophie ésotérique)은 고대 그리스-로마 세계의 신비주의적 종교 철학을 가리킨다. 입문 의식을 거친 소수의 사람에게만 비밀스러운 지식과 의례가 전수되었으며, 엘레우시스 비의, 디오니소스 비의, 영지주의 등이 이에 속한다.

힘을 이룬다. 주술 체계의 정상적 상태에서는 힘과 역할이 상당히 뒤섞여 있다. 따라서 이들 중 하나가 겉보기에는 사라지더라도, 전체의 성격은 변하지 않는다. 어떠한 의식적 관념에도 대응하지 않는 주술적 의례도 있다. 사람을 홀리는 몸짓이나 수많은 저주 동작이 그러하다. 반대로, 표상이 의례를 흡수하는 경우도 있는데, 계보 주문[144]에서는 속성과 원인을 진술하는 행위 자체가 의례가 된다. 요컨대 주술의 기능은 전문화되어 있지 않다. 주술적 삶은 종교적 삶처럼 구획화되어 있지 않으며, 희생제의나 사제직과 같은 자율적 제도를 만들어내지도 못했다. 이렇듯 우리는 주술적 사실들의 뚜렷한 범주들을 발견하지 못했기에, 주술을 그 추상적 요소들로 분해해 살펴볼 수밖에 없었다. 주술은 어디에나 흩어진 형태로 존재한다. 앞에서 지적했듯이, 각각의 구체적 주술 사례에서 우리는 그 구성 요소들보다도 더 실재적인 하나의 전체를 발견하게된다. 이로써 우리는 주술 전체가 하나의 객관적인 실체, 다시 말해 하나의 사물임을 증명했다. 그렇다면 이 사물은 어떤 종류에 속하는가?

우리는 주술의 다양한 요소들이 집단에 의해 만들어지고 성격을 부여받는다는 점을 입증함으로써, 잠정적으로 내렸던 주술의 정의를 이미 넘어섰다. 이것이 우리가 기록해 두어야 할 두 번째

---

144 계보 주문(charmes généalogiques)은 자신의 계보, 조상, 혈통, 기원 등을 언명함으로써 주문적 효력을 발생시키는 주술적 언술 행위를 뜻한다.

실질적 성과이다. 주술사는 때로 자신이 속한 주술 공동체로부터, 그리고 언제나 더 큰 사회로부터 그 자격을 부여받는다. 주술 행위는 의례화되어 전통에 따라 반복된다. 표상들 가운데는 영적 존재에 대한 관념처럼 사회생활의 다른 영역에서 차용된 것도 있는데, 이 관념이 개인 경험의 산물인지 아닌지는 종교를 직접 다루는 연구에서 밝혀야 할 문제다. 그 밖의 표상들은 개인의 관찰이나 사유에서 비롯된 것이 아니다. 또한 그 표상들이 주술에 적용될 때 개인이 주도권을 행사할 여지는 없다. 이는 전통이 부과해서 별다른 검토 없이 사용되는 처방과 공식이 있기 때문이다.

주술의 요소들이 집합적 성격을 띤다면, 그 전체 역시 마찬가지 아닐까? 다시 말해, 주술에 표상의 대상도 아니고 집단적 활동의 산물도 아닌 본질적인 무언가가 과연 존재할 수 있을까? 사실 우리는 주술을 종교와 구분하기 위해, 주술의 여러 특징 가운데 그것을 정상적 삶의 바깥으로 내모는 특징들에만 주목해 왔다. 그렇다면 주술이 본질적으로 집단적 현상일 수 있다고 가정하는 것은 터무니없고 모순적이지 않은가? 우리는 주술이 개인에 의해 수행되고, 고립되어 있고, 비밀스럽고 은밀하고, 산발적이고 파편화되어 있으며, 무엇보다도 자의적이고 임의적이라고 말해왔다. 적어도 사회현상이 일반성과 의무성, 강제성을 특징으로 한다면, 주술은 지극히 비사회적인 현상으로 보일 수밖에 없다. 그렇다면 주술은 비밀스럽고 비합법적이고 금지된 것이라는 점에서 범죄와 같은 방식으로 사회적이라고 할 수 있을까? 하지만 그런 설명만으로는 충분하지 않다. 범죄가 법을 정면에서 위배하는 행위인 것과는 달리, 주술이 종교를 전면적으로 부정하는 것은 아니기 때문이다. 주술은 사회의 특수한 기능을 맡고 있다는 점에서 분명 사회적이다. 그렇다면 그런 기능을 어떻게 이해할 수 있을까? 개인들이 서로 완벽하게 독립을 유지한 채 성립하는 현상이 어떻게 집단적 현상이 될 수 있는가?

사회에는 우리가 이미 주술과 연관해 고찰한 바 있는 두 가지 특수한 기능의 영역이 있다. 하나는 기술과 과학이며, 다른 하나는 종교이다. 그렇다면 주술은 일종의 보편적 기술인가, 아니면 종교와 유사한 일군의 현상인가? 기술이나 과학에서는 행위의 원리와 수단이 집합적으로 형성되고 전통에 의해 계승된다. 바로 이런 점에서 과학과 기술은 분명히 집합적 현상이다. 더 나아가 과학과 기술은 공통된 사회적 욕구를 충족시킨다. 그러나 일단 이러한 요소[행위의 원리와 수단-옮긴이]들이 갖춰지면, 개인은 독자적으로 움직일 수 있다. 자기 논리만으로도, 개인은 하나의 요소에서 다른 요소로, 그리고 그것의 실제 적용에까지 나아갈 수 있다.

그는 자유롭다. 자신의 기술이나 과학의 출발점에 이론적으로 되돌아가, 매 순간 자기 책임 아래 그것을 정당화하거나 수정할 수 있다. 그 어떤 것도 그의 통제를 벗어나지 않는다. 그러므로 주술이 과학과 기술의 범주에 속한다면, 우리가 앞서 지적한 바로 그 모순은 발생하지 않았을 것이다. 과학과 기술은 그 모든 본질적 구성 요소가 집단적이지는 않기 때문이다. 다시 말해, 과학과 기술이 분명 사회적 기능을 수행하더라도, 그리고 사회가 그 혜택을 누리며 전달하는 매체 역할을 하더라도, 과학과 기술을 창출하는 주체는 어디까지나 개인이기 때문이다. 하지만 주술을 과학이나 기술과 동일시하기는 어렵다. 우리는 주술을 기술하는 과정에서 개인의 창의적이거나 비판적인 활동을 전혀 발견할 수 없었기 때문이다.

이제 주술과 종교를 비교하는 일만 남았지만, 이 경우에도 여전히 난점이 존재한다. 사실 우리는 종교가 모든 면에서 본질적으로 집합적 현상이라는 전제를 줄곧 견지해 왔다. 종교에서는 모든 것이 집단에 의해, 또는 집단의 압력에 의해 형성된다. 종교적 믿음과 실천은 본래 강제적이다. 희생제의를 전형적 의례로 삼아 분석하면서, 우리는 사회가 그 의례 전반에 내재해 있으며, 제의적 연극의 배후에 있는 진정한 행위자임을 입증한 바 있다. 더 나아가 우리는 희생제의에서 다루어지는 신성한 대상들이야말로 가장 전형적인 사회적 사물이라고까지 주장했다.

희생제의가 그러하듯, 종교적 삶 역시 개인의 주도권을 허용하지 않는다. 종교에서 창조는 오직 계시의 형태로만 발생한다. 개인은 자신을 넘어서는 힘, 그리고 자신을 행동하게 만드는 힘에 끊임없이 복속되어 있다고 느낀다. 만약 우리가 종교에서 작용하는 힘과 유사한 힘이 주술 전반을 지배한다는 것을 보여줄 수 있다면, 주술 역시 종교와 마찬가지로 집합적 성격을 지닌다는 점이 입증될 것이다. 그렇다면 우리에게 남은 과제는, 비록 주술사들이 고립된 것처럼 보이더라도, 그 집합적 힘이 어떻게 발생했는지를 밝히는 것뿐이다. 이 과정을 통해, 주술사라는 개인들이 사실은 단지 그 집단적 힘을 각자 자기 것으로 전유했을 뿐이라는 사실을 확인하게 될 것이다.

4장

주술의 분석과 설명

우리의 주술 연구는 종교와 마찬가지로 주술에서도 작용하는 집합적 힘을 밝혀내는 과제로 점차 좁혀지고 있다. 그 힘을 밝혀낼 수 있다면, 우리는 전체와 부분을 동시에 설명할 수 있다고까지 생각한다. 실제로 주술이 얼마나 연속적인 것인지, 그리고 긴밀히 연결된 그 요소들이 얼마나 동일한 사물의 다양한 반영에 지나지 않는 것처럼 보이는지 떠올려보자. 주술에서는 행위와 표상이 너무나 밀접하게 얽혀 있어서, 주술을 일종의 **실천적 관념**이라 불러도 무방할 정도다. 주술 행위는 단조롭고 그 표상에는 변화가 거의 없으며, 그 형식은 전 문명사에 걸쳐 획일성을 띤다. 이러한 점을 고려할 때, 주술은 지극히 단순한 실천적 관념이라고 볼 수 있다. 그렇기에 우리는 주술 속에 작용하는 집합적 힘이 그다지 복합적이지 않고, 주술사가 그 힘을 전유하기 위해 사용한 방식 또한 지나치게 정교하거나 복잡하지 않았으리라고 짐작할 수 있다.

우리는 이 집합적 힘이 무엇인지 규명하기 위해, 먼저 주술이 어떤 유형의 믿음의 대상이었는지를 묻고, 이어서 주술적 효력이라는 관념을 분석해 볼 것이다.

1. 믿음

주술은 본래 믿음의 대상이다. 그러나 주술의 요소들은 서로 분리될 수 없고 심지어 뒤섞여 있기 때문에, 하나하나가 따로 믿음의 대상이 될 수는 없다. 이 요소들은 모두 하나의 동일한 확신의 대상이다. 즉, 주술사의 힘이나 의례의 효력뿐 아니라 주술 전체와 그 원리도 확신의 대상이다. 주술이 그 요소들보다 더 실재적인 것처럼, 주술 일반에 대한 믿음은 그 요소들 각각에 대한 믿음보다 사람들의 마음속에 훨씬 더 깊이 뿌리내리고 있다. 주술은 종교처럼 하나의 전체이며, 사람들은 그것을 믿거나 믿지 않거나 둘 중 하나의 태도를 취할 뿐이다. 이 점은 주술의 실재성을 둘러싼 논쟁 사례들에서 드러난다. 중세 초와 17세기, 그리고 오늘날에도 은밀하게 지속되는 논쟁들을 살펴보면, 그 쟁점이 늘 하나의 사실에 집중된다는 것을 알 수 있다. 예를 들어, 아고바르(Agobard)[145]는 처음에는 악천후를 일으키는 자들을 문제 삼았고, 나중에는 저주에 의한 성기능 장애나 디아나(Diane)를 수행하는 마녀들의 공중 비행을 논쟁거리로 삼았다. 베커(Bekker)[146]는 『마법에 걸린 세계(De

145 성 아고바르(Saint Agobard, 약 779~840)는 리옹의 대주교로서 『우박과 천둥에 대한 민중의 어리석은 믿음에 반대하여(*Livre contre l'absurde croyance du vulgaire à propos de la grêle et des coups de tonnerre*)』이라는 저서를 남겼다.

146 발타자르 베커(Balthasar Bekker, 1634~1698)는 네덜란드의 신학자이자 데카르트주의자이다. 그는 주저 『마법에 걸린 세계(*De Betoverde Weereld*)』(1691~1693)에

betooverde Werld)』(1693, 암스테르담)에서 정령과 악마의 존재를 문제로 삼았다. 한편 오늘날에는 영체(靈體, corps astral)[147], 물질화 현상(matérialisation)[148], 4차원 공간의 실재성 등이 거론된다. 그러나 그 어떤 결론이든 즉시 일반화되어, 하나의 주술 사례를 믿으면 가능한 모든 사례를 믿게 된다. 역으로 하나를 부정하면 전체 체계가 무너진다. 이때 문제가 되는 것은 주술 그 자체이기 때문이다. 실제로 주술에서는 단 한 번의 경험만으로 완고한 불신이나 뿌리 깊은 믿음이 한순간 뒤흔들리기도 한다.

그렇다면 주술에 대한 믿음의 본질은 무엇인가? 그것은 과학에 대한 믿음과 유사한가? 과학적 믿음은 경험에 의거하며(*a posteriori*), 끊임없이 개인의 통제를 받고 합리적 증명에만 의존한다. 과연 주술도 그러한가? 물론 아니다. 우리는 가톨릭교회가 주술에 대한 믿음을 교의(dogme)로 공식화하고, 그것을 어길 경우 형벌을 가한 아주 예외적인 사례를 알고 있다. 일반적으로 주술에 대한 믿음은 사회 전체에 그저 저절로 퍼져 있을 뿐이며, 사람들은 태어나면서부터 이 믿음을 공유한다. 이런 점에서 주술에 대한 믿

서 마녀사냥과 마법에 대한 믿음을 이성적으로 비판하여 당대 유럽에 큰 논란을 일으켰다.

147 영체(靈體) 혹은 아스트랄체(corps astral)는 서양의 신비주의와 신지학, 오컬티즘 등에서 상정하는 준물질적(semi-material)인 몸을 가리키는 용어로, 주로 유체 이탈이나 환영 등과 연관된다.

148 여기서 물질화 현상(matérialisation)은 영적 존재나 힘이 현실 세계에서 물질적 형태로 구현되는 현상을 가리킨다.

음은 과학적 믿음과 크게 다르지 않다. 각 사회마다 고유한 과학이 존재하고, 그것 역시 널리 확산되어 있으며, 그 원리들은 때때로 종교 교리로까지 변형됐기 때문이다. 그러나 모든 과학은 가장 전통적인 것조차도 실증적이고 경험적인 성격을 띠는 반면, 주술에 대한 믿음은 언제나 선험적(*a priori*)이다. 주술에 대한 믿음은 반드시 경험에 앞선다. 즉, 사람들은 주술사를 믿기 때문에 그를 찾아가고, 처방을 신뢰하기 때문에 그것을 따르는 것이다. 오늘날에도 마찬가지여서, 강신술사들은 불신자를 절대 받아들이지 않는다. 불신자가 존재하면 자신들의 주술이 성공하지 못한다고 믿기 때문이다.

주술은 그만큼 강력한 권위를 지녔기에, 그에 반하는 경험이 있어도 주술에 대한 믿음은 원칙적으로 흔들리지 않는다. 실제로 주술은 모든 통제를 벗어난다. 불리한 결과마저도 늘 주술에 유리하게 해석된다. 그런 결과는 언제나 반(反)주술이 개입했거나, 의례에 실수가 있었거나, 주술을 실행하는 데 필요한 조건이 충족되지 않아서 생긴 일로 여겨진다. 1623년 부르주에서 화형당한 주술사 장 미셸(Jean Michel)의 재판 조서에 따르면, 이 불쌍한 목수는 평생 실험을 반복했지만 늘 실패했다고 한다. 그는 단 한 번 거의 목표에 도달할 뻔했으나 두려움에 사로잡혀 도망치고 말았다. 체로키족의 경우, 주술이 실패하면 주술사에 대한 신뢰가 흔들리기는커녕 오히려 그의 권위가 더 높아지기도 한다. 의뢰인이 부적절하게 불러낸 무시무시한 힘은 되레 그 의뢰인 자신을 향해 되돌아올 수 있기에, 그 결과를 수습하려면 다시금 주술사의 개입이 필요하다고 여겨지기 때문이다. 바로 이것이 모든 주술 실험에서 벌어지는 일이다. 즉, 우연한 일치는 정상적 사실로 여겨지고 모순되는 사실은 부정되는 것이다.

그럼에도 사람들은 주술에 대한 믿음을 뒷받침하기 위해 시간과 장소가 확실한 구체적 사례들을 제시하려 끊임없이 애쓴다. 그런데 이 문제에 관해 방대한 문헌이 전해지는 중국이나 중세 유럽을 살펴보면, 늘 같은 이야기들이 여러 문헌에서 끊임없이 되풀이되고 있음을 확인할 수 있다. 그것은 전승되어 온 증거이자 일화적인 주술 설화로서, 인류 전체에 걸쳐 주술에 대한 믿음을 지탱해온 여타 이야기들과 다르지 않다. 이른바 이런 일화들이 기묘할 정도로 단조롭다는 점에 주목해 보자. 이는 그 안에 어떤 의도적인 궤변이 있어서가 아니라 그저 배타적인 선입견만 있기 때문이다. 전승되어 온 증거만으로도 충분하기에, 사람들은 신화를 믿듯 주술 이야기를 그대로 믿는다. 이러한 믿음은 너무나 강력해서, 주술 설화가 우스갯소리로 여겨질 때조차 언제든 심각한 결과를 초래할 수 있다. 이렇듯 주술에 대한 믿음은 거의 의무적이고 선험적이며, 종교에 대한 믿음과 매우 흡사하다.

이러한 믿음은 주술사와 사회 양쪽 모두에 존재한다. 하지만 자기 주술의 수단과 효과를 누구보다 잘 알고 있는 주술사가 어떻게 주술을 믿을 수 있을까? 여기서 우리는 주술의 기만과 위장이라는 중대한 문제에 직면한다.

이 문제를 다루기 위해, 오스트레일리아 주술사들을 예로 들어 보자. 주술의 집행자들 가운데 이들만큼 자기 의례의 효능을 확신하는 이들도 드물다. 그러나 신뢰할 만한 관찰자들에 따르면, 평범한 상태에서 수행된 어떠한 의례에서도 주술사들은 자신의 행위가 기계적인 효과를 내는 것을 직접 본 적도 없고, 볼 수 있다고 믿은 적도 없다. 흑주술의 방법을 살펴보자. 오스트레일리아에서 흑주술은 크게 세 가지 유형으로 나뉘며, 부족들 사이에서 경쟁적으로 혹은 개별적으로 행해진다. 첫 번째 유형은 가장 널리 행해지는 것으로, 음식물 찌꺼기, 유기물의 잔해, 발자국, 이미지처럼 누군가의 일부이거나 그를 상징한다고 여겨지는 대상을 파괴하는 엄밀한 의미에서의 저주이다. 주술사가 밀랍이나 기름에 섞인 음식물 찌꺼기를 태우거나 이미지를 꿰뚫는 행위로 사람을 죽일 수 있다는 믿음을 실제 경험을 통해 얻었을 리는 없다. 주술사의 믿음은 완전한 착각이 아니라 언제나 부분적일 수밖에 없는데, 이는 스펜서와 질렌이 언급한 한 주술 의례에서 잘 드러난다. 이 의례는 대상자의 영혼을 상징하는 물건에 구멍을 뚫은 다음, 그것을 대상자의 거주지 방향으로 던지는 방식으로 이루어진다.[149] 두 번째 유형

---

149 여기서 모스와 위베르는 주술사가 자기가 행한 주술에 대해 갖는 믿음이 완전한 환상이 아니라 '부분적'인 환상이라고 주장한다. 만약 주술사가 자기 주술을 완전히 믿었더라면, 하나의 상징적인 행위(이미지 찌르기)만으로 충분하다고 여겼을 것이다. 그러나 주술사는 이미지를 찌르는 상징적 행위에 더하여 실제 대상에게 또 하나의 추가적 행위(물건 던지기)를 시도한다. 이는 주술사가 자신의 상징적 행위만으로는 충분한 효력을 낳을 수 없음을 이미 알고 있다는 뜻이다. 이렇듯 주술사는 자신의 믿

은 오스트레일리아 남부와 중부, 서부 부족 사회에서 주로 행해지는 것으로, 흔히 간의 지방을 빼내는 의례로 알려져 있다. 마법사는 잠든 피해자에게 다가가 돌칼로 옆구리를 찔러 간의 지방을 빼낸 뒤, 상처 부위를 봉합한다. 마법사는 그 자리를 떠나고, 피해자는 아무것도 모른 채 서서히 죽어간다. 이 의식이 실제로 행해진 적이 없다는 것은 명백하다. 세 번째 유형은 오스트레일리아 북부와 중부에서 쓰이는 죽음의 뼈 던지기 의례이다. 이 의례에서 주술사는 치명적인 물건으로 희생자를 공격한다고 한다. 그러나 실제로 로스가 인용한 몇몇 사례를 보면, 주술사는 무기를 아예 던지지도 않는다. 한편, 던진다고 해도 너무나 먼 거리에서 던지기 때문에, 뼈가 목표물에 닿아 접촉을 통해 죽음을 전달한다고는 도저히 상상할 수 없다. 심지어 무기가 날아가는 것을 본 사람도 드물고, 던지자마자 무기가 목표물에 도달하는 것을 본 사람은 아무도 없었다. 이러한 의례들 가운데 상당수는 완전히 실행될 수 없었고, 일부 다른 의례의 효력도 결코 입증될 수 없었다. 그럼에도 우리는 이 의례들이 일상적으로 행해진다는 것을 알고 있다. 가장 신뢰할 만한 증언자들과 의례 도구로 쓰인 수많은 물건이 바로 그 증거다. 그렇다면 이는 대체 무엇을 의미하는가? 결국 주술사들이 단순한 몸짓을 현실 그 자체로, 행위의 도입부에 불과한 시늉을 완전한 외과 수술인 양 진심이면서도 의도적으로 받아들인다는 뜻이 아니

음이 '부분적'임을 스스로 드러낸다.

면 무엇이겠는가? 의례의 준비 과정, 절차의 진중함, 무릅써야 할 위험의 강도(들키면 죽음을 면치 못하는 적진에 접근하는 상황), 이러한 모든 진지한 행위들은 믿고자 하는 진정한 의지를 보여준다. 하지만 오스트레일리아의 주술사가 주술에 걸린 사람을 즉사시키지 않고 그의 간을 열었다는 것은 도저히 상상할 수 없는 일이다.

그런데 믿고자 하는 주술사의 의지와 더불어 그가 실제로 믿고 있다는 증거도 있다. 가장 뛰어난 민속학자들에 따르면, 주술사는 자신이 저주를 성공시켰다고 깊이 믿는다. 그는 신경과민증이나 일종의 강직 상태에 스스로 빠져들어, 실제로 온갖 망상에 사로잡히기도 한다. 어쨌든 주술사는 자신이 수행하는 의례를 반신반의할 뿐이다. 예컨대 그는 류머티즘 환자의 몸에서 빼냈다며 보여준 소위 마법의 화살촉이, 실은 자기 입에서 꺼낸 조약돌에 불과하다는 것을 분명히 알고 있다. 그럼에도 막상 자신이 아플 때면 어김없이 다른 주술의에게 의지한다. 그리고 그 주술의가 가망이 없다고 하는지 아니면 살려낼 수 있다고 하는지에 따라, 그는 죽기도 하고 낫기도 한다. 결국 어떤 사람에게는 보이지도 않는 화살이, 다른 사람에게는 실제로 날아와 꽂히는 것이다. 그 화살은 회오리바람이나 허공을 가르는 불꽃처럼 보이기도 하고, 주술사가 조금 뒤 자기 몸에서 꺼내게 될 조약돌의 형태로 나타나기도 한다. 그는 그 조약돌을 환자의 몸에서는 꺼낸 적이 없지만, 이제는 자기 몸에서 나오는 것을 보게 된다. 결국 주술사에게서 찾을 수 있는 최소한의 진정성은, 적어도 그가 타인의 주술을 믿는다는 점이다.

오스트레일리아 주술의 사례는 다른 지역의 주술에도 그대로 적용할 수 있다. 가톨릭 유럽에서는, 마녀의 자백이 심문에 의해 강제로 이끌려졌다는 의심을 받지 않은 사례가 적어도 한 번 있었다. 중세 초, 교회법관들과 신학자들은 디아나를 따라 하늘을 날아다닌다는 마녀들의 주장을 인정하지 않으려 했다. 하지만 자기 망상의 희생양이 된 마녀들은 오히려 그 믿음을 자랑스레 떠들어댔고, 심지어 그로 인해 자신들에게 해가 되는 일도 마다하지 않았다. 결국 그들은 자신들의 믿음을 교회가 마지못해 받아들이게 했다. 주술사라면 어디에서나 늘 그러했듯, 이들 또한 소양이 부족하고 신경이 예민하며, 영리하면서도 다소 일탈적인 존재였다. 하지만 그들이 품은 진지한 신념은 실로 놀라우리만큼 완강하고 확고했다.

하지만 주술사들에게는 늘 어느 정도의 위장(simulation)이 따랐다는 점을 인정하지 않을 수 없다. 주술이란 끊임없이 "믿게 만드는 것"이며, 주술사의 진지한 망상조차도 어느 정도는 늘 의도적이라는 점에는 의심할 여지가 없다. 머링족 주술사들은 입에서 석영 조각을 꺼내 보이곤 하는데, 이 조각은 입문을 이끄는 정령이 그들 몸속에 채워 넣은 것이라고 한다. 호윗은 이와 관련해, 한 주술사가 석영 조각에 관해 이렇게 말했다고 전한다. "나는 어떻게 된 일인지 알고 있다. 그 돌이 어디에 있는지도 안다." 이에 못지않은 냉소적인 자백도 여럿 전해진다.

그러나 이는 단순한 사기가 아니다. 대체로 주술사의 위장은 신경증 상태에서 나타나는 위장과 같은 범주에 속하기 때문이다. 그 결과 의도적이면서 동시에 비의도적인 성격을 띤다. 처음에는 자발적으로 시작된 위장이 점차 무의식적으로 변하면서 완전한 환각 상태로 이어진다. 자신이 연기 중이라는 사실을 잊은 배우처럼, 주술사도 어느 순간 자기기만에 빠진다. 어쨌든 우리는 주술사가 왜 일정한 방식으로 위장하는지 생각해 봐야 한다. 여기서 진짜 주술사를 우리 장터의 돌팔이나 일부 심령술사들이 극찬하는 브라만 곡예사들과 혼동해서는 안 된다. 주술사는 사람들이 찾아와 간청하기에, 행동하라고 강요하기에 위장하는 것이다. 그는 자발적으로 행동할 수 없다. 전통적으로 부여된 역할을 수행하든, 청중의 기대에 부응하는 역할을 수행하든, 주술사는 연기하도록 강요받는다. 주술사가 스스로 나서서 자랑을 늘어놓을 때도 있는데, 실은 사람들이 워낙 쉽게 믿어주기에 그 유혹을 뿌리치지 못해서 생기는 일이다. 스펜서와 질렌은 아룬타족 사이에서 쿠르다이차(Kurdaitcha)라는 주술 원정에 참여했다는 이들을 다수 발견했다. 그들은 원정을 떠나 적의 간에서 지방을 제거하는 의식을 수행했다고 말했다. 그 결과 전사들 가운데 3분의 1이 엄지발가락이 탈골되었다. 그것이 의식을 완수하기 위한 조건이었기 때문이다. 부족 사람들 모두는 야영지를 배회하던 쿠르다이차를 실제로 봤다고 말했지만, 실은 허풍과 모험담에서 뒤처지지 않기 위해 그렇게 말한 경우가 대부분이었다. 그곳에서는 쉽게 믿는 분위기가 만연했기에, "속이기"는 그 사회 전체에 일반화되었고 상호적으로 이루어졌다. 이 경우 주술사는 이해타산에 따라 자신을 위해 자력으로 행동하는 개인이 아니다. 그는 사회로부터 권위를 부여받은 일종의 공인(公人)으로 여겨지며, 그 자신도 그 권위를 믿도록 요구받는다. 실제로 이미 살펴봤듯이, 주술사는 사회가 지명하거나, 주술사를 만들어 낼 권한을 사회로부터 위임받은 소수 집단이 그를 입문시킨다. 그는 자신의 직분에 걸맞은 태도와 법관과 같은 중후함을 아주 자연스럽게 지닌다. 그가 진지한 이유는 사람들이 그를 진지하게 받아들이기 때문이고, 사람들이 그를 진지하게 받아들이는 것은 그가 필요하기 때문이다.

따라서 주술사의 믿음은 그가 속한 집단의 믿음과 다르지 않다. 주술사의 믿음은 집단의 믿음을 그대로 반영한다. 그의 위장은 대중의 쉽게 믿는 성향이 있어야만 가능하기 때문이다. 자기 집단 구성원들과 공유하는 이 믿음이 있기에, 주술사는 자신의 시술이 단지 손재주에 불과하거나 아무런 효과도 내지 못하더라도 결코 주술을 의심하지 않는다. 주술사 자신도 다른 주술사의 입회자나 피시술자가 되는 순간, 타인의 주술을 믿는 최소한의 믿음을 품지 않을 수 없다. 일반적으로 그는 원인이 작용하는 모습은 보지 못하지만, 그로 인해 발생한 결과는 본다. 요컨대 그의 믿음은 그가 속한 집단 전체의 믿음인 한에서만 진실하다. 주술은 눈으로 확인되는 것이 아니라 믿어지는 것이다. 주술이 주술사 자신에게조차 여전히 불가사의하면서도 동시에 그 효과가 드러나고 진실임이 입증되는 것은, 바로 집단적 정신 상태 때문이다. 따라서 주술은 전체적으로 선험적 믿음의 대상이다. 이 믿음은 집합적 성격을 띠고 만장일치로 받아들여진다. 믿음이 이러한 본질을 지녔기에, 주술은 자기 전제와 결과 사이의 간극을 손쉽게 뛰어넘을 수 있다.

믿음이란 하나의 관념에 대한 전 인격적 몰입으로서, 관념 작용의 현상일 뿐 아니라 감정 상태이자 의지적 행위이기도 하다. 그러므로 우리는 이렇게 가정할 수 있다. 주술에 대한 이 집합적 믿음 속에는 집단 전체가 공유하는 감정과 의지, 즉 우리가 탐구해 온 집합적 힘이 들어 있다. 하지만 우리의 믿음 이론에 대해 다음과 같은 반론이 제기될 수 있다. 즉, 본래 지적인 차원에서 비롯된 개인의 과학적 오류라 할지라도, 전파 과정을 거치면서 특정 시대에는 만장일치의 믿음이 될 수 있다는 것이다. 그러한 사례로 천동설이나 4원소설과 같은 교의적 믿음을 들 수 있다. 우리로서도 이런 믿음은 집합적인 것으로 보일 수밖에 없지만, 집합적 힘에서 비롯된 것은 아니다. 우리는 이제 주술이 단지 보편화되었다는 사실 하나만으로 의심의 대상에서 벗어난, 그런 종류의 관념들에만 기반하는 것은 아닌지 자문해 보아야 한다.

2. 주술 현상 분석. 의례의 효능에 대한 이념적 설명 분석

주술적 표상들을 검토하면서, 우리는 주술사들과 주술 이론가들이 주술 의례의 효능에 대한 믿음을 설명하고자 사용했던 여러 개넘을 접할 수 있었다. 그것들은 (1) 공감의 공식, (2) 속성 개념, (3) 정령 개념이다. 앞서 우리는 이 개념들이 얼마나 단순하지 않은지, 그리고 얼마나 서로 끊임없이 중첩되어 있는지를 확인했다. 이제 우리는 이 개념들 가운데 어느 것도 그 자체만으로는 주술사가 자기 믿음을 충분히 정당화할 수 없다는 사실을 알게 될 것이다. 주술 의례를 분석해 이 다양한 개념들이 어떻게 적용되는지를 살펴보더라도, 분석이 끝난 뒤에는 주술사 자신도 인식하는 [설명할 수 없는-옮긴이] 어떤 잔여 요소가 늘 남기 때문이다.

다음과 같은 사실에 주목하자. 어떤 주술사도, 어떤 인류학자도 주술 전체를 이 세 개념 중 어느 하나로 환원할 수 있다고 주장한 적은 없었다. 따라서 이 개념들만으로 주술적 믿음을 설명하려는 모든 이론을 경계해야 한다. 또 하나 주목해야 할 점은, 만약 주술 현상들이 하나의 고유한 사실 범주를 구성한다면, 그것들은 반드시 어떤 하나의 원리로부터 비롯되어야 하며, 오직 그 원리만이 그 현상들에 대한 믿음을 정당화할 수 있다는 것이다. 이 세 개념이 저마다 특정 의례와 대응한다면, 전체 의례에는 또 다른 아주 일반적인 표상이 대응해야 한다. 이 일반적 표상이 무엇인지 알아보기 위해, 먼저 위에서 열거한 각 개념이 각자 연관된 의례를 왜 온전히 설명할 수 없는지 살펴보자.

1) 우리는 공감 공식("유사한 것은 유사한 것을 낳는다", "부분은 전체를 대신한다", "대립하는 것은 대립하는 것에 작용한다")만으로는 공감

주술 의식 전체를 충분히 설명할 수 없다고 주장한다. 이 공식들은 결코 무시할 수 없는 잔여 요소들을 남긴다. 자세한 기록이 남아 있는 공감 의례의 사례로서, 코드링턴[150]이 서술한 다음 의례만 보더라도 [공감 공식만으로는 설명할 수 없는―옮긴이] 그 전체 작동 방식을 매우 정확히 알 수 있다.

플로리다에서는 평온을 원할 경우, 마네 응게 비고나(mane ngghe vigona, 마나를 지닌 자, 비고나라는 정령을 소유한 자)가 먼저 자신의 비고나와 같은 속성을 지닌 나뭇잎들(수생 식물의 잎?)을 한데 묶는다. 그리고 그 잎들을 물이 고인 나무 구멍에 숨긴 뒤, 그에 맞는 주문을 외워 비고나를 불러낸다. 그러면 비가 내려 평온이 찾아온다. 햇빛이 필요할 때는, 그에 맞는 잎들(les feuilles appropriées)과 덩굴을 대나무 끝에 묶어 불 위에 놓는다. 그는 노래를 불러 불에 마나를 불어넣고, 불은 잎에 다시 마나를 전달한다. 그런 다음 나무 꼭대기에 올라 가장 높은 가지 끝에 그 대나무를 묶는다. 바람이 휘어진 대나무 주위를 스치면, 마나가 사방으로 흩어지고 햇빛이 비친다. (코드링턴, 『멜라네시아인(*The Melanesians*)』, 200~201쪽)

---

150 로버트 헨리 코드링턴(Robert Henry Codrington, 1830~1922)은 옥스퍼드에서 문헌학을 공부한 영국의 선교사이자 인류학자이다. 그는 멜라네시아에서 20년 이상 활동하며 자신의 언어학적 전문성을 바탕으로 모타어 신약성서 번역과 멜라네시아 비교 문법서도 저술했다. 특히 그의 저서 『멜라네시아인(*The Melanesians*)』(1891)은 특정 대상에 깃들어 효력을 발휘하는 비인격적인 힘, 즉 '마나(mana)' 개념을 서구에 소개한 것으로 유명하다.

우리는 이 사례를 어디까지나 하나의 구체적 예시로만 인용한다. 공감 의례는 보통 [이 예시에는 담지 못한-옮긴이] 매우 중요한 전체 맥락에 둘러싸여 있기 때문이다. 이러한 맥락이 존재하기에, 상징체계(symbolisme)만으로는 주술 의례가 성립하기에 불충분하다고 결론 내릴 수 있다. 사실, 연금술사들처럼 일부 주술사들은 자신들의 공감적 실천이 논리적으로 설명될 수 있다고 진심으로 믿는다. 하지만 그들 역시 자신이 추상적으로 구상했던 의례 도식에 덧붙여진 온갖 과잉 요소들 앞에서 당혹감을 감추지 못한다. 익명의 연금술사는 한 기독교인의 말을 인용하며 이렇게 쓴다. "그렇다면 왜 이토록 많은 책과 악마를 부르는 주문이 필요한가? 모든 것이 간명하고 이해하기 쉽다면, 왜 굳이 온갖 화덕과 기구들을 만드는가?" 그러나 이 기독교인을 놀라게 한 온갖 잡동사니들이 결코 무의미한 것은 아니다. 그것들은 공감 개념 위에 분명히 겹치는 두 가지 관념, 즉 힘이 방출된다는 관념과 주술적 '장'이라는 관념을 표현한다.

주술적 힘이 현존한다는 이 관념에는 몇 가지 징표가 있다. 우선 희생제의가 그러한데, 여기서는 효력을 지닌 힘을 생성하는 것 외에 다른 목적은 없어 보인다. 이것이 종교적 희생의 속성 중 하나라는 점은 앞서 살펴보았다. 기도, 기원(invocation), 강령(évocation) 등도 마찬가지다. 금기나 단식처럼, 주술사와 의뢰인, 때로는 그들 가족까지도 따르게 되는 소극적 의례 역시 마찬가지다. 이러한 의례와 예방조치는 그 힘이 현존하면서도 언제든 사라질 수 있음을 보여준다. 주술사 자신의 고유한 힘뿐 아니라 그가 동원해 언제든 개입할 수 있는 다른 힘들도 고려해야 한다. 공감 의식 자체에 관해 말하자면, 앞서 보았듯이 그것이 의례라는 사실 자체만으로도 그 나름의 특수한 힘을 생성하기 마련이다. 실제로 주술사들은 이 사실을 잘 알고 있었다. 앞서 언급한 멜라네시아 의식에서는 마나가 나뭇잎에서 나와 하늘로 올라가는 것을 확인할 수 있었고, 아시리아 의식에서는 마미투가 생겨나는 것을 지적한 바 있다. 이제 이른바 '원시' 사회, 즉 신비주의가 없고 여전히 인류의 주술적 단계에 머물러 있는 한 사회의 저주 의례를 고찰해 보자. 프레이저에 따르면 그 사회에서는 공감 법칙만이 규칙적으로 작동한다고 한다. 그러나 바로 그 사회에서 우리는 주술적 힘의 존재뿐만 아니라 그 움직임까지도 즉시 감지할 수 있다. 예컨대 간통한 여성을 대상으로 한 아룬타족의 저주 의례에서는, 아룽킬타(*arungquiltha*)라는 사악한 힘이 실제로 창조된다. 사람들은 이 힘을 '영혼석(pierre âme)'에 불어넣는다(이때 영혼석의 형상은 영혼이 본래 제 몸인 줄로 착각해 돌아오게 만드는 미끼일 뿐이다). 이 사악한 힘은 여인의 죽음을 흉내 내는 몸짓으로 더욱 강화되고, 마침내 그 여인이 끌려간 방향으로 던져진다. 이 의례는 공감 원리가 적용된 이미지는 원인 축에 끼지도 못한다는 점을 분명히 보여준다. 내던져진 것은 이미지가 아니라 주술사가 방금 만들어 낸 저주 그 자체이기 때문이다.

그뿐만이 아니다. 위의 사례에서는 영혼이 일시적으로만 깃드는 이미지를 제작하는 것 외에도, 미리 저주를 걸어둔 다양한 형상, '정령석(pierres à esprits)', 그리고 의식을 치르기 전부터 마력을 부여한 바늘 같은 온갖 도구들을 미리 준비해 둔다. 또한 이 의식은 신화에 의해 그 성격이 규정되는 비밀스러운 장소에서 수행된다. 이러한 관찰을 과감히 일반화하여, 우리는 공감 의례가 통상적 행위처럼 수행되지 않는다고 결론 내려야 한다. 공감 의례는 하나의 특별한 '장'에서 수행되는데, 이 장은 의례 자체에 내포된 모든 조건과 형식이 만들어 낸다. 장은 금기의 경계, 출입 의례를 통해 규정될 때가 많다. 그 안에 들어가는 모든 것은 장과 본질적으로 같은 성질을 띠거나 그러한 성질로 변하게 된다. 그곳에서는 몸짓과 언어가 지니는 전반적인 내용마저 영향을 받는다. 따라서 공감 법칙만으로 공감 의례를 설명하려는 시도는 항상 두 가지 잔여 요소[151]를 남긴다.

모든 주술 의례도 다 마찬가지인가? 사실 우리는 이 잔여 요소야말로 주술 의례의 본질이라고 생각한다. 신비성의 흔적이 모두 사라지는 순간, 주술은 과학이나 기술의 영역으로 들어간다. 이는 한 기독교 연금술사가 말한 바와 정확히 일치한다. 그는 연금술이 과학이 되기를 꺼린다는 사실을 인정하면서, 그것이 오히려 종교

---

[151] 여기서 두 가지 잔여란 앞서 언급한 '힘의 방출에 대한 관념'과 '주술적 장에 대한 관념'을 가리킨다. 모스와 위베르는 주술이 온전히 성립되려면 공감의 원리만으로는 부족하고, 비가시적인 모호한 에너지가 방출된다는 믿음, 그리고 그 에너지에 의해 형성되는 특수한 주술의 장이 필요하다고 본다.

가 되어야 한다고 말한다. 기도가 필요하다면, 악마가 아니라 신에게 바쳐야 한다는 것이다. 이로써 그는 연금술이, 더 나아가 주술 일반이 본질적으로 신비적 권능에 의존하고 있음을 인정한 셈이다. 공감의 주문만이 홀로 작동하는 것처럼 보일 때도, 모든 의례가 응당 지녀야 할 최소한의 형식과 더불어, 그 의례에서 마땅히 생겨나는 최소한의 신비한 힘은 여전히 존재한다. 여기에 능동적 속성을 지닌 힘이 더해져야 한다. 앞서 말했듯이, 이 힘 없이는 공감 의식을 상상할 수도 없다. 게다가 어떤 의례가 단순해 보인다면, 이는 수행자가 그 의례를 제대로 준수하지 못했거나 그 의미를 온전히 의식하지 못했거나, 혹은 의례 자체가 심하게 변질된 결과로 볼 수 있다. 만약 공감 법칙에 따른 정말로 단순한 의례가 있다면, 그것은 우리가 '공감적 금기'라 부르는 것들이다. 바로 이 금기야말로 은밀하고 영적인 힘의 현존과 불안정성, 폭력성을 가장 잘 드러낸다. 이 힘이 개입함으로써 주술 의례는 효력을 얻는다.

우리는 이제 공감 공식들(les formules sympathiques)이 결코 주술 의식 전체를 구성하는 완전한 법칙(la formule)이 아님을 알게 되었다. 공감 공식이 아무리 명료하게 진술되더라도, 그것이 단지 부차적 요소에 불과하다는 점은 여러 사실을 통해 입증할 수 있다. 이 점은 연금술사들의 작업에서도 확인된다. 그들은 자신들의 작업이 과학적 법칙에서 합리적으로 도출되었다고 주장한다. 앞서 살펴봤듯이, 그 법칙이란 "하나는 전체이며, 전체는 하나 속에 있고, 본성은 본성을 지배한다"는 공감 공식, 공감과 반감의 개별 쌍들, 그리고 천문학적, 우주론적, 희생제의적, 언어적 기호들로 구성된 복잡한 상징체계 등이다. 바로 이 상징체계를 참조하면서, 연금술사들은 자신의 작업에 질서를 부여한다. 그러나 이 모든 장치는 단지 기술을 감싸는 일종의 외피에 불과하다. 그것들은 심지어 허구 과학의 공상적 원리에도 미치지 못한다. 연금술사들의 서적이나 지침서의 첫머리는 교리적 설명이 등장하지만, 본문의 전개는 그것과 일치하지 않는다. 철학적 개념은 단지 장의 제목이나 머리말처럼 앞에 배치되거나, 혹은 앞서 언급한 '희생을 통해 황금으로 변한 청동 인간'이라는 알레고리처럼 등장할 뿐이다. 결국 이 유사 과학은 신화로 귀결되는데, 바로 그 신화가 때로는 주문의 원천이 되기도 한다. 실험적 처방조차도 같은 방식으로 주술화된다. 실제 작업을 요약한 공식이나 도해들이 존재하지만, 그것들은 알 수 없는 주술 기호로 변형되어 더는 실제 작업에 쓰이지 않고, 단지 잠재적인 주문으로 남아 있을 뿐이다. 이제 이 원리들과 공식들의 실제 의미를 알고 보면, 연금술은 결국 단순한 경험주의에 지나지 않는다. 사람들은 그 성질과 반응을 경험적으로, 아니 전승된 지식으로 알고 있는 물질들을 굽고, 녹이고, 증류할 뿐이다. 과학적 개념은 그저 장식에 불과하다. 의학도 마찬가지였다. 마르셀리우스 드 보르도는 자신의 책 여러 장에 '실험에서 유래한 자연적이고 합리적인 다양한 치료법(*Remedia physica et rationabilia diversa de experimentis*)'이라는 제목을 붙였다. 그런데 이 제목 바로 뒤에는 다음과 같은 문구가 적혀 있다. "복부 팽만을 낫게 하는 주문. 이 주문을 얇은 주석판에 새겨 목에 걸라(*Ad corcum carmen. In lamella stagnea scribes et ad collum suspendes haec*, etc.)"(마르셀루스, 『의약론(*De Medicamentis*)』, 21장, 2절).

이 모든 내용을 종합해 보면, 공감 공식은 주술 의례의 법칙이 아니며 심지어 공감 의례의 법칙도 아니라는 결론에 이른다. 그것은 주술 전반에 퍼져 있는 매우 일반적인 개념들을 단순히 추상적으로 번역한 것에 지나지 않는다. 그것은 그 이상도 이하도 아니다. 공감은 주술적 힘이 흐르는 통로일 뿐, 그 힘 자체는 아니다. 오히려 공감 공식이 놓치고 있는 바로 그 잔여 요소들이야말로 주술 의식의 핵심으로 보인다. 예를 들어보자. 시드니 하틀랜드는 일부 의례를 접촉에 의한 공감 의례로 해석한다. 예컨대, 여주술사가 아이에게 입맞춤하여 그 어머니의 젖을 마르게 한다는 저주가 그러하다. 하지만 이 저주를 믿는 사람들은 접촉 그 자체보다 '악의 눈', 즉 여주술사 혹은 악한 요정이 지닌 마력에 더 주목한다.

2) 주술적 사실들에서 속성 개념이 우세해 보일지라도, 이 개념만으로는 주술적 믿음을 온전히 설명할 수 없다.

첫째, 일반적으로 속성 개념이 그 자체만으로 쓰이는 경우는 드물다. 속성이 있는 사물은 대개 특정 의례 조건하에서만 쓰인다. 우선 채취 규칙이 있다. 시간, 장소, 수단, 의도를 비롯해 가능한 모든 조건을 지켜야 한다. 이를테면 주술에 쓰일 식물은 강가나 교차로에서, 보름달이 뜬 밤 자정에, 왼손의 두 손가락으로, 오른쪽에서 다가가면서, 어떤 만남 뒤에, 특정 생각을 하지 않은 상태에서 채취해 야 한다. 금속이나 동물성 물질에 대해서도 유사한 규정이 적용된 다. 다음으로 사용 규칙이 있다. 시간, 장소, 양에 대한 규칙뿐 아니 라 그 사물의 특성을 활용하고 공감 작용을 가능하게 하는 여러 의 례가 종종 방대하게 행해진다. 인도의 경우처럼, 부차적인 부적이 든 '작용물질'이든 간에 주술 의례에 등장하는 모든 것은 반드시 기 름을 바르거나 제물로 바쳐져야 하는 주술 체계도 존재한다.

둘째, 주술적 속성은 그것이 깃든 사물에 본래부터 내재한 절대 적이고 고유한 속성이 아니다. 오히려 그것은 언제나 외부에서 부 여된 상대적 속성으로 간주된다. 어떤 경우에는 희생제의, 축성, 성물이나 저주받은 사물과의 접촉, 또는 일반적인 주문 걸기 의식 을 통해 속성이 부여된다. 또 어떤 경우에는 신화에 의해 그 속성 이 설명되는데, 이 경우에도 그 속성은 우연히 획득된 것으로 간주 된다. 예컨대, 어떤 식물은 그리스도나 메데이아(Médée)[152]의 발밑 에서 자라났다고 전해지고, 투구꽃은 에키드나(Echidna)[153]의 이빨 에서 태어났다고 한다. 도나르(Donnar)[154]의 빗자루나 하늘 독수

---

[152] 메데이아(Médée)는 그리스 신화에 등장하는 마녀로 특히 약초를 다루는 마법 (pharmakeía)에 능통하다고 알려져 있다.

[153] 에키드나(Echidna)는 그리스 신화에 등장하는 모든 괴물의 어머니이다. 모스와 위 베르는 맹독성 식물인 투구꽃(Aconite)이 에키드나의 이빨에서 태어났다고 적었지 만, 널리 알려진 전설에 따르면 그녀의 자식인 케르베로스가 땅에 흘린 침에서 피어 났다고 전해진다.

[154] 도나르(Donnar)는 게르만 신화에 등장하는 천둥의 신으로, 북유럽 신화의 토르

리의 식물[155]의 효능 역시, 본래 개암나무나 인도의 한 식물에 내재된 성질이 아니라 주술적으로 부여된 것으로 여겨진다.

일반적으로 주술적 속성은, 설령 그것이 사물의 고유한 특징이라 해도, 늘 부차적으로 여겨져 온 다른 특성들과 결합하여 나타난다. 예컨대, 타로나 돼지의 고환을 닮은 돌의 우연한 형태, 구멍이 뚫린 돌이 그러하다. 색도 그에 해당한다. 인도에서는 도마뱀의 머리, 납, 강물의 거품, 해로운 물질들 사이의 연관성을 설명하는 근거로 색이 제시된다. 또한 단단함, 이름, 희귀성, 어떤 장소에 특정 사물이 존재한다는 이례성(운석이나 선사시대 돌도끼), 발견 당시의 정황 등도 마찬가지다. 따라서 어떤 사물의 주술적 특성은 결국 하나의 사회적 약속에서 유래하며, 이 약속은 일종의 신화나 간소화된 의례 역할을 한다고 볼 수 있다. 속성을 지닌 모든 사물은 그 특성 자체로 하나의 의례가 된다.

셋째, 주술에서 속성 개념은 그 자체만으로는 불충분하기에 힘이나 본성 같은 매우 일반적인 개념과 항상 혼합되어 있다. 만들어 낼 효과에 대한 관념은 언제나 매우 명확하지만, 그 효과를 일으킬 특수한 성질과 직접적인 작용 방식에 대한 관념은 꽤 모호하다. 오

(Thor)에 해당한다.

155 이는 고대 인도의 베다 신화에서 불멸의 신주(神酒)인 소마(Soma)를 하늘에서 거대한 독수리가 훔쳐 인간에게 전해주었다는 전설을 가리키는 것으로 보인다. 소마는 식물에서 즙을 추출해서 만들어지는데, 모스와 위베르가 기술한 '하늘 독수리의 식물'은 이를 가리키는 것 같다.

히려 주술에서는 불특정한 효능을 지닌 사물에 대한 관념이 분명하게 드러난다. 소금, 피, 타액, 산호, 철, 수정, 귀금속, 마가목, 자작나무, 신성한 무화과, 장뇌, 향, 담배 등은 일반적인 주술적 힘을 담고 있어서, 특정한 방식으로 적용되거나 특정한 용도로 사용될 수 있다. 주술사들이 속성에 붙이는 이름 또한 대체로 모호하고 일반적이다. 인도에서는 사물을 길조와 흉조로 나누는데, 길조의 사물은 우르자스(*urjas*, 힘)[156], 테자스(*tejas*, 광휘)[157], 바르카스(*varcas*, 광채, 생기)[158] 등을 지닌 것으로 여겨진다. 그리스와 현대의 주술에서도 이런 사물들은 신성하거나, 경외심을 자아내거나, 행운 또는 불운을 가져다주는 것으로 여겨진다.[이처럼 모호한 힘에 대한 관념은 모든 것을 가능케 하는 단 하나의 절대적인 물질을 찾으려는 시도로 이어진다−옮긴이] 요컨대 주술이란 현자의 돌(les pierres philosophales), 만병통치약, 신성한 물(les eaux divines)을 찾아 나서는 행위이다.[159]

다시 연금술사들로 돌아가 보자. 그들은 공감 작용에 대한 이론

---

156 우르자스(Urjas)는 고대 인도의 베다 문헌에 등장하는 개념으로, 활력이나 생명력을 의미한다.

157 테자스(Tejas)는 빛이나 광휘를 뜻하며 신이나 영웅이 지닌 영적인 힘을 가리킨다.

158 바르카스(Varcas)는 신성한 지식이나 제의를 통해 얻는 영적 권위나 광채를 뜻한다.

159 '현자의 돌'은 서양 연금술에서 비금속을 황금으로 바꾸는 신비한 물질로, 물질적 변환뿐 아니라 영적 완성을 상징하는 개념이다. '신성한 물'은 서양 연금술에서 생명 연장과 영적 불멸을 가져다준다는 물질로, 증류된 알코올(Aqua Vitae)이나 불사의 묘약(Elixir of Life)을 가리킨다.

과 마찬가지로 주술적 속성에 대한 이론도 만들어 냈다. 그들에게 공감 작용은 일반적 자연, 곧 자연($φύσις$)의 형상들($εἴδη$)이다. 이 형상들을 분해하면 다시 자연이 드러난다. 그러나 이미 언급했듯이, 연금술사들은 자연을 단지 추상적 개념으로만 파악하지 않고 본질($οὐσία$)이자 힘($δύναμις$)이라는 형태로 개념화한다. 이 힘은 규정할 수 없는 영적 속성을 지니면서도 여전히 물질적 기반에 묶여 있다. 이처럼 자연 개념을 통해 힘 개념이 즉각 주어진다. 가장 추상적인 개념으로서 자연과 힘은 일종의 비인격적 영혼으로 표상된다. 이는 사물들과 구별되는 힘이면서도 동시에 그것들과 밀접히 결합되어 있고, 의식은 없지만 지성을 갖춘 힘으로 여겨진다. 이제 연금술사 논의를 마무리하면서 다음의 사실을 기억해 두자. 정령 개념이 속성 개념과 연결된 것으로 보였다면, 역으로 속성 개념도 정령 개념과 연결되어 있다. 속성과 힘은 분리할 수 없는 두 항이며, 속성과 정령 또한 종종 혼동된다. 예컨대 구멍이 뚫린 돌(*pietra buccata*)의 효능은 그 안에 깃든 붉은 요정(*follettino rosso*)에게서 비롯된다.[160]

속성 개념 뒤에는 장이라는 개념이 놓여 있다. 장은 사물의 사용을 둘러싼 조건들, 즉 우리가 이미 여러 차례 언급한 긍정적 또는 부정적 조건들에 의해 규정된다. 끝으로, 이러한 표상은 특정 사물

---

[160] 여기서 '구멍 뚫린 돌'의 이탈리아 원어 pietra buccata는 pietra forata의 오기(誤記)로 보인다.

과 접촉하는 순간 곧바로 주술의 세계로 들어선다고 보는 여러 전통에서 명확하게 드러난다. 마법 지팡이, 마법 거울, 성금요일에 낳은 달걀 등이 그 대표적인 예다. 하지만 주술 의례를 여러 속성의 총합이자 산물로 분석하려 할 때, 속성 개념으로 설명되지 않고 남는 잔여 요소는 공감 공식이 남기는 잔여 요소보다 훨씬 적다. 속성이라는 개념 자체가 이미 주술적 힘과 인과성의 개념 일부를 내포하고 있기 때문이다.

3) 정령이 등장하는 의례는 정령론(démonologie)이 비교적 잘 설명하는 것 같다. 심지어 정령에게 호소하거나 명령하는 방식으로 이루어진 의례는 거의 완벽하게 설명하는 듯하다. 공감 개념이나 주술적 속성 개념만으로는 정령 의례에서 본질적인 것으로 여겨지는 요소들을 설명할 수 없지만, 정령론은 주술 전체에까지 확장될 수도 있다. 실제로 인격적 정령의 존재가 반드시 드러나지는 않더라도, 모든 주술 의례에는 어느 정도 그들이 개입할 여지가 있다. 또한 정령론은 주술이 특수한 장에서 수행되며, 모든 것이 반드시 정령의 세계, 혹은 더 정확히 말해 정령의 개입 가능성을 전제하는 조건들 속에서 이루어진다고 본다. 끝으로 정령론은 주술적 인과성의 본질적 속성 가운데 하나인 '영성(spiritualité)'을 분명하게 포착해 낸다. 다만 이 이론 역시 몇 가지 불충분한 점을 갖고 있다.

정령은, 심지어 정령을 다루는 주술 행위에서조차, 그에 관여하는 힘 중 일부만을 표상하는 데 그친다. 영적 인격체라는 관념만으로는 수많은 익명적이고 일반적인 힘들, 가령 주술사의 능력, 말의 효능, 몸짓의 효력, 시선의 힘, 의지의 힘, 매혹의 힘, 죽음의 힘 등을 온전히 나타내지 못한다. 앞서 우리는 주술 의식을 구성하는 전체 표상들 가운데 설명되지 않고 남겨진 잔여로서 막연한 힘(pouvoir vague)이라는 개념을 살펴보았다. 그런데 이 힘 개념은 너무 본질적이어서, 어떤 주술도 그것을 정령의 형상이나 정령을 부르는 의식의 틀 안에서 온전히 구현해 낼 수 없었다. 이 힘 개념에는 항상 무언가가 남아 있어야만 한다. 그래야만 의례가 정령에게 영향을 미치는 주술 작용을 설명할 수 있고, 정령이 독립적일수는 있어도 자유롭지 않다는 점을 드러낼 수 있다.

다른 한편, 주술사에게 있어 영혼 개념이 의례의 원거리 작용과 다방면의 효능을 설명할 수 있다고 해도, 그 개념만으로는 의례의 존재 자체와 그 구체적 특성들—예컨대 공감적 몸짓, 주술 물질, 의례 조건, 특수한 언어 등—을 설명할 수 없다. 결국 정령론은 다른 이론들이 설명하지 못한 잔여 요소의 일부를 잘 분석해 내지만, 그 역시 모든 것을 설명하지는 못하고, 오히려 다른 이론들이 어느 정도 설명해 냈던 부분들을 잔여로 남겨두기까지 한다. 따라서 정령 의례에서는 영혼 개념이 언제나 효력이라는 비인격적 개념을 반드시 수반하게 된다.

그런데 바로 이 효력이라는 개념이 정령 개념에서 파생된 것은 아닌지 의문을 가져볼 수 있다. 지금까지 이 가설이 지지받은 적은 없지만, 엄격한 애니미즘 이론이라면 이를 받아들일지도 모른다. 이에 대해 먼저 제기될 수 있는 반론은 다음과 같다. 주술에서 정령이 반드시 능동적 존재인 것만은 아니다. 모든 퇴마 의식, 치료 주문, 특히 기원을 밝히는 주문(charmes d'origine) 등은 오직 정령을 쫓아내는 데 목적이 있다. 사람들은 정령의 이름과 내력을 비롯해 이 정령에게 어떤 영향을 미칠 수 있는지 밝힌다. 이때 정령은 의식의 필수적 구성요소가 아니라 단지 그 대상일 뿐이다.

　더불어, 이런 유형의 정령 표상 내에서조차 인격 개념의 중요성을 과장해서는 안 된다. 앞서 우리는 어떤 정령들은 특정 속성이나 의례를 불완전하게 의인화한 존재에 지나지 않는다고 지적했다. 이 정령들은 그런 속성이나 의례 없이는 아무런 독자적 실체를 갖지 못한다. 이들을 정의할 때 개입하는 유일한 요소는 영향력과 효과의 전달이라는 개념뿐이다. 이들은 아포로이아이(ἀπόρροιαι), 즉 발산물(effluves)이다. 힌두교의 정령 이름만 봐도, 이들의 개체성이 얼마나 빈약한지 잘 알 수 있다. 싯다(*siddha*, 힘을 획득한 자), 비디야다라(*vidyâdhâra*, 지식을 지닌 자) 등의 이름이 그러하다.[161] "싯디(siddhi) 왕자, 샥티(Çakti) 왕자"(위력) 같은 이름은 이슬람권 말레이 주술에도 여전히 남아 있다. 알곤킨족의 마니투 역시 비인격

---

161 여기서 저자들은 싯다와 비디야다라의 예를 들면서 이 이름들 자체가 인격보다는 능력을 가리킨다는 점을 강조하고 있다. 한편, '지식을 지닌 자'를 의미하는 비디야다라는 힌두교 신화에서 반신적 존재나 마법사로 묘사되는 정령의 한 종류를 가리킨다.

적이다. 이는 정령들의 수나 이름이 불명확한 경우가 잦다는 점에서도 확인된다. 정령은 대개 군대나 다수의 무리를 이루는 이름 없는 존재들(plèbes, *ganas*)로서 흔히 보통명사에 가까운 이름으로 불린다. 망자의 영혼—이들조차도 거의 식별되지 않는다—과 신을 제외하면, 정령이라는 범주 내에 실제 인격적 존재가 있는지조차 의문이다.

우리는 영적 힘 개념이 주술적 정령 개념에서 파생되지 않는다고 볼 뿐 아니라, 오히려 주술적 정령 개념이야말로 영적 힘 개념에 의존한다고 믿을만한 근거도 갖고 있다. 실제로, 한편으로는 영적 힘의 개념이 정령 개념으로 이어진다. 가령 아시리아의 마미투, 알곤킨족의 마니토, 이로쿼이족의 오렌다는 모두 일반적 힘의 성격을 잃지 않으면서도 영적인 것으로 간주될 수 있다. 다른 한편, 주술적 정령 개념은 두 개념, 즉 정령과 주술적 힘 개념의 합성으로 볼 수 있지 않을까? 이때 후자는 반드시 전자의 속성일 필요는 없다. 그 증거로, 한 사회에 존재하는 수많은 정령 가운데 실제로 강력한 존재로 실험을 통해 인정받고 주술의 대상으로 다루어지는 경우는 극히 드물다는 점을 들 수 있다. 이는 왜 주술이 신들, 특히 폐위된 신이나 외래 신처럼 본질적으로 강력한 존재들을 전유하려는지를 설명해 준다.

그러므로 우리가 주술에 대한 믿음을 설명할 때 다른 이론들보다 애니미즘 이론을 더 선호한다고 할지라도, 우리의 관점은 일반적인 애니미즘적 가설과는 분명히 구별된다. 적어도 주술에서만

큼은, 우리는 영혼 개념보다 영적 힘 개념이 선행한다고 보기 때문이다.

요컨대 주술 행위에 대한 믿음을 설명하려 했던 많은 이론은 언제나 설명되지 않은 잔여를 남긴다. 이제 우리는 주술의 구성요소를 분석했던 바로 그 방식으로 이 잔여를 이해해야 한다. 바로 여기에 주술에 대한 믿음의 심층적 이유가 놓여 있다.

이와 같이 우리는 비인격적 개념과 영 개념에 덧붙여지는 이 새로운 요소를 점차 밝혀왔다. 지금까지 논의한 바로 비춰볼 때, 이 새로운 요소는 앞의 두 범주의 개념보다 더 상위에 놓인 개념이라 할 수 있다. 다시 말해 이 개념이 주어진다면 다른 개념들은 그로부터 파생되는 것에 불과하다.

이 복합적인 개념은 우선 '힘' 개념, 더 정확히는 흔히 "주술적 잠재력(potentialité magique)"이라 불리는 개념을 포함한다. 주술사의 힘, 의식의 힘, 정령의 힘은 모두 이 힘 개념이 주술의 구성요소에 따라 서로 다르게 표현된 것에 지나지 않는다. 이들 요소 중 어느 것도 그 자체로 작용하지 않기 때문이다. 그것은 사회적 약속에 의해서든 특별한 의례를 통해서든, 하나의 힘이라는 그 성격, 즉 기계적 힘이 아닌 주술적 힘을 부여받은 경우에만 효력을 발휘한다. 이런 점에서 주술적 힘 개념은 오늘날 물리학에서 말하는 힘 개념과 상당히 유사하다. 우리가 가시적인 운동의 원인을 힘이라고 부르듯이, 주술적 힘 또한 질병이나 죽음, 행복이나 건강 같은 주술적 효과의 본래 원인으로 볼 수 있다.

이 복합적인 개념은 해당 힘들이 작용하는 '장(場)'이라는 개념도 포함한다. 이 신비한 장에서는 감각 세계와는 전혀 다른 방식으로 사물들이 작용한다. 여기서는 먼 거리라도 접촉이 일어난다. 그려진 것이 곧장 실체로 나타나고 소원도 즉시 이루어진다. 모든 것이 영적인 이 세계에서는 모든 것이 정령이 될 수 있다. 이곳은 바로 영의 세계이자 정령의 세계이다. 하지만, 이 힘이 아무리 무한하고 이 세계가 아무리 초월적이라 하더라도, 여기서 일어나는 작용들은 일정한 법칙을 따른다. 사물 간 필연적 관계, 언어와 기호가 표상 대상과 맺는 관계, 일반적인 공감의 법칙, 『사회학 연보』에서 우리가 고찰했던 분류 체계[162]와 유사한 방식으로 체계화될 수 있는 속성의 법칙들이 그것이다. 이 힘 개념과 장 개념은 분리될 수 없을 뿐 아니라 서로 완전히 일치하며, 동일한 수단으로 동시에 표현된다. 실제로 주술적 힘을 조성하는 의례적 형식들은, 제의 이전부터 이후까지의 전 과정에서 주술적 장을 형성하고 그 경계를 설정한다. 따라서, 우리의 분석이 정확하다면, 우리는 주술의 기저에 유럽 성인의 사고방식과는 완전히 다른, 아주 특이하고 모호한 표상을 보게 되는 셈이다.

그런데 오늘날까지 종교학은 주술을 설명하기 위해 줄곧 개인적 이해에 기반한 추론 방식에 의존해 왔다. 실제로 공감 이론은

---

162 1903년 뒤르켐과 모스가 『사회학 연보』에 발표한 『분류의 원시적 형태들(De quelques formes primitives de classification)』(1903)을 가리킨다.

유추적 사고, 다시 말해 관념연합에 의존하고, 정령론은 의식과 꿈에 기반한 개인적 경험에 의존한다. 또 속성에 대한 표상은 대개 체험, 유추적 추론, 혹은 과학적 오류의 결과로 간주되어 왔다. 반면, 힘과 장이라는 이 복합 개념은 우리 언어나 이성이 사용하는 추상적이고 경직된 범주 바깥에 있다. 개인 중심의 주지주의적 심리학(psychologie intellectualiste)의 관점에서 보자면 이 개념은 불합리해 보일 것이다. 그렇다면 인간을 집단적 존재로 보는 비주지주의적 심리학(psychologie non intellectualiste)의 관점에서 이 개념의 존재를 어떻게 인정하고 설명할 수 있는지 살펴보자.

3. 마나

이와 유사한 개념은 실제로 여러 사회에서 발견된다. 우리가 특별히 고찰할 두 민족 집단의 경우, 이미 주술이 어느 정도 분화했음에도 이 개념이 구체적인 명칭을 가지고 작동하고 있다는 사실은, 역으로 우리 분석의 근거가 타당하다는 점을 입증해 준다.

이 개념은 멜라네시아에서 마나(*mana*)라고 불린다. 멜라네시아만큼 이 개념이 잘 관찰되는 곳은 없다. 마침 코드링턴이 이를 탁월하게 관찰하고 묘사한 바 있다(『멜라네시아인』, 119쪽 이하, 191쪽 이하 등). 마나라는 단어는 멜라네시아의 모든 고유 언어는 물론, 폴리네시아 대부분의 언어에도 공통적으로 나타난다. 마나는 단지 힘이나 존재만을 뜻하지 않는다. 그것은 작용이고 성질이며, 상태이기도 하다. 다시 말해, 이 단어는 명사이자 형용사이자 동사이다. 어떤 대상이 마나의 특성을 지닌 경우, 사람들은 그것이 '마나하다(est *mana*)'라고 말하는데, 이때 '마나'는 형용사처럼 쓰인다(사람에 대해서는 이렇게 표현하지 않는다). 한편 정령, 인간, 돌, 의례 등이 '어떤 마나를 지녔다(a du *mana*)'라고 말할 수도 있다. 가령 "이것을 할 수 있는 마나를 가지고 있다"라고 표현하는 식이다. 마나라는 단어는 다양하게 활용되어 '마나를 지니다(avoir du *mana*)', '마나를 주다(donner du *mana*)'와 같은 의미를 나타내기도 한다. 요컨대, 마나라는 말은 다양한 관념들을 하나로 아우르는 개념이다. 즉, 주술사의 힘, 사물의 주술적 특성, 주술적 사물이나 존재, 주술적 힘을 지닌 상태, 주술에 걸린 상태, 주술적으로 행위하는 것 등이 모두 여기에 해당한다. 마나는 우리가 그 상호 연관성은 짐작하면서도 따로따로 나열해야 했던 여러 개념을 한 단어로 통합해 제시한다. 즉 마나라는 한 단어가 주술의 근본적 특징, 즉 집행자, 의례, 대상이 서로 뒤섞여 있는 미분화 상태를 그대로 구현하는 것이다.

마나는 우리가 이미 벗어났다고 여겨 이제는 이해하기조차 어려운 혼란스러운 개념 중 하나다. 이 개념은 모호하고 불분명하면서도 놀라울 정도로 명확하게 사용되며, 추상적이고 일반적이면서도 구체적인 속성을 지닌다. 이처럼 복잡하고 혼란스러운 원시적 성격 때문에 우리는 마나를 논리적으로 분석할 수 없고, 그저 묘사하는 데 만족해야 한다. 코드링턴에 따르면, 마나 개념은 주술적이 거나 종교적인 모든 의례와 영, 그리고 의례 전체에 관여하는 모든 인격과 사물에까지 확장된다. 마나는 사물과 사람의 가치, 즉 주술적이고 종교적이며 사회적인 가치를 만들어 낸다. 개인의 사회적 지위는 그가 지닌 마나의 중요성에 비례하며, 특히 비밀결사에서의 지위가 그러하다. 재산을 둘러싼 금기의 중요성과 불가침성은 그 금기를 부과하는 사람의 마나에 달려 있다. 부는 마나의 작용으로 여겨지며, 일부 섬에서는 마나라는 단어가 곧 돈을 의미하기도 한다.

마나라는 개념은 서로 뒤섞인 불안정한 관념들로 구성된다. 마나는 순차적으로 특성, 실체, 활동이 되기도 하고, 동시에 그 모든 것이 되기도 한다. 첫째, 마나는 특성이다. 그것은 마나를 지닌 사물의 성질이지 그 사물 자체는 아니다. 사람들은 그것을 '강한 것', '무거운 것'이라 묘사한다. 사아섬에서는 '뜨거운 것', 탄나섬에서는 '이상한 것', '지워지지 않는 것', '견고한 것', '특이한 것'이라 한다. 둘째, 마나는 다룰 수 있으면서도 독립적인 사물이자 실체이며 본질이다. 따라서 마나는 마나를 지닌 사람만이 마나적 행위 속에서만 다룰 수 있다. 즉, 자격을 갖춘 사람이 정해진 의례 안에서만 다룰 수 있다. 마나는 본질적으로 전달되고 전염되는 성질이 있다. 수확용 돌에 깃든 마나는 접촉을 통해 다른 돌로 전해진다. 마나는 물질적인 것으로 여겨진다. 마나를 들을 수 있고, 마나가 깃든 사물에서 그것이 빠져나오는 모습을 볼 수도 있다. 마나는 나뭇잎 사이에서 소리를 내며, 구름이나 불꽃의 형상으로 빠져나온다. 마나는 특정 형태로 분화되는 경향이 있다. 부를 가져다주는 마나가 있는가 하면, 죽음을 일으키는 마나도 있다. 일반적인 마나도 더욱 세밀하게 구분된다. 예컨대 뱅크스 제도에서는 특정한 주문 방식들에 대응하는 타라마타이(talamatai)라는 마나가 있고, 인간의 흔적에 저주를 가하는 또 다른 마나가 있다. 셋째, 마나는 힘이다. 특히 그것은 조상들의 영혼이나 자연의 영 같은 영적 존재들의 힘이다. 이 마나 덕분에 그들은 주술적 존재가 된다. 그러나 이 마나는 모든 영에게 주어지지 않는다. 자연의 영은 본래 마나를 지니고 있지만, 죽은 자들의 영혼이 모두 마나를 지니는 것은 아니다. 오직 족장의 영혼, 기껏해야 가족의 가장 정도의 영혼, 그중에서도 생전에 마나를 드러냈거나 사후에 기적을 일으킨 자의 영혼만이 틴달로라 불리는 효력 있는 영이 된다. 그들만이 강력한 영이라 불릴 자격이 있으며, 나머지 영들은 무력한 그림자 무리 속으로 흩어질 뿐이다.

여기서도 모든 정령은 영이지만, 모든 영이 정령은 아니라는 점이 다시 한번 확인된다. 요컨대 마나 개념은 영 개념과 일치하지 않는다. 양자는 서로 결합하면서도 본질적으로는 다르다. 따라서 적어도 멜라네시아에서만큼은 정령론, 나아가 주술 전체를 애니미즘만으로 설명할 수는 없다. 한 가지 예를 들어보자. 플로리다에서는 누군가 병에 걸리면, 병의 원인이 그를 사로잡은 마나에 있다고 여긴다. 이 마나는 특정 틴달로에 속하며, 이 틴달로는 다시 마나를 지닌 주술사, 즉 마네 키수(*mane kisu*)와 연결된다. 이 마네 키수는 해당 틴달로와 동일한 마나, 또는 그 마나에 작용할 수 있는 마나를 지닌 자로 간주된다. 이 틴달로는 특정 식물 종과도 연결되는데, 이는 틴달로마다 고유의 식물이 따라붙으며, 그 식물의 마나가 바로 병의 원인이 되기 때문이다. 어떤 틴달로를 불러내야 하는지는 다음과 같이 판별한다. 즉, 여러 식물의 잎을 차례로 문지르다 보면, 환자의 병과 관련된 마나를 지닌 잎이 특유의 바스락거리는 소리를 내며 반응한다. 그러면 틴달로, 곧 그 틴달로의 마나와 연결된 마네 키수를 지목할 수 있게 되며, 이 인물만이 병자에게서 마나를 끌어내 병을 고칠 수 있다. 요컨대, 여기서 마나는 틴달로와 분리 가능하다. 마나는 틴달로 뿐 아니라 환자, 식물 잎, 그리고 마네 키수 안에도 존재하기 때문이다. 이처럼 마나는 독립적으로 존재하고 작용하며, 인격적 영의 곁에서 비인격적 존재로 남아 있다. 틴달로는 마나를 지니고 있으나, 마나 그 자체는 아니다. 덧붙이자면, 이 마나는 하나의 분류 범주 안에서 순환하며, 상호작용하는 존재들은 모두 그 범주에 속한다.

그러나 마나가 반드시 정령에 연결된 힘일 필요는 없다. 마나는 영적인 존재가 아닌 사물의 힘일 수도 있다. 예컨대 타로를 자라게 하거나 돼지를 번식시키는 돌, 비를 부르게 하는 풀 등이 그렇다. 그럼에도 마나는 영적인 힘이다. 즉, 이 힘은 기계적으로 작용하지 않으며 멀리 떨어진 곳에서도 영향을 미칠 수 있다. 마나는 주술사의 힘이다. 주술사로 활동하는 전문가들의 이름은 거의 예외 없이 마나가 포함된 합성어들이다. 예컨대, 페이마나(*peimana*), 기스마나(*gismana*), 마네 키수 등이 그러하다. 마나는 의례의 힘이기도 하며, 마법 주문 자체를 가리키는 말로도 쓰인다. 더 나아가 의례는 마나를 지닐 뿐 아니라 그것 자체가 마나이기도 하다. 주술사와 의례가 마나를 지니고 있기에, 이들은 마나를 지닌 정령에게 작용하고, 그것을 불러내거나 명령하거나 소유할 수 있는 것이다. 그런데 한 주술사가 개인적인 틴달로를 가지고 있는 경우, 그가 자기 틴달로에게 작용할 때 사용하는 마나는, 그 틴달로가 주술적 효과를 일으킬 때 사용되는 마나와 실제로 다르지 않다. 따라서 마나가 무수히 많이 존재하는 것처럼 보이더라도, 오히려 우리는 이 다양한 마나들이 서로 다른 힘이 아니라 단지 사람, 영, 사물, 사건 등에 고정되지 않은 채 분산된 하나의 동일한 힘이라고 생각하게 된다.

　마나라는 말의 의미를 더 확장해서, 그것은 탁월한 힘이며 사물의 참된 효능, 즉 기계적 작용을 없애거나 약화하지 않고 오히려 강화하는 힘이라 할 수 있다. 그물로 물고기를 잡을 수 있게 하고, 집을 튼튼하게 만들며, 카누가 바다 위에 잘 뜨게 하는 것도 마나 덕분이다. 밭에서는 비옥함이며, 약에서는 치유의 효능이자 죽음의 독이다. 화살에서 마나는 죽음을 일으키는 힘인데, 이때 마나는 화살대에 끼워진 죽은 자의 뼛조각으로 나타난다. 유럽의 의사들은 멜라네시아의 독화살이 실제로는 마법에 걸린 화살, 마나를 지닌 화살일 뿐이라는 사실을 밝혀냈다. 그런데도 사람들은 이 화살에 실제 독이 있다고 믿는다. 즉, 이 화살의 진짜 효능은 화살촉이 아니라 마나에 있다고 여기는 것이다. 정령의 경우 마나가 틴달로와 구별되듯, 여기서도 마나는 사물의 다른 특성들을 훼손하지 않고 그 사물에 부가된 하나의 특성으로 나타난다. 다시 말해, 마나는 사물에 덧붙여진 또 하나의 사물과도 같다. 이렇게 덧붙여진 속성은 보이지 않고 경이로우며 영적인 특성을 지닌다. 요컨대 모든 효능과 생명이 깃드는 영과도 같은 것이다. 마나는 경험의 대상이될 수 없다. 오히려 그것은 경험을 압도한다. 마나는 의례를 통해 사물에 부가되며, 의례와 같은 성질을 지닌다. 코드링턴은 마나가 '초자연적인 것'이라 말할 수 있다고 보았으나, 다른 곳에서는 더 정확히 "어떤 의미에서(in a way) 초자연적이다"라고 말한다. 즉, 마나는 초자연적이면서 동시에 자연적이다. 마나는 모든 감각적 세계에 퍼져 있다는 점에서 자연적이며, 동시에 그 세계와는 이질적이라는 점에서 초자연적이기 때문이다.

이러한 이질성은 늘 막연히 감지되지만, 때로는 구체적인 행위를 통해 드러나기도 한다. 이때 마나는 속된 삶으로부터 엄격히 분리되어 경외의 대상, 심지어 금기의 대상이 되기까지 한다. 금기시되는 모든 사물은 마나를 지니며, 역으로 마나를 지닌 사물도 대부분 금기시된다. 앞서 언급했듯이, 한 개인의 마나, 혹은 그의 틴달로의 마나가 재산 관련 금기의 효력을 결정한다. 마찬가지로, 주문을 외는 장소, 틴달로가 깃든 돌, 마나가 깃든 장소나 사물도 모두 금기시된다. 정령이 깃든 돌의 마나는 그 돌을 밟은 사람이나 그 돌에 그림자가 닿는 사람에게 들러붙는다.

따라서 마나는 신비로울 뿐 아니라 그 자체로 분리된 어떤 것이다. 요컨대 마나는 일차적으로 특정한 종류의 작용, 즉 공감 관계에 놓인 존재들 사이에서 일어나는 원격의 영적 작용이다. 그것은 또한 불가해하고 전염될 수 있으며, 저절로 퍼지는 일종의 에테르이기도 하다. 또한 마나는 하나의 장이다. 더 정확히 말해, 마나는 그 자체로 마나의 성격을 지닌 장 속에서 작용한다. 장은 일종의 내적이고 특별한 세계로서, 거기서는 마나만 작용하면 온갖 일이 다 일어날 수 있다. 주술사의 마나가 의례의 마나를 통해 틴달로의 마나에 작용하고, 이는 다시 다른 마나들을 움직이게 한다. 이러한 과정은 계속해서 이어진다. 이러한 작용과 반작용에는 마나 이외의 다른 어떤 힘도 개입하지 않는다. 마치 하나의 닫힌 궤도 속에서 모든 것이 마나이며, 심지어 그 궤도 자체도 마나라고 말할 수 있다.

이러한 개념은 멜라네시아에서만 발견되는 것이 아니다. 많은 사회에서 그 흔적을 찾아볼 수 있는데, 향후 연구를 통해 그 실체가 반드시 밝혀질 것이다. 무엇보다도 우리는 말레이-폴리네시아 어족에 속한 다른 여러 민족 사이에서도 마나 개념이 존재함을 확인할 수 있다. 가령, 말레이해협에 거주하는 원주민들 사이에서는 마나에 해당하는 개념이 '크라맛(*kramât*)'이라는 단어(kramât는 스키트의 표기에 따른 것이다)로 지칭되는데, 이는 '신성한'을 뜻하는 좀 더 제한된 의미의 셈어 어근 *hrm*에서 유래한 아랍어에서 온 말이다. 이 지역에는 그 자체 크라맛이거나 크라맛을 지닌 것으로 여겨지는 사물, 장소, 시간, 동물, 영, 인간, 그리고 주술사들이 있다. 여기서 실제로 작용하는 것은 크라맛의 힘이다. 이보다 북쪽에 있는 프랑스령 인도차이나의 바나르족(Ba-hnar)을 살펴보자. 이들은 여자 주술사가 '뎅(*deng*)'한 인물이며, '뎅'을 가지고 있고 사물을 '뎅'하게 만든다고 말하는데, 이 '뎅' 개념은 확실히 마나와 유사하다. 이들은 '뎅'이라는 개념을 둘러싸고 끝없는 사유를 펼쳐낸다. 말레이-폴리네시아 어족의 또 다른 극단, 마다가스카르에서는 하시나(*hasina*)라는 단어가 쓰인다. 어원은 알려지지 않았지만, 이 단어는 특정 사물의 속성, 특정 존재—동물이나 인간, 특히 여왕—에게 부여된 속성, 그리고 이 속성에 따라 수행되는 의례를 아울러 지칭한다. 여왕은 그 자체가 하시나[163]인 동시에 하시나를 지닌 존재였고, 여왕의 이름으로 바친 공물이나 맹세까지도 하시나로 불렸다. 마나가 중요한 역할을 하는 뉴질랜드 주술이나 주술의를 '마낭(*manang*)'이라 부르는 다약족의 주술을 더 정밀하게 분석한다면, 멜라네시아 주술과 유사한 결론에 이르게 될 것이다.

이러한 개념이 말레이-폴리네시아 지역에만 국한되는 것은 아니다. 북아메리카에서도 이와 유사한 개념들이 여러 지역에서 확인된다. 휴론족(이로쿼이족의 한 분파)은 이를 '오렌다(*orenda*)'라고 부르며, 다른 이로쿼이족들도 같은 어근에서 파생된 단어를 사용하는 것으로 보인다. 휴론족 출신의 저명한 인류학자 휴잇

---

163 원문에는 마시나(*masina*)로 표기되어 있으나, 이는 하시나(*hasina*)의 오기로 보인다.

(Hewitt)은 오렌다에 대해 중요한 서술을 남겼지만, 분석이라기보다는 단순한 묘사에 가깝다. 이는 오렌다가 마나보다 분석하기 어려운 개념이기 때문이다("American Anthropologist", 1902, 신간 IV, 1, 32~46쪽).

오렌다라는 개념은 지나치게 일반적이고 모호한 동시에 너무나 구체적이다. 또한 너무 많은 사물과 불분명한 특성들을 아우르기에, 우리가 이 개념에 익숙해지기는 어렵다. 오렌다는 힘, 신비로운 힘이다. 자연 속에 오렌다가 없는 것은 존재하지 않으며, 특히 자기 오렌다가 없는 생명체는 존재하지 않는다. 신, 영, 인간, 동물 모두가 오렌다를 지닌다. 폭풍과 같은 자연현상도, 해당 현상을 관장하는 영들의 오렌다에 의해 발생한다. 운이 좋은 사냥꾼을 일컬어 자기 오렌다로 사냥감의 오렌다를 쓰러뜨린 자라고 한다. 포획하기 어려운 동물은 그 오렌다가 영리하고 약삭빠르다고 알려져 있다. 멜라네시아에서 마나들이 충돌하듯, 휴론족 사회 곳곳에서도 오렌다들이 충돌한다. 오렌다 역시 자신이 속한 사물과 분리된 개념으로 여겨진다. 사람들은 심지어 그것을 내뿜거나 던질 수 있다고 믿는다. 예컨대, 폭풍을 일으키는 영은 구름 형태로 표현된 자신의 오렌다를 내던진다. 오렌다는 사물이 내는 소리이기도 하다. 동물의 울음, 새의 지저귐, 나뭇잎의 바스락거림, 바람 소리, 이 모든 것이 각자의 오렌다를 표현한다. 주술사의 목소리도 오렌다에서 나온다. 사물의 오렌다는 일종의 주문이다. 실제로 휴론어에서 구송 주문을 가리키는 말이 바로 오렌다이다. 오렌다는 본래 기도와 노래를 의미하며, 이 뜻은 이로쿼이족의 다른 방언들에서 쓰이는 유사한 단어들을 통해서도 확인할 수 있다. 만일 주문이 오렌다의 전형적 형태라면, 휴잇이 단언하듯 모든 의례 또한 오렌다이다. 이 점에서도 오렌다는 마나에 가깝다. 오렌다는 특히 샤먼의 힘이다. 샤먼은 '오렌다가 크고 강한 자(*rareñ' diowá'ne*)'라 불린다. 예언자나 점쟁이는 흔히 자신의 '오렌다를 발산하거나 내뿜는 자(*ratreñ'dāts* 또는 *hatreñ'dótha*)'라 불리며, 이 오렌다를 통해 미래의 비밀을 알아낸다고 여겨진다. 주술에서 실제로 효력을 발휘하는 것도 바로 이 오렌다다. "주술에서 사용되는 모든 것은 오렌다를 지닌 것으로 간주되며, 그것의 작용은 물리적 성질이 아니라 오렌다로부터 비롯된다. 주술, 부적, 주물, 마스코트, 호부, 심지어 의약품조차도 오렌다에 의해 효력을 지닌다." 오렌다는 특히 저주에 강력하게 작용한다. 결국 모든 주술은 오렌다로부터 비롯된다고 할 수 있다.

우리는 오렌다가 상징적 분류에 따라 작용한다는 점을 보여주는 단서 하나를 가지고 있다. "매미는 옥수수를 여물게 하는 존재라 불린다. 매미가 더운 날에 우는 것은, 이때 매미의 오렌다가 더위를 불러오고, 그 더위가 옥수수를 자라게 하기 때문이다. 토끼는 '운다'고 하는데, 이는 그의 오렌다가 눈을 지배하기 때문이다. 심지어 토끼가 덤불 잎을 갉아 먹는 높이에 따라 눈이 얼마나 쌓일지도 결정된다.(중략)". 여기서 토끼는 휴론족 내 한 포족에 속한 어느 씨족의 토템을 가리키는데, 이 씨족은 안개를 부르고 눈을 내리게 하는 힘을 지닌다고 한다. 따라서 오렌다는 토끼, 토템 씨족, 안개, 눈 등을 하나의 계열로 묶고, 매미, 더위, 옥수수를 또 다른 계열로 묶는다. 오렌다는 이러한 분류 체계에서 매개 원인으로 기능한다. 이 인용문들은 이로쿼이족이 인과성을 어떻게 사유하는지를 알려준다. 그들에게 으뜸가는 원인은 바로 목소리다. 요컨대, 오렌다는 물질적 힘도, 영혼도, 개별적 혼도, 활력도, 힘도 아니다. 실제로 휴잇은 이러한 개념들을 가리키는 각기 다른 용어들이 존재함을 입증했다. 그는 오렌다를 다음과 같이 정확히 정의한다. "오렌다는 신비로운 방식으로 작용하여 효과를 낳는 힘 또는 가상의 잠재력이다."

알곤킨족, 특히 오지브웨이족의 유명한 마니투 개념도 멜라네시아의 마나 개념에 대체로 부합한다. 아직 필사본으로만 전해지는, 알곤킨어에 관한 뛰어난 프랑스어 사전의 저자 타브네(Thavenet) 신부[164]에 따르면, 마니투라는 단어는 단순히 영혼을 뜻하는 말이 아니다. 그것은 주술적이거나 종교적인 존재, 힘, 자질 전반을 가리키는 포괄적인 용어이다(Tesa, Studi del Thavenet, Pise, 1881, 17쪽).[165] "그 단어는 존재, 실체, 살아 있는 존재를 의미한다. 어느 정

---

164 장바티스트 타브네(Jean-Baptiste Thavenet, 1763~1844)는 캐나다에서 활동한 프랑스 출신의 쉴피스회 신부이자 선교사이다. 그는 알곤킨족의 언어와 문화에 대한 깊은 이해를 바탕으로, 방대한 프랑스어-알곤킨어 사전을 편찬하여 북미 원주민 언어 연구에 중요한 자료를 남겼다.

165 이에 관한 정확한 출처는 다음과 같다. E. 테자, 『알곤킨어에 관한 타브네의 연구

도 영혼을 지닌 존재라면 모두 마니투라고 할 수 있다. 그러나 마니투는 특히 아직 공통된 이름을 갖지 못한 존재, 낯선 모든 존재를 가리킨다. 도롱뇽을 두고 한 여자가 무섭다면서 그것이 마니투라고 하자, 사람들은 도롱뇽이라는 이름을 알려주면서 그녀를 놀려댔다. 외부 상인들이 지닌 진주는 마니투의 비늘이고, 경탄을 자아내는 모직물은 마니투의 가죽이다. 마니투는 비범한 행위를 수행하는 존재로, 샤먼도 마니투로 여겨진다. 식물들도 마니투를 지닌다. 한 주술사가 방울뱀 이빨을 가리키며 이것이 마니투라고 말했다. 그런데 그 이빨이 더는 사람을 죽이지 않는다는 것이 드러나자, 그는 그 이빨이 마니투를 잃어버렸다고 말했다."

휴잇에 따르면, 수족에게서 마호파(*mahopa*), 슈베(*χube*, 오마하족 말), 와칸(*wakan*, 다코타족 말)과 같은 단어 또한 주술적 힘이나 자질을 의미한다.

또 휴잇은 일반적으로 쇼쇼니족 사이에서 포쿤트(*pokunt*)라는 단어가 알곤킨족의 마니투와 동일한 가치와 의미를 지닌다고 말한다. 한편 호피족, 즉 모키족을 관찰한 퓨크스(Fewkes)[166]는 푸에

에 대하여: E. 테자의 고찰(*Intorno agli studi del Thavenet sulla lingua algonchtna: Osservazioni di F. Teza, Pisa)*』, 피사, 1880.

166 제시 월터 퓨크스(Jesse Walter Fewkes, 1850~1930)는 미국의 저명한 고고학자이자 인류학자로, 특히 푸에블로 원주민 연구에 중요한 업적을 남겼다. 마르셀 모스는 그의 논문 「투사얀의 뱀 의례(Tusayan Snake Ceremonies)」(1897)에 대한 서평을 『사회학 연보』 2호(1899)에 남겼다. (Marcel Mauss, Œuvres. 1. *Les fonctions sociales du sacré*, Les Éditions de Minuit, 1968, pp. 549~550 참조).

블로족의 모든 주술적 · 종교적 의례의 기저에도 이와 같은 관념이 존재한다고 단언한다. 무니(Mooney)[167] 역시 키오와족 사이에서도 이에 상응하는 개념이 있다고 지적하는 것 같다.

멕시코와 중앙아메리카에서는 '나우알(naual)'이라는 용어가 이에 상응하는 개념으로 보인다. 이 개념은 그 지역에 깊이 뿌리내리고 널리 퍼져 있었기에, 모든 종교적 · 주술적 체계의 핵심 특징으로 여겨졌고 마침내 '나과리즘(nagualisme)'이라는 용어까지 생겨났다. 나우알은 보통 개인의 토템을 뜻하지만, 그보다는 훨씬 더 포괄적인 범주에 속한다. 마법사는 나우알이며, 그는 나우알리(naualli)라고 불린다. 나우알은 특히 마법사의 변신하는 능력이며, 그의 변신이자 화신이다. 이로부터 개인 토템, 즉 출생 시 개인과 결부되는 동물 종은 나우알의 여러 형태 중 하나에 지나지 않는다는 것을 알 수 있다. 젤러(Seler)[168]에 따르면, 이 단어는 어원상 '비

---

167 미국의 인류학자 제임스 무니는 체로키족에 대한 연구와 더불어 키오와족(Kiowa)의 고스트 댄스(Ghost Dance) 의례와 상징체계에 대한 조사를 진행했다. 마르셀 모스는 무니의 대표 저서인 『체로키족의 신화(*Myths of the Cherokees*)』(1902)에 대한 서평을 『사회학 연보』 1호에 게재했다.

168 에두아르트 젤러(Eduard Seler, 1849~1922)는 독일의 저명한 인류학자이자 고고학자로, 메소아메리카 문명 연구의 선구자로 널리 알려져 있다. 그는 특히 아즈텍과 마야의 상징, 달력, 언어 체계를 해독하고 분석했으며, 나우알(nahual) 개념과 같은 원주민의 종교적 관념을 깊이 있게 연구했다. 마르셀 모스는 젤러의 논문 「고대 멕시코의 주술과 주술사(Zauberei und Zauberer im alten Mexico)」(1899)에 대한 서평을 『사회학 연보』 4호(1901)에 기고한 바 있다(Marcel Mauss, Œuvres. 2. *Représentations collectives et diversité des civilisations*, Les Éditions de Minuit, 1974,

밀스러운 지식'을 뜻하며, 그 다양한 의미와 파생어는 모두 본래의 사변적이고 영적인 의미와 연관되어 있다. 나우아틀어(nauhatl) 문헌에서 이 단어는 숨겨진 것, 가려진 것, 위장된 것을 뜻한다. 이처럼 이 개념은 영적이고 신비롭고 차원이 다른 분리된 힘으로 나타나는데, 이는 곧 주술이 전제하는 바로 그 힘이다.

오스트레일리아에도 이와 유사한 개념이 존재하지만, 보다 정확히 그것은 주술, 특히 저주의 맥락에 한정된 개념이다. 퍼스 지역의 부족은 이를 '불야(boolya)'라고 부른다. 뉴사우스웨일스 지역의 원주민들은 인격적이거나 비인격적인 악령 또는 해로운 영향력을 '쿠치(koochie)'라고 부르는데, 이 역시 아마 유사한 외연을 가질 것이다. 아룬타족의 '아룬킬타(arungquiltha)'도 마찬가지다. 저주 의례에서 끌어내어지는 이 '사악한 힘(pouvoir malin)'은 하나의 자질이자 힘이며, 또한 스스로 존재하는 어떤 것으로 여겨진다. 신화는 그것을 묘사하고 그 기원을 설명한다.

비록 주술적 '힘-장(force-milieu)'이라는 개념이 명시적으로 드러난 사례는 드물지만, 그렇다고 해서 이 개념이 본래 보편적이었음을 의심할 필요는 없다. 사실 우리는 이와 같은 유형의 사실에 대해 너무나 무지하다. 이로쿼이족이 세상에 알려진 지 3세기가 넘었지만, 오렌다에 주목한 것은 불과 1년 전의 일이다. 게다가 이 개념은 명시적으로 드러나지 않은 채로 존재했을 수도 있다. 한 민

---

pp. 388~389 참조).

족이 이런 관념을 명확한 언어로 표현할 필요가 없는 이유는, 마치 자신의 문법 규칙을 굳이 밝힐 필요가 없는 것과 같다. 종교나 언어와 마찬가지로, 주술에서도 무의식적 관념이 작용하는 법이다. 일부 민족은 이 개념을 명확하게 의식하지 못했거나, 또 다른 일부는 이 개념이 정상적으로 기능하던 지적 단계를 이미 넘어섰을 수 있다. 어쨌든 그들 모두 이 개념을 적절한 방식으로 표현하지 못했다. 어떤 민족들은 그들의 고유한 주술 개념에서 본래의 신비적 내용을 일부 덜어냈고, 그 결과 그 개념은 반쯤 과학적인 것으로 변해버렸다. 그리스의 경우가 그러하다. 다른 민족들은 하나의 체계적인 교리와 신화, 정령론을 구축한 뒤, 자신들의 주술적 표상 속에 여전히 남아 있는 불확정적이고 모호한 요소들을 전부 신화적 용어로 환원해 버렸다. 그래서 결국 주술적 힘을 설명해야 할 때면, 그 힘이 있던 자리를 정령, 악령, 혹은 형이상학적 실체가 겉으로나마 대신하게 되었다. 인도의 경우가 그렇다. 이렇게 해서 결국 이 개념은 거의 사라지게 되었다.

그러나 그 흔적은 여전히 남아 있다. 인도에서 그 흔적은 광휘, 영광, 힘, 파괴, 저주, 치유력, 식물의 효능 등 여러 이름으로 파편화된 채 남아 있다. 마지막으로, 힌두 범신론의 근본 개념인 브라흐만(*brahman*)은 앞서 말한 개념들과 깊이 연결되는 듯하다. 나아가 베다의 브라흐만과 우파니샤드 및 힌두 철학의 그것이 동일하다는 가정을 받아들인다면, 브라흐만이 오히려 그 개념들을 영속시키는 듯하다. 요컨대 이는 실로 개념들의 윤회라 할 만하다. 비록 그 중간 단계는 파악할 수 없지만, 시작과 끝은 감지할 수 있다. 베다 문헌에서는, 가장 오래된 것에서 가장 최근의 것에 이르기까지, 중성명사 브라흐만(*bráhman*)은 기도, 주문, 주술, 의례, 그리고 의례의 종교적이거나 주술적인 힘을 두루 가리킨다. 한편 주술사인 사제를 가리키는 말은 남성명사 브라흐만(*brahmán*)이다. 이 두 단어의 차이는 기능상의 다양성을 구별하기에는 충분하지만, 개념의 대립을 드러내기에는 부족하다. 브라만 카스트는 브라흐만(*bráhman*)을 지닌 자들, 즉 브라흐마나(*brâhmana*)의 카스트이다. 인간과 신의 행위는 브라흐만(*bráhman*)을 통해서 가능하며, 이 때 브라흐만은 특히 목소리이다. 나아가 몇몇 문헌에서는 브라흐만이 사물의 실체이자 중심(*pratyantam*), 가장 내적인 본질이라고 말한다. 아타르바베다계 문헌, 즉 주술사들의 베다 문헌이 바로 그런 문헌에 속한다. 하지만 bráhman이라는 어간에서 파생된 남성명사 브라흐마(*Brahmá*)라는 신의 개념이 나타나면서 두 개념은 서로 혼동되기 시작한다. 신지학적 성격(théosophique)의 문헌이 등장하면서 브라흐만(bráhman)의 본래 의례적 의미는 사라지고 형이상학적인 의미만 남게 된다. 이로써 브라흐만은 우주 전체에 내재하면서도 그것과는 구별되는 작용 원리로 여겨진다. 브라흐만이야말로 유일한 실재이고, 나머지는 모두 환상에 불과하다. 그 결과 신비적 수행, 즉 요가(*yoga*: 결합)를 통해 브라흐만과 하나 된 자는 누구든 요긴(*yogin*)[요가 수행자-옮긴이]이나 요기쉬바라(*yogiçvara*)[요가의 주재자-옮긴이], 혹은 싯다(*siddha*)[성취자-옮긴이]가 된다. 즉,

모든 주술적 힘(siddhi: 획득)을 얻은 자로서 세계를 창조할 수 있는 경지에 이른다고 한다. 브라흐만은 우주를 구성하는 제일의 원리이자 전체를 포괄하면서도 만물과 구별되고, 생명 있는 것과 없는 것 모두를 아우르는 원리이다. 그것은 곧 정수(精髓)이며, 세 가지 베다[리그베다, 사마베다. 야주르베다—옮긴이]이자 동시에 네 번째 베다[아타르바베다—옮긴이], 곧 종교이자 주술이기도 하다.

인도에서는 이 개념의 신비주의적 핵심만이 남았고, 그리스에서는 과학적 구조만이 남았다. 우리는 이를 연금술사들이 마지막 분석 단계에서 도달한 개념인 퓌시스(φύσις)[169], 그리고 점성술, 물리학, 주술의 궁극적 작용력인 두나미스(δύναμις)[170]에서 찾을 수 있다. 두나미스는 퓌시스의 작용이며, 퓌시스는 두나미스의 발현이다. 퓌시스는 개별화되지 않고 다른 대상에게 옮겨갈 수 있는 일종의 물질적 영혼이자, 사물에 내재한 무의식적 지성으로 정의될 수 있다. 요컨대, 퓌시스는 마나와 매우 유사한 개념이다.

따라서 우리는 주술적 힘을 포괄하는 어떤 개념이 보편적으로 존재했다고 결론지을 수 있다. 그 개념은 순수한 효력인 동시에,

---

169 퓌시스(physis)는 '자연', '본성'을 의미하는 고대 그리스의 철학 용어이다. 모스와 위베르는 본래 사물의 내재적 본질이나 성장 원리를 뜻하는 이 용어를 마나(mana)와 유사한 개념으로 재해석한다.

170 두나미스(dynamis)는 '힘', '능력', '잠재성'을 의미하는 고대 그리스어이다. 아리스토텔레스 철학에서는 현실태(에네르게이아)와 쌍을 이루는 잠재태(潛在態)를 의미했으나, 여기서 모스와 위베르는 주술적 맥락에서 사물이 지닌 고유의 힘 또는 그 힘의 구체적인 작용력을 가리키는 용어로 해석하고 있다.

공간을 점유하는 물리적 실체이기도 하다. 그것은 또한 영적 실체로서, 접촉은 아니더라도 직접적인 연결을 통해 멀리서도 작용한다. 그것은 스스로 움직이지 않으면서도 유동적이고 가변적이며, 비인격적이면서도 인격화된 형태를 띠고, 나뉠 수 있으면서도 연속성을 갖는다. 오늘날의 행운이나 정수 같은 희미한 개념들은, 본래 훨씬 더 풍부했던 이 개념이 남긴 잔향에 불과하다. 또한 앞서 살펴본 바와 같이, 이 개념은 힘이자 동시에 장이며, 이 세계에 덧붙여져 있으면서도 그와는 구별되는 또 하나의 세계이다. 주술의 세계가 어떻게 현실 세계와 분리되지 않고 중첩되는지를 더 잘 설명하기 위해, 마치 주술의 세계가 4차원의 공간 위에 펼쳐진 것처럼 모든 일이 그 안에서 일어난다고 말할 수 있다. 마나와 같은 개념은 그러한 공간이 은밀히 존재한다는 사실을 표현하고 있는지도 모른다. 실제로 이 이미지는 주술에 너무도 잘 들어맞아, 현대 주술사들은 3차원을 넘어선 기하학 개념이 등장하자 이를 즉각 차용해 자신의 의례와 사상을 정당화하는 데 이용했다.

마나는 주술 안에서 벌어지는 일을 잘 설명해 준다. 그것은 의례가 수행되고, 주술사가 진입하며, 정령들이 생기를 불어넣고, 주술의 기운이 흐르는 하나의 세계, 즉 현실 위에 중첩된 세계라는 필수적 관념을 뒷받침한다. 또한 마나는 주술사의 능력을 정당화하며, 형식적 행위의 필연성과 언어의 창조적 힘, 공감적 연결, 자질 및 영향력의 전이에 타당성을 부여한다. 나아가 모든 주술적 힘을 영적인 것으로 이해하게 함으로써, 정령의 존재와 그 개입을 설명한다. 끝으로, 마나는 주술에 대한 일반적 믿음을 가능하게 한다. 주술에서 온갖 외피를 걷어내고 나면, 결국 마나만 남는다. 또한 주술이 취하는 모든 형식에 생기를 불어넣는 것이 바로 마나이기에 주술에 대한 믿음 역시 이로부터 끊임없이 자양분을 얻는다.

마나 덕분에 주술을 둘러싼 진위 여부는 논쟁거리가 되지 않으며, 의심조차도 주술의 편으로 돌아선다. 사실 마나는 주술적 경험의 전제 조건으로서, 가장 불리한 사실조차도 주술에 대한 집단적 선입견에 유리하게 해석할 수 있게 해준다. 마나는 어떤 검증도 다 피해간다. 그것은 모든 경험에 선행하는 선험적 개념이다. 엄밀히 말해, 마나는 공감, 정령, 주술적 속성과 같은 주술의 표상이 아니다. 오히려 마나는 주술적 표상을 지배한다. 그것은 주술적 표상의 조건이자 필수 형식이다. 마나는 일종의 범주로 작용한다. 범주가 인간의 사유를 가능하게 하듯, 마나는 주술적 사고를 가능하게 한다. 지금까지 살펴본 사실들을 근거로, 우리는 마나에 '오성의 무의식적 범주'라는 지위를 부여할 수 있다. 우리는 마나가 의식에 도달하는 일은 매우 드물고, 의식 속에서 표현되는 일은 더더욱 드물다는 점을 확인한 바 있다. 이는 유클리드의 공리(*postulatum*)가 우리의 공간 개념에 내재하듯, 마나 개념 역시 주술에 내재하기 때문이다.

물론 이 범주는 시간이나 공간처럼 개인의 오성에 주어진 범주가 아니다. 문명의 발전과 함께 이 범주가 크게 축소되었고, 그 의미 또한 사회마다, 그리고 동일한 사회의 삶의 단계마다 달라질 수 있다는 사실이 이를 입증한다. 정의나 가치 개념처럼, 이 범주도 사회가 존재해야만 개인의 의식 속에 존재한다. 우리는 그것이 집단적 사유의 범주라고 말할 수 있다.

우리의 분석은 마나 개념이 성스러움(sacré)의 개념과 같은 범주에 속한다는 점도 보여준다. 우선, 두 개념이 서로 구별되지 않는 경우가 적지 않다. 특히 알곤킨족의 마니투, 이로쿼이족의 오렌다, 멜라네시아의 마나는 모두 종교적이면서 동시에 주술적인 개념이다. 게다가 멜라네시아에서는 마나 개념과 금기(tabou) 개념 사이에 연관성이 있음도 이미 확인했다. 마나를 지닌 사물 가운데 일부만 금기시되지만, 금기시된 사물은 예외 없이 모두 마나를 지닌 것들이었다. 마찬가지로 알곤킨족의 경우, 모든 신이 마니투라고 해도, 모든 마니투가 신은 아니다. 그러므로 마나는 성스러움보다 더 일반적인 개념이며, 성스러움은 마나를 바탕으로 형성된 하나의 특수한 형태라고 할 수 있다. 성스러움은 마나라는 속(屬)에 포함되는 종(種)이라 해야 옳을 것이다. 그렇다면 우리는 주술 의식을 통해 성스러움이라는 개념보다 더 근원적인 차원, 그 개념의 뿌리에 도달했는지도 모른다.

그러나 이 지점에서 우리는 다시 서문에서 제기했던 딜레마와 마주하게 된다. 주술이 사회적 현상이라면 성스러움의 개념도 사회적 현상이다. 반대로 주술이 사회적 현상이 아니라면, 성스러움의 개념 역시 사회적 현상으로 볼 수 없다. 둘 중 하나다. 여기서 성스러움 자체를 고찰하지 않더라도, 우리는 마나와 주술이 지닌 사회적 성격을 보여주는 몇 가지 점을 지적할 수 있다. 마나 또는 성스러움이라는 특성은 사회 안에서 특별한 지위를 부여받은 사물에 귀속되며, 그런 이유로 그 사물들은 종종 공동의 사용과 공동의 영역에서 배제된 것으로 간주된다. 그런데 바로 이 사물들이야말로 주술에서 핵심적 위치를 차지하며, 주술의 살아 있는 힘을 구성한다.

전형적인 주술적 존재나 사물로 꼽을 수 있는 것은, 죽은 자의 영혼을 비롯해 죽음에 관련된 모든 것들이다. 죽은 자를 불러내는 보편적 관습이 지닌 두드러진 주술적 성격, 죽은 이의 손이 지닌 효능, 그 손을 만지면 죽은 자처럼 보이지 않게 된다는 믿음 등, 이 밖에도 수많은 사실이 이를 뒷받침한다. 한편, 이 죽은 자들은 장례 의식의 대상이 되며, 때로는 조상숭배의 대상이 되기도 한다. 이를 통해 그들의 상태가 산 자들과 얼마나 다른지를 확인할 수 있다. 어떤 이들은 주술이 모든 죽은 자를 대상으로 삼는 것이 아니라 폭력적으로 죽은 자, 특히 범죄자를 대상으로 삼는다고 이의를 제기할지도 모른다. 그러나 오히려 이는 우리가 말하고자 하는 바를 더욱 잘 입증해 준다. 그렇게 죽은 자는 산 자와는 물론 다른 죽은 자와도 구별되는 존재로서, 특정한 신앙과 의식의 대상이 되기 때문이다. 그런데 일반적으로 말해, 시신이든 영혼이든 모든 죽은 자는 산 자와는 별개의 세계를 형성하며, 주술사는 바로 그 세계로부터 죽음의 힘과 저주의 효력을 끌어낸다.

이론적으로 주술에서 매우 중요한 역할을 맡는 여성도 마찬가지다. 여성이 주술사이자 힘의 담지자로 받아들여지는 것은 오직 그 사회적 지위가 지닌 특수성 때문이다. 여성은 남성과 질적으로 다른 존재로 여겨져 특수한 힘을 부여받는 것이다. 월경, 성과 임신의 불가사의한 작용은 여성에게 부여된 이러한 특질의 징표에 지나지 않는다.

남성 중심의 사회는 여성에게 강렬한 사회적 감정을 품고 있으며, 여성들 또한 이를 존중하고 공유하기까지 한다. 그로부터 여성의 법적 지위, 특히 차별화되고 열등한 종교적 지위가 비롯된다. 하지만 바로 이 점 때문에 여성은 주술에 헌신하며, 종교에서와는 반대되는 지위를 주술에서 점하게 된다. 여성은 끊임없이 해로운 영향력을 발산한다고 여겨진다. "여자는 곧 죽음이다(*Nirrtir hi strî*)"라는 말이 이를 여실히 보여준다(『마이트라야니 삼히타(*Maitrayânî samhitâ*)』[171] I.10.11). 여성은 불행이자 마법이며, 흉안을 지닌 존재다. 이런 이유로 주술에서 여성의 활동은 남성만 못할지라도, 종교에서의 활동보다는 더 크다.

이 두 사례가 보여주듯, 사물의 주술적 가치는 그것이 사회 안에서 차지하는, 혹은 사회와의 관계 속에서 차지하는 상대적 지위에서 비롯된다. 주술적 효능과 사회적 지위라는 두 개념은, 한쪽

---

[171] 『마이트라야니 삼히타』는 고대 인도의 성전인 베다 중 하나로, 야주르베다의 한 분파인 흑(黑)야주르베다에 속하는 본집(本集, 삼히타)이다. 이 문헌은 주로 제사 의례에 사용되는 만트라(주문)와 산문 설명을 담고 있다.

이 있어야만 다른 한쪽이 만들어진다는 점에서 분리할 수 없다. 결국 주술에서 궁극적인 문제는 사회에 의해 인정된 각각의 가치들이다. 이 가치는 사물이나 인물의 본래 특성 때문이 아니라 최고 권위를 지닌 여론과 그 편견이 부여한 지위와 등급에 따른 것이다. 그 가치는 사회적인 것이지 실험적인 것이 아니다. 말 자체의 주술적 힘, 그리고 사물의 주술적 효능이 종종 그것의 이름에서 비롯된다는 사실에서도 이 점은 잘 드러난다. 따라서 이 가치들은 사용하는 언어와 방언에 따라 부족적이거나 민족적인 성격을 띤다. 이렇듯 사물과 존재, 그리고 행위는 위계적으로 배열되어 서로를 지배하고 지시한다. 주술적 작용 역시 바로 이 질서에 따라 전개된다. 그것은 주술사에서 시작해 어떤 영적 존재로, 다시 다른 영적 존재로 옮겨가면서, 마침내 그 효과에 이르기까지 연쇄적으로 이어진다. 휴잇이 마나와 오렌다 개념에 적용한 "주술적 잠재력(potentialité magique)"이라는 말에 우리가 매료된 이유는, 그것이 바로 일종의 주술적 포텐셜(potentiel magique)이 존재함을 암시하기 때문이다. 그리고 이는 우리가 앞서 기술한 내용과 정확히 일치한다. 우리가 사물의 상대적 위치나 각각의 가치라고 불렀던 것은 [물리학의 용어를 빌려-옮긴이] 잠재력의 차이(différence de potentiel)[172]라고도 부를 수 있다. 사물들은 바로 이 잠재력의 차이

---

172 모스와 위베르가 사용한 'différence de potentiel'이라는 용어는 원래 '전위차(電位差)'를 의미하는 물리학 용어이다. 저자들은 이 물리학 용어를 은유적으로 차용해서

를 통해 서로에게 영향을 미치기 때문이다. 따라서 마나를 단순히 사회적 위치에 따라 사물에 부여되는 속성으로 보는 것은 불충분하다. 마나라는 개념 자체가 바로 이러한 상대적 가치, 즉 잠재력의 차이에 대한 관념이다. 이것이야말로 주술의 기반을 이루는 개념 전체이며, 나아가 주술이라는 개념 그 자체다. 이 개념은 순수한 이성의 관점에서는 부조리하게 보일 수밖에 없는데, 이는 그것이 오직 집단적 삶의 작용을 통해서만 형성되기 때문이다.

우리는 마나가 지배하는 개념들 사이의 위계가 주술사와 일반인 사이에 맺어진 다양한 인위적 합의의 결과라고 생각하지 않는다. 또한 본래부터 오류를 안고 있었으나 점차 이성의 이름으로 전통적으로 수용되어 온 산물이라고도 보지 않는다. 오히려 우리는 주술이 종교와 마찬가지로 감정의 문제라고 믿는다. 엄밀히 말해, 현대 신학의 난해한 용어를 빌리자면, 주술은 종교처럼 "가치판단(jugements de valeur)"의 작용이라 할 수 있다. 즉, 주술이란 그 체계에 포함된 다양한 대상에 서로 다른 자질을 부여하는 일련의 감정적 판단(aphorismes sentimentaux)[173]의 작용이다. 그러나 이러

주술 세계의 작동 원리를 에너지의 차이나 불균형이 일으키는 어떤 원동력에 빗대어 설명한다. 전압의 차이가 에너지의 흐름을 일으키듯이 사회적으로 부여된 '가치'나 '등급'의 차이가 주술적인 힘을 일으켜 어떤 작용(흐름)을 만들어낸다는 것이다.

173 여기서 'aphorismes sentimentaux'는 문자 그대로 감정에 기반한 경구(警句) 혹은 격언(格言)을 뜻하지만, 저자들은 이를 특정 대상에 어떤 성질을 부여하는 단정적인 가치판단이라는 맥락에서 사용하고 있다. 다시 말해 'aphorismes sentimentaux'라는 개념은 1) 주술적 명제('불을 피우면 비가 멈춘다')는 간결하고 단정적인 격언 형

한 가치판단은 개개인의 정신적 활동이 아니다. 그것은 특정 대상들(식물과 동물, 직업과 성별, 천체와 기상, 원소와 물질, 물리적 현상이나 지형적 요소 등)에 대해, 때로는 필연적이고 보편적으로, 때로는 우연하게 형성된 사회적 감정의 표현이다. 이런 대상들은 대부분 자의적으로 선택된다. 성스러움이 그러하듯, 마나 또한 궁극적으로는 이러한 가치판단을 가능하게 하는 집합적 사유의 한 범주일 뿐이다. 바로 이 범주가 사물들의 분류를 강제하고 그 관계를 규정한다. 즉, 어떤 것들은 분리하고 또 어떤 것들은 결합시킴으로써 그들 사이에 영향력이 미치는 범위나 넘어서는 안 될 경계를 설정하는 것이다.

4. 집합적 상태와 집합적 힘

모든 주술적 표현의 이면에서 집단적 관념을 찾아낸 이상, 주술을 사회적 현상으로 간주하고 여기서 논의를 멈출 수도 있다. 그러나 우리에게 마나 개념은 여전히 사회적 삶의 작동 방식과는 너무나도 동떨어져 있다. 마나는 무언가 너무 관념적인 것(intellectuel)

_____

태로 작동하며, 2) 이러한 단정적 판단은 이성적 추론이나 과학적 실험이 아닌 집합적 감정에 기반을 둔다는 점을 함축하고 있다. 따라서 aphorismes sentimentaux는 '집합적 감정이 응축된 가치판단'으로 이해해야 한다. 본문에서는 간단히 '감정적 판단'으로 옮겼다.

이어서, 그것이 어디에서 비롯되었는지, 어떤 기반 위에서 형성되었는지 분명하지 않다. 그래서 우리는 한 걸음 더 나아가 주술을 산출한 힘이자 마나라는 개념으로 표현되는 힘, 즉 집단적 힘에 주목하고자 한다.

이를 위해 잠시 주술적 표상과 행위를 판단의 형식으로 간주해 보자. 사실 이렇게 간주하는 데에는 그만한 이유가 있다, 왜냐하면 주술적 표상은 판단의 형식을 취할 수 있고, 주술적 행위 역시 일종의 판단, 어쩌면 하나의 추론에서 비롯되기 때문이다. 예를 들어 이런 명제를 생각해 보자. '주술사는 자신의 영체(靈體)를 공중에 띄운다.' '구름은 특정 식물의 연기로부터 생긴다.' '정령은 의례에 자극받아 행동한다.' 이런 판단들은 오직 사회 속에서, 그리고 사회의 개입을 통해서만 설명될 수 있다. 이제 우리는 다소 난해하지만 유용한 칸트의 용어[174]를 빌려, 말하자면 전적으로 변증법적이면서도 비판적인 방식으로 이 문제를 살펴볼 것이다.

먼저 이러한 주술적 판단들이 분석적 판단인가라는 질문을 던져볼 수 있다. 이런 의문이 제기되는 이유는, 주술 이론을 발전시켜 온 주술사들과, 그 뒤를 이은 인류학자들이 실제로 주술적 판단을 분석적 용어로 환원하려고 시도해 왔기 때문이다. 그들에 따르면, 주술사는 공감의 법칙을 적용할 때나, 자신의 능력 혹은 자신

---

174 여기서 모스와 위베르가 참조하는 칸트의 저서는 『판단력비판(*Kritik der Urteilskraft*)』(1790)이다.

을 돕는 영적 존재를 숙고할 때, 항상 동일한 것에서 동일한 것을 추론한다고 한다. 예를 들면 이런 식이다. 본래 의례는 정령을 자극해 행동하게 만든다. 주술사가 영체를 띄우는 것은 그것이 곧 자기 자신이기 때문이다. 수생식물에서 피어오른 연기가 구름을 일으키는 것은, 이 식물이 곧 구름이기 때문이다. 그러나 우리는 이러한 분석적 판단으로의 환원은 어디까지나 이론적 구성일 뿐, 실제 주술사의 마음속에서는 전혀 다른 일이 일어난다는 점을 이미 확인했다. 주술사는 권능, 퓌시스(φύσις), 마나 등 논리적 분석으로는 환원할 수 없는 이질적 요소를 항상 자신의 판단에 도입한다. 여기에는 주술적 효능이라는 개념이 항상 전제된다. 이 개념은 부차적인 것이 아니라, 어떤 의미에서 명제에서[주어와 술어를 연결하는-옮긴이] 계사의 기능과 유사한 역할을 한다. 바로 이 개념이 주술적 관념을 정립하며, 그 관념에 존재성, 실재성, 진리성을 부여한다. 우리는 그 힘이 얼마나 막대한지 잘 알고 있다.

계속해서 철학자들을 따라가 보자. 주술적 판단은 후험적(a posteriori) 종합판단인가? 주술적 판단의 근거가 되는 종합은 개인의 경험을 통해 이미 완성된 사실로 주어지는가? 그러나 이미 살펴보았듯이, 감각 경험이 주술적 판단의 증거가 된 적은 없었다. 객관적 현실이 우리가 앞서 본 주술적 명제를 우리 정신에 강요한 적도 없었다. 영체나 비를 부르는 연기는 오직 믿음의 눈으로만 볼 수 있으며, 의례에 순응하는 비가시적인 영적 존재의 경우는 더 말할 나위도 없다.

이러한 명제를 당사자나 주술사의 주관적 경험 대상이라고 할 수 있을까? 당사자에게 이런저런 일이 벌어진 것은 그가 원했기 때문이며, 주술사가 황홀경이나 환각을 겪거나 꿈에 빠지는 바람에 불가능한 종합이 당연시되었다고 말할 수도 있다. 물론 우리는 주술에서 욕망과 꿈의 중요성을 부정하지 않는다. 다만 지금은 그 논의를 뒤로 미뤄두자. 그런데 주술이 두 가지 주관적 경험[당사자의 욕망과 주술사의 환상-옮긴이]에서 비롯된다고 잠정적으로 인정하더라도, 그 둘이 한 개인의 정신 속에서 조화를 이루지 못한다는 점은 금세 드러난다. 주술사를 부르게 된 병든 호주 원주민의 심리 상태를 한번 떠올려보자. 그는 희망을 품으면 병이 낫고 단념하면 죽음에 이르는, 일련의 암시 현상을 겪고 있다. 그 옆에서 샤먼은 춤을 추다가 무아지경에 빠져 꿈을 꾼다. 그 꿈은 그를 영혼과 동물, 정령이 존재하는 저편 세계로 데려간다. 그는 그 긴 여정을 마치고 감정적 동요에 휩싸인 채 돌아온다. 이어 능숙한 손놀림으로 환자의 몸에서 작고 단단한 돌 하나를 꺼내 보이며, 그것이 병을 일으킨 마법의 부적이라고 말한다. 여기에는 분명 두 가지 주관적 경험이 있다. 그러나 한 사람의 꿈과 다른 사람의 소망은 서로 어긋난다. 마지막 순간의 손재주를 제외하면, 주술사는 의뢰인의 욕망이나 관념에 부응하는 어떠한 행위도 하지 않는다. 이 두 사람의 강렬한 심리 상태는 오직 눈속임의 순간에만 일치한다. 결국 그 단한 순간에는, 자신만큼은 속일 수 없는 주술사에게도, 그리고 그의 의뢰인에게도 진정한 심리적 경험은 더는 일어나지 않는다. 의뢰인이 겪었다고 여기는 그 경험은 단지 지각의 오류일 뿐이다. 그 경험은 전통이나 지속적인 믿음으로 뒷받침되지 않는다면, 비판을 견디지도 못하고 반복될 수도 없다. 이처럼 서로 어긋나는 주관적 상태들만으로는 주술적 판단이 지니는 객관성과 일반성, 그 필연적 성격을 설명할 수 없다.

주술적 판단이 비판을 면하는 이유는 사람들이 그것을 검토하길 원치 않기 때문이다. 주술이 작동하는 곳이라면 어디든 주술적 판단이 주술적 경험보다 먼저 존재한다. 주술적 판단은 의례의 규범이자 표상의 연쇄이다. 경험은 주술적 판단을 확인하는 데 사용될 뿐, 그 판단을 무너뜨리지는 못한다. 누군가는 주술적 판단이 단지 역사와 전통의 산물이며, 각각의 신화나 의례의 기원에는 실제 개인적 경험이 있었다고 반박할지도 모른다. 그러나 굳이 최초의 원인을 따지기 위해 논쟁을 벌일 필요는 없다. 이미 말했듯이, 특정한 주술적 믿음들은 주술 일반에 대한 보편적 믿음에 의해 지배받으며, 이 보편적 믿음은 개인 심리(psychologie individuelle)의 범주로는 포착되지 않기 때문이다. 바로 이 보편적 믿음이 주관적 관념을 객관화하고 개인적 환상을 일반화한다. 이 믿음이 주술적 판단에 단정적이고 필연적이며 절대적인 성격을 부여한다. 요컨대 주술적 판단은 개인의 정신 속에 처음 나타나는 순간부터, 말하자면 거의 완벽한 선험적 종합판단의 성격을 띤다. 일체의 경험에 앞서, 판단의 항들은 이미 연결되어 있다. 분명히 해두자면, 우리는 주술이 분석이나 경험을 전혀 수반하지 않는다고 말하는 것이 아니다. 다만 주술은 분석적이거나 경험적인 경우가 매우 드물고, 거의 전적으로 선험적이라는 것이다.

하지만 이 종합은 과연 누가 수행하는가? 개인이 수행할 수 있을까? 실제로 우리는 개인이 그런 종합을 이루어내는 일을 결코 볼 수 없다. 주술적 판단은 단지 선입견이나 규범의 형태로만 주어지며, 바로 그런 형태로 개인의 정신 속에 나타나기 때문이다. 그러나 이에 관한 사실상의 논거는 잠시 제쳐놓자. 주술적 판단이 집단적 확언 없이 성립하는 것은 상상할 수 없다. 주술적 판단이 이루어지려면 최소한 두 사람이 필요하다. 즉, 의례를 집행하는 주술사와 그것을 믿는 당사자, 혹은 민속 주술의 경우에는 처방을 가르치는 사람과 그것을 실천하는 사람이 필요하다. 이처럼 이론적으로는 이 최소한의 쌍이 하나의 사회를 이루지만, 통상적으로 주술적 판단은 광범위한 사회 집단들, 나아가 문명 전체의 지지를 얻는다. 어느 특정 시점의 사회에서 주술적 판단이 이루어질 때면, 거기에는 늘 집단적 종합과 함께, 특정 관념이 참이라는 믿음과 특정 행위가 효능을 발휘한다는 믿음이 만장일치로 자리 잡고 있다. 물론 우리는 이러한 종합을 이루는 관념들이 개인의 지성 안에서 연결될 수 없다거나 실제로 그렇게 연결되지 않는다고 주장하는 것은 아니다. 예컨대 힌두교의 주술사들은 수종이라는 관념으로 자연스럽게 물이라는 관념을 연상한다. 주술적 사고가 관념연합 법칙에서 벗어난다고 가정하는 것은 부당한 일일 것이다. 주술 속에서 서로 연결되는 관념들은 자연스럽게 서로를 불러들이고, 무엇보다 서로 모순되지 않는다. 그러나 이와 같은 관념들의 자연스러운 결합은 주술적 판단이 성립하는 조건일 뿐이다. 주술적 판단은 단순한 이미지들의 연쇄가 아니다. 그것은 일정한 규범을 지닌 명제이며, 그 구성 관념들 사이의 연관이 객관적으로 성립한다는 강한 믿음을 포함하고 있다. 고립된 개인의 정신 속에는, 주술처럼 단정적으로 말이나 몸짓, 도구를 원하는 효과와 연결 짓도록 강제하는 요소가 없다. 우리가 앞에서 무력하다고 지적했던 경험을 제외하면 말이다. 주술적 판단을 성립하게 만드는 것은 일종의 준(準)규약(quasi-convention)이다. 이 규약은 미리 정해진 방식으로, 기호가 사물을 낳고, 부분이 전체를 의미하며, 단어가 사건을 발생시킨다고 가정한다. 여기서 핵심은 동일한 관념연합이 여러 개인의 정신 속에서, 더 정확히는 다수의 개인으로 이루어진 집단의 정신 속에서 반드시 반복된다는 점이다. 주술적 판단이 지닌 일반성과 선험성은, 그것이 집단적 기원을 갖는다는 뚜렷한 징표로 보인다.

집단 전체가 느끼는 집합적 욕구만이, 집단 내 모든 개인에게 동일한 종합을 동시에 수행하도록 강제할 수 있다. 모두의 신념, 즉 믿음은 모두가 공유한 욕구, 그 일치된 욕망의 결과이다. 주술적 판단은 사회적 합의의 대상이며, 사회적 욕구의 번역이다. 이 합의의 압력 아래 일련의 집합적 심리 현상이 전개된다. 모두가 느끼는 욕구는 모두에게 동일한 목적을 암시한다.

이 목적과 욕구 사이에는 무수한 중간항이 존재할 수 있다(같은 목적을 위해 매우 다양한 의례가 동원되는 이유가 여기에 있다). 이 중간

항 중에서 특정 수단이 선택되는데, 이는 전통이나 저명한 주술사의 권위에 따르거나, 혹은 집단 전체의 돌발적이고 일치된 추동에 따라 이루어진다. 모두가 바라는 효과를 모두가 확인하기 때문에, 선택된 수단이 효과를 낳기에 적합하다고 여겨지는 것이다. 아타르바베다 계파의 브라만에게 도움을 청하던 힌두인들에게는, 냉수 뿌리기나 개구리와의 공감 접촉이 삼일열(三日熱)이나 사일열(四日熱)[175]을 막는 충분한 수단처럼 여겨졌다. 그것은 열병환자의 회복을 온 집단이 간절히 바랐기 때문이었다. 결국 사회는 늘 자기 꿈이라는 위조화폐를 스스로에게 지불한다. 원인과 결과의 종합은 여론 속에서만 발생한다. 이러한 방식으로 주술을 사고하지 않는다면, 주술은 그저 전파된 부조리와 오류의 연쇄로밖에 보이지 않을 것이다. 그렇게 되면, 주술이 어떻게 탄생했는지 좀처럼 이해할 수 없을뿐더러, 어떻게 퍼져나갔는지는 결코 이해할 수 없을 것이다.

우리는 주술을, 개인들로 이루어진 집단의 욕구의 압력으로 행해지는 일종의 선험적 귀납 체계로 간주해야 한다. 그런데 이렇게 자문해 볼 수 있다. 인류가 지금껏 해온 수많은 성급한 일반화들 가운데 상당수가 이와 비슷한 조건에서 이루어진 것은 아닐까? 주술이 그 직접적 원인은 아니었을까? 더 나아가, 인간은 주술을 통

---

[175] 여기서 '삼일열'과 '사일열'은 말라리아(malaria)의 주기적 발병 형태를 가리키는 용어로서, 각각 3일과 4일마다 나타나는 말라리아 발열을 의미한다.

해 귀납이라는 사고방식 자체를 처음으로 배운 것은 아니었을까? 개인심리학적으로 다소 과감한 가설을 세워보자면, 고립된 개인은 물론이고 인류라는 종 자체가 실제로 귀납적으로 추론했다고 보기는 어렵기 때문이다. 그들은 그저 습관을 형성하거나 본능에 따를 뿐이며, 이는 곧 자기 행위에 대한 성찰을 전면적으로 폐지하는 것과 다르지 않다.

모든 단순화된 가설을 걷어낸 지금, 우리의 주장은 더 설득력 있게 보일 것이다. 아무리 특수한 주술적 판단이라 해도, 그것은 주술의 힘에 대한 완전히 일반적인 판단에 기초하고 있으며, 이 판단은 다시 마나에 대한 판단 속에 포함되어 있다. 우리는 마나라는 개념이, 물질이든 형식이든, 전적으로 집합적임을 분명히 살펴보았다. 이 개념에는 지적인 것도 경험적인 것도 담겨 있지 않다. 다만 사회가 실제로 존재한다는 감각과 그 사회적 편견에 대한 감각만이 있을 뿐이다. 바로 이 개념, 더 정확히 이 범주가 주술적 판단의 논리적 가능성을 설명하며, 그것의 부조리를 해소해 준다. 이 모호한 개념은 여전히 정서적 상태의 흐릿한 영역에 머물러 있고, 추상적 언어로는 거의 표현되지도 않으며, 우리에게는 이해할 수 없는 개념이다. 그렇지만 신봉자들에게는 바로 이 개념이야말로 주술을 명료하고 합리적이며, 때로 과학적이기까지 한 것으로 만들어 준다는 점에 주목해야 한다. 주술적 명제에 마나 개념이 암시되어 있다고만 가정해도, 그 명제는 곧 분석적 명제가 된다. 예컨대 '수초의 연기가 구름을 만든다'라는 명제에 '마나'라는 단어를 주어 바로 뒤에 삽입하면, '마나가 깃든 연기 = 구름'이라는 등식이 즉시 성립한다. 이때 마나는 주술적 판단을 분석판단으로 바꿔 줄 뿐 아니라 선험적 판단을 후험적 판단으로 전환하기까지 한다. 마나가 경험 자체를 지배하고 조건 짓기 때문이다. 마나 덕분에 주술적 몽상은 합리적인 것으로 바뀌고, 나아가 현실과 구별되지 않게 된다. 병자가 주술사의 힘을 믿기 때문에, 그는 실제로 병이 뽑혀 나가는 것을 느끼게 되는 것이다.

따라서 우리 연구는 심리학적 신비주의를 사회학적 신비주의로 대체하려는 시도와는 거리가 멀다. 우선, 이러한 집합적 욕구는 본능의 형성으로 이어지지 않는다. 사회학에서 우리가 인정할 수 있는 유일한 본능은, 다른 모든 것을 가능하게 만드는 선행 조건인 사교성의 본능뿐이다. 다음으로, 우리는 순수한 집합 감정이라는 것을 알지 못한다. 우리가 밝혀내려는 집단적 힘은 언제나 일정 부분 이성적이거나 지적인 방식으로 표출된다. 마나라는 개념 덕분에, 욕망의 영역에 속하는 주술은 합리주의로 충만해 있다.

따라서 주술이 존재하려면 사회가 개입해야 한다. 이제 우리는 주술에 사회가 개입하는지, 그리고 어떻게 개입하는지 밝혀보고자 한다.

일반적으로 강제와 금기는 사회의 직접적인 작용을 나타내는 중요한 표지로 여겨진다. 그런데 주술이 의무적 관념이나 의례가 아니라 통용되는 관념과 임의적인 의례로 구성되어 있다면, 주술에서 명시적인 강제성을 찾아보긴 어려울 것이다. 그럼에도 우리는 특정 사물이나 행위에 대해 집단 전체가 따르는 금기, 혹은 적어도 기피가 존재한다는 사실을 확인할 수 있었다. 실제로 주술에 고유하고 주술 안에서 생겨난 것으로 보이는 금기들이 존재한다. 우리가 공감적 금기라 부른 사례들과 혼합의 금기라 부를 수 있는 사례들이 이에 속한다. 예를 들어, 임신한 여성은 살인자나 시신이 있는 집을 보아서는 안 된다. 체로키족의 경우, 금기는 일반적으로 당사자뿐 아니라 주술사, 그의 가족, 이웃 모두에게 적용된다. 우리는 이러한 규정들이 일종의 소극적 의례를 구성하며, 비록 완전한 의무는 아닐지라도 모두가 따르는 것임을 확인한 바 있다. 물론 사회가 이를 특별한 제재를 통해 직접적으로 강요하는 것은 아니다. 우리가 말하는 주술적 금기는 오직 기계적인 제재만을 지닌다. 이 금기는 위반 시 필연적인 결과가 뒤따른다는 믿음 때문에 그 효력을 유지한다. 그러나 이 필연적인 결과에 대한 관념을 부과하고 유지하는 것은 바로 사회라는 점에서, 그것 역시 사회적 강제라 할 수 있다.

개별적인 소극적 의례나 민간의 예방 행위만이 주술이 정해놓은 유일한 금기는 아니다. 이미 살펴본 바와 같이, 적극적 의례는 대개 일련의 소극적 의례들을 동반한다. 특히 제의를 준비하는 과정으로 설명했던 의례들이 그러하다. 주술사 혹은 주술사와 의뢰인 모두는 의식을 집행하기에 앞서 금식하거나 금욕하거나 자신을 정화하는데, 이는 그들이 앞으로 다루게 될 사물이나 행위가 자신들의 일상 상태와 양립할 수 없다고 느끼기 때문이다. 그들은 일종의 저항감을 느낀다. 주술은 그들에게 쉽게 열리는 문이 아니다. 퇴장 의례에는 또 다른 금기와 두려움이 따른다. 그래서 그들은 아무런 준비 없이 그 비정상적 세계를 떠나는 것을 망설인다. 게다가 그들은 그 세계에서 아무 탈 없이 빠져나오지도 못한다. 희생제의가 그러하듯, 주술 역시 정신의 변화를 요구할 뿐 아니라 실제로 그러한 변화를 일으킨다. 이러한 변화는 엄숙한 몸짓, 변조된 목소리, 심지어 새로운 언어, 즉 정령과 신들의 언어를 받아들이는 모습으로 나타난다. 이처럼 주술의 소극적 의례는 개인이 자신을 버리고 하나의 역할로 변화하는 일종의 문턱을 형성한다.

　종교와 마찬가지로 주술에서도 소극적 의례와 적극적 의례는 긴밀하게 연결되어 있다. 지금 당장은 만족스럽게 입증할 수 없지만, 우리는 모든 적극적 의례와 자질에는 반드시 그에 대응하는 소극적 의례와 자질이 있다고 가정할 수 있다. 예를 들어, 철에 관한 금기는 대장장이의 주술적 자질에 대응한다. 아무리 자유롭게 선택된 적극적 의례라도, 그와 어느 정도 직결된 소극적 의례가 따르기 마련이다. 이 소극적 의례는 그 자체가 의무적이거나, 혹은 적어도 위반 시 기계적이고 불가피한 결과가 뒤따른다고 여겨진다. 종교와 마찬가지로 주술에서도, 존재나 행위, 행위자나 신화는 거의 예외 없이 금기라는 울타리에 둘러싸여 있다. 가장 일상적인 주술적 사물이나 가장 익숙한 주술적 존재는 물론, 마을의 접골사나 말발굽조차도 항상 일종의 경외심을 자아낸다. 가장 단순한 주술 의례나 가장 무해한 강령술조차도 일말의 두려움을 동반한다. 주술 행위 앞에서는 항상 망설임이나 일시적인 기피가 나타나는데, 이는 종종 종교가 명령하는 거부감에서 비롯된다. 주술은 사람을 끌어당기면서도 밀쳐낸다. 여기서 우리는 주술이 자신을 감싸는 비밀과 신비의 문제로 되돌아가게 된다. 주술을 정의할 때 이 비밀과 신비는 주술의 뚜렷한 특징처럼 보였지만, 지금은 오히려 주술을 낳은 집단적 힘의 징표로 보인다. 이렇듯 주술은 자기 고유의 의례적 금기 체계를 갖추고 있다. 이는 단순히 부수적인 것이 아니라 주술의 성격을 결정짓는 요소다. 더 나아가 주술은 종교적 금기를 포함한 집합적 금기 체계 전체와 밀접히 연결되어 있어서, 무언가가 주술적이기에 금기시되었는지, 금기시되었기에 주술적으로 여겨지는지조차 분간하기 어렵다. 예컨대, 먹다 남은 음식은 금기이기에 주술적 성격을 지닌다. 그리고 역으로, 그런 음식이 주술에 쓰일 수 있다는 두려움이 이 금기를 만들어낸다. 주술은 금지된 것을 유독 선호한다. 금기 위반으로 인한 질병이나 불운을 치유하는 것은 주술의 대표적인 기능 중 하나이며, 이를 통해 주술은 종교의 속죄 기능과 경쟁하기도 한다. 또한 주술은 금기 위반을 활용하기 위해, 종교에서 사용을 금지한 찌꺼기들, 즉 소각되거나 소비되어야 할 희생제의의 잔여물이나 월경혈, 피 등에도 큰 의미를 부여한다. 지금까지 우리가 살펴본 주술의 부정적 측면들과 그 다양한 양상은 주술이 집단의 창조물임을 분명히 드러낸다. 이처럼 금기를 정하고 주술의 은신처가 될 반감을 키울 수 있는 것은 오직 집단뿐이다.

금기와 반감이 사회적으로 지켜진다는 점은 차치하더라도, 고립된 개인이라는 이론적 존재 안에서 무엇이 그런 불안을 만들어내고 길러낼 수 있을지는 의문이다. 일반적으로 종(種)이 해로운 사태를 반복해서 겪는다 해도, 그 종은 기껏해야 현실의 위험에 대비하는 본능만을 갖게 될 뿐이다. 하지만 문제의 핵심은 현실적 위험이 아니다. 오히려 정신은, 결속된 개인들이 함께 고양됨으로써 생겨나는 허황된 공포로 가득 차 있기 때문이다. 사실 주술적 환상이 보편적이라 할지라도, 그 공포의 대상은 사회 집단마다 다르다. 이 공포는 집단적 동요, 일종의 암묵적 합의에서 생성되고 전승된다. 사회마다 고유한 공포가 존재한다. 가장 널리 퍼져 있다고 여겨지는 미신, 즉 '흉안'조차도 오스트레일리아, 멜라네시아, 북아메리카, 그리고 이슬람화되지 않은 고대 및 현대 인도에서는 명확한 형태로 발견되지 않는다.

결국 주술의 근원에는 환상을 만들어내는 정서적 상태가 있으며, 이 상태는 개인의 것이 아니라 사회 전체의 감정과 개인의 감정이 뒤섞인 결과물이라고 할 수 있다. 이런 점에서 우리는 레만이 제안한 이론과 일정 부분 가까워진다. 잘 알려졌듯이, 레만은 개인심리학의 관점에서 주술을 설명한다. 그는 한편으로는 지각 오류, 환상, 환각으로, 다른 한편으로는 기대, 선입견, 흥분성 같은 예민하거나 잠재의식적인 정동 상태로 주술을 설명한다. 이 모든 현상은 단순한 심리적 자동작용(automatisme psychologique)[176]부터 최면에 이르기까지 다양하게 나타난다.

레만과 마찬가지로 우리도 주술의 주된 현상이 기대와 그것이 만들어내는 환상이라고 본다. 가장 기계적으로 행해지는 평범한 의례조차도 항상 최소한의 감정, 불안, 그리고 무엇보다도 희망을 수반하기 마련이다. 욕망의 주술적 힘은 너무나 뚜렷해서, 주술의 상당 부분이 순전히 욕망으로만 이루어질 정도다. 흉안의 주술, 찬양의 주술, 완곡어법의 주술, 축원의 주술, 그리고 거의 모든 주문이 그러하다. 다른 한편, 우리는 주술 의례와 믿음을 결정하는 데 지배적 역할을 하는 의도의 방향성과 자의적 선택이 단일관념주의(monoïdéisme)[177]와 선택적 주의 집중에서 비롯된다는 것을 살펴보았다. 예컨대 '아르카(arka)' 나무는 상반된 두 가지 주술 의례에 모두 사용된다. 그 숯을 땅에 묻으면 번개(arka)를 멈추는 데 쓰

---

176 심리적 자동작용은 의식적인 통제나 자각 없이 생각이나 감정, 행동 등이 자동적으로 일어나는 현상을 가리킨다. 프랑스의 심리학자 피에르 자네(Pierre Janet)가 1889년 자신의 저서 『심리적 자동작용(L'automatisme psychologique)』에서 처음 제시한 개념으로, 그는 최면 상태에서의 행동이나 충동적인 행위 등을 이 현상의 주요 사례로 분석했다.

177 단일관념주의 혹은 단일관념 상태(monoïdéisme)는 19세기 말에서 20세기 초 프랑스 심리학 및 정신의학(특히 피에르 자네, 테오뒬 리보 등)에서 사용된 용어로, 의식이 오직 하나의 관념이나 심상(心像)에만 사로잡혀 다른 모든 것을 배제하는 극단적인 정신 집중 또는 집착 상태를 가리킨다. 모스와 위베르는 주술사가 의례를 행할 때 나타나는 특정 대상에만 몰입하는 선택적인 주의 집중과 그 심리적 기반을 설명하기 위해 이 개념을 차용하고 있다.

이고, 장작더미로 펼쳐놓으면 태양(arka)을 부르는 데 쓰인다. 이렇게 하나의 관념은 모순 없이 전혀 다른 두 방향으로 자유롭게 향할 수 있다. 주술 집행자와 의례의 참여자들은 대체로 매우 강한 집중 상태에 있고, 이 집중을 매우 소중하게 여긴다. 그래서 한순간이라도 집중이 흐트러지는 것을 치명적인 손상으로 받아들인다. 의식이 중단되면 그것은 곧 의식을 깨뜨리고, 효과를 망치는 일로 여겨진다. 강령회 같은 경우에도 산만함은 용납되지 않는다. 민속 주술 설화에서 자주 반복되는 주제를 보면, 의례 중 집중을 유지하는 것이 얼마나 중요한지 잘 알 수 있다. 대표적인 이야기에서는 다음과 같은 장면이 등장한다. 마녀를 상대로 대항 주술을 펼치던 중, 한 노파가 나타나 평범한 물건 하나를 빌려달라고 청한다. 사실 이 노파는 마녀이며, 그 부탁을 들어주는 순간 주술은 깨지고 만다.

이처럼 우리도 레만과 마찬가지로, 주술이 개인의 정신적 흥분 상태를 수반하며, 수맥을 찾는 사람에게 나타나는 감각 과민증(hyperesthésie) 같은 현상도 유발한다고 인정한다. 그러나 주술사가 혼자 그런 상태에 도달할 수 있다거나, 자신을 고립된 존재로 느낀다는 레만의 주장은 받아들일 수 없다. 바위를 두드리는 모세 뒤에는 온 이스라엘이 있으며, 모세가 의심하더라도 이스라엘은 의심하지 않는다. 지팡이를 따라 수맥을 탐지하는 주술사 뒤에는 수원(水源)을 갈망하는 마을 전체의 불안이 자리 잡고 있다. 우리는 개인의 상태가 언제나 사회의 상태에 의해 결정된다고 본다. 레만 같은 심리학자의 이론이 가능했던 이유는 오늘날 주술에서 사회의 작용이 거의 완전히 무의식적 수준에서 이루어지기 때문이다. 그는 이 사실을 인식하지 못했기에 사회의 역할을 간과하고 말았다. 물론 오늘날 문명사회에서 남아 있는 전통 주술조차 집단적으로 수행되는 경우는 드물다. 그러나 그렇게 형해화되고 초라해진 주술 형태를 본래의 주술로 간주해서는 안 된다. 더욱 복잡하고 풍부한 현상이 존재하는 원시 사회에서, 주술의 기원을 밝혀줄 수 있는 집단적인 사실을 찾아야 한다. 게다가 심리학자들의 경험 역시 우리의 입장을 부정하지 않는다. 그들은 새롭게 생겨나는 주술 현상을 관찰할 때마다, 그것이 언제나 영매나 신비주의자들이 모인 소규모 공동체, 즉 공감적 모임 속에서 발생했다는 점을 확인할 수 있었다.

우리는 주술을 공동으로 수행하는 일이 정상으로 받아들여지는 사회를 알고 있다. 말레이-폴리네시아 언어 및 문명권 전역에서는, 사냥과 어로, 전쟁에 관련된 중요한 주술 의례들이 집단적으로 수행된다. 이러한 의례는 일반적으로 전체 사회가 준수하는 소극적 의례와 함께 이루어진다. 그중에서도 가장 주목할 만하고 정교하게 발달한 의례는 순수성의 금기이다. 남편이 전쟁이나 사냥 혹은 어업을 위해 집을 떠나 있는 동안, 여성에게는 가장 엄격한 정절이 요구된다. 가정 질서를 어지럽히거나 마을의 평화를 해치는 모든 행위는 떠나 있는 남성의 생명이나 성공에 직접적인 위험이 되기 때문이다. 떠난 이들과 집에 남은 이들 사이에는 긴밀한 연대가 존재하며, 이 연대 의식은 법적 규정의 형태로 구체화된다. 특히 마다가스카르에서는 간통에 관한 특별법이 제정되기도 했다. 간통이라는 가정 범죄는 평상시에는 민사적 제재만을 불러오지만, 전시에는 사형으로 처벌된다. 이러한 집단적 관행이 말레이-폴리네시아 문화권에만 고유한 것은 아니다. 그저 그곳에서 더 잘 보존되어 있을 뿐이다. 게다가 다른 지역에서 이러한 관행이 나타나지 않는다고 해서 놀랄 일은 아니다. 그 관행들은 애초부터 명확히 규정되지 않았고 성격도 불안정했기 때문에 매우 빠르게 변화했을 것이다. 다른 곳에서는 종교에 의해 배척되었거나 종교에 흡수되었을 것이고, 아니면 그 기원이 더는 분명하지 않은 개인적이고 민속적인 관행들로 해체되었을 것이다. 그 자의적인 성격 탓에 우리의 호기심을 자아내는 농경 및 목축 생활의 수많은 소극적 공감의례들 역시 그러한 집단적 의례 체계가 남긴 잔해일 것이다.

우리가 말하는 소극적 관행들을 보면, 주술 의례가 단지 집행자뿐 아니라 그와 자연적으로 관계 맺은 연고자들에게까지 영향을 미친다는 점을 알 수 있다. 이러한 의례는 공적인 행위가 되는데, 그 이면에는 공적인 심성 상태가 자리 잡고 있다. 공동체 일각에서 주술 행위가 벌어졌다는 것만으로도 사회 전체가 동요한다. 이 행위 주위로 열광적인 관중들이 원을 이룬다. 그들은 그 장면 앞에서 움직이지 못하고 빨려들듯 몰입해 마치 최면에 걸린 듯한 상태에 빠진다. 이들은 고대 희곡의 합창대처럼, 주술 희극의 단순한 관람자일 뿐 아니라 적극적인 연기자라고 느낀다. 사회 전체가 기대와 몰입 상태에 빠진다. 이런 심적 상태는 사냥꾼, 어부, 도박꾼들 사이에서 여전히 전설로 남은 미신에서도 찾아볼 수 있다. 이렇게 감응된 집단 전체가 모이면 하나의 정신적 환경이 형성된다. 그 안에서는 잘못된 지각이 쉽게 일어나고, 환상이 빠르게 퍼지며, 그 결과 기적이 일어났다는 인식이 생겨난다. 이 집단의 구성원들은 온갖 오류를 저지를 수밖에 없는 상태에 놓인 실험자들이다. 그들은 지속적인 착란 상태 속에 있는데, 이 상태에서는 모든 우연한 연결이 하나의 법칙이 될 수 있으며, 모든 단순한 일치가 하나의 규칙이 될 수 있다.

주술적 협업은 단지 움직이지 않거나 금기를 지키는 데에만 국한되지 않는다. 때로는 집단 전체가 흥분 상태로 일제히 움직이기 시작한다. 관객이라는 합창대는 더는 침묵하는 배우로 머무르지 않는다. 앞서 언급한 말레이-폴리네시아 사회에서는 공공 주술에서의 소극적 의례에 더해, 적극적 주술이 수반되는 공공 의례도 함께 수행된다. 집단은 일치된 동작으로 미리 정해진 하나의 목표를 향해 나아간다. 마다가스카르의 옛 문헌에 따르면, 남성들이 원정을 떠나는 동안 여성들은 밤새 잠들지 않고 끊임없이 불을 지피며 계속 춤을 추어야 했다. 이러한 적극적 의례는 소극적 의례보다 훨씬 더 불안정했기에, 호바족 사회에서는 이미 사라졌다. 하지만 다른 지역에는 여전히 남아 있다. 예컨대 다약족의 경우 남자들이 적의 목을 베러 출정하는 동안, 여자들은 칼을 손에 든 채 그것을 절대로 놓아서는 안 된다. 또한 전장에 있는 남자들이 새벽에 일어나기에, 노인과 아이를 포함한 마을 사람들 모두가 새벽에 일어나야 한다. 뉴기니 해안 부족들 사이에서는 남자들이 사냥이나 어로, 전쟁에 나서는 동안, 여자들은 밤새도록 춤을 춘다. 프레이저의 표현을 빌리자면, 이러한 관행에는 확실히 야생의 텔레파시(savage telepathy) 현상이 존재한다. 하지만 그것은 능동적 텔레파시(télépathie active)라고 불러야 한다.[178] 사회 전체가 하나의 동일한 움직임으로 살아 움직인다. 개인은 더는 존재하지 않는다. 그들은 기계의 부품, 더 정확히는 바큇살이 된다. 춤추고 노래하며 만드는 주술적 원무(圓舞)가 바로 이러한 상태의 이상적 이미지일 것이다. 이 이미지는 아마도 원시적일 수 있지만, 오늘날까지도 위와 같은 사례들 속에서 여전히 재현되고 있다. 이 일사불란하고 지속적인 율동은 각 개인의 의식이 하나의 감정, 하나의 환각적 관념, 하나의 공동 목표에 완전히 사로잡힌 정신상태를 직접 표현한다. 모든 몸은 똑같이 흔들리고, 모든 얼굴은 똑같은 가면을 쓰고 있으며, 모든 목소리는 똑같은 외침을 토해낸다. 리듬, 음악, 노래가 만들어내는 인상의 깊이는 이루 말할 수 없다. 모든 얼굴에서 자기 욕망의 형상을 보고, 모든 입에서 자기 확신의 증거를 들으면

---

[178] 프레이저는 『황금가지』에서 먼 거리까지 영향을 미치는 주술적 영향력을 묘사하기 위해 텔레파시(telepathy)라는 용어를 사용한다. 그러나 '야생의 텔레파시(savage telepathy)'라는 용어를 사용한 적은 없다. 한편 모스와 위베르는 프레이저의 핵심 이론인 공감 주술의 원리를 '능동적 텔레파시'라는 용어로 비유하는데, 이는 텔레파시 현상을 과학적 허구가 아닌 사회적 힘과 의지, 집단적 신념의 역동성이 내포된 개념임을 강조하기 위해서이다.

서, 사람들은 모두의 확신에 저항하지 못하고 휩쓸려 들어간다. 열정적인 춤과 흥분의 열기에 휩싸여 그들은 이제 하나의 몸, 하나의 영혼이 된다. 바로 이 순간에야 비로소 사회체가 온전히 실현된다. 그 순간, 사회의 세포로서 각 개인은 개별 유기체의 세포들처럼 더는 고립되어 있지 않다. 이러한 조건에서는 보편적 합의가 현실을 창조할 수 있다. 이러한 조건은 오늘날 우리 사회의 가장 격앙된 군중조차 만들어내지 못하지만, 다른 곳에서는 여전히 관찰된다. 예컨대, 칼을 들고 춤추는 다야족의 여성들은 실제로 전쟁에 참여하고 있다. 그들은 그렇게 행동함으로써 자신들의 의례가 성공할 것이라 믿는다. 여기서는 집단심리의 법칙이 개인심리학의 법칙을 압도한다. 평소에는 차례로 일어나는 일련의 현상들, 즉 의지, 관념, 근육 운동, 욕망 충족 등이 이 순간만큼은 동시에 일어나게 된다. 사회 전체가 들썩이기에 주술적 믿음이 성립하고, 역으로 주술적 믿음이 있기에 사회가 그토록 요동치는 것이다. 이제 우리 앞에 있는 것은 각자 따로 주술을 믿는 고립된 개인들이 아니라 하나의 동일한 주술을 믿는 집단 전체다.

그러나 이른바 사회적인 것을 의도적으로 만들어내는 이런 현상은 실제 사회생활에서 드물 수밖에 없다. 사회 전체가 그렇게 격렬하게 움직이지 않아도, 유사한 심리상태는 얼마든지 생겨날 수 있다. 잘 알려진 기우제에 대한 기록이 이를 잘 보여준다. 퀸즈랜드 중부의 피타피타족은 비를 기원할 때, 추장과 주술사들이 행하는 의례를 그저 멀찍이서 구경만 하고 있지는 않는다. 이 의례에는 다른 여러 주술과 함께 물 지팡이에 물을 튀기는 행위도 포함된다. 의례를 마치면 모두 늪 가로 가서 추장과 주술사 일행과 함께 합창한다. 그리고 야영지로 돌아온 뒤에는 하루 종일 서로 질세라 몸을 긁는다. 그 와중에도 노래는 단조롭게 이어진다. 이러한 의례에서는 사회 전체가 아니라 일부만이 작동한다. 다시 말해, 암시를 주는 집단과 받는 집단 사이에는 마치 정신노동과 육체노동이 나뉘는 것처럼 일종의 역할 분담이 이루어진다. 그러나 이 두 집단은 본래 완전히 상호의존적이다. 서로 분리되어 접촉이 끊기더라도 그들 사이의 공감적 연결은 여전히 유지되고 멀리서도 서로 결속하며, 그들의 정신적 작용과 반작용 또한 여전히 격렬하게 일어난다. 배우들뿐 아니라 관객이자 동시에 배우인 이들 사이에서도 동일한 생각과 환상, 의지가 공유되며, 그것이 곧 그들 모두가 함께 믿고 수행하는 하나의 주술을 형성한다.

이러한 관찰을 일반화할 수 있다. 주술사가 자기 거처 안으로 물러날 때, 마치 그를 둘러싼 사회가 사라진 듯 보이지만, 사실 그 순간이야말로 사회의 영향력이 그 어느 때보다 더 실질적으로 드러난다. 주술사를 그곳으로 물러나게 해서 정신을 집중하게끔 만든 것도 사회이고, 오직 주술을 행할 때만 그곳에서 나올 수 있도록 허용하는 것 또한 사회이기 때문이다. 집단의 초조함은 주술사를 흥분 상태로 몰아가고, 그렇게 고조된 주술사는 결국 집단 전체를 장악하게 된다. 집단은, 때로는 주술사 자신이 첫 번째 희생자가 되기도 하는 그 모든 환상에 기꺼이 매혹되려 한다. 이와 같은 초조한 기대와 거기서 비롯된 온갖 상상은 쉽게 이해할 수 있다. 이는 농경, 목축, 심지어 수렵에 의존하는 부족들을 포함해, 대륙성 기후 지역에 사는 모든 민족이 공통으로 겪는 극심한 경제적 절박성과 맞닿아 있기 때문이다. 랭글로 파커(Langloh Parker)[179] 여사가 오스트레일리아 중부에서 수집한 설화에는 기우제를 지내는 부족의 심리 상태, 주술사가 의례를 수행하는 방식, 그리고 그의 영향력이 폭우를 부르고 멈추게 하는 과정이 인상적으로 묘사되어 있다.

기우제 주술이 일부 공개적으로 이루어지는 것처럼, 가족 내에서 행해지는 의료 주술 역시 매우 뚜렷한 특징을 지닌 사회적 상태를 보여준다. 여기에는 아주 작은 규모의 사회 집단만이 참여한다. 하지만 그것은 조직된 하나의 집단이며, 주술사는 전권을 쥔 지도자이고, 나머지 구성원들은 기대, 두려움, 희망, 경신(輕信), 환상으로 가득 찬 일종의 군중이다. 이 집단 내부의 한쪽이 다른 쪽에 미치는 암시 효과는 불가피하다. 오늘날에도 힌두화되거나 이슬람화된 말레이인들 사이에서 이러한 기본적인 집단 상태는 여

---

179 캐서린 랭글로 파커(Catherine Langloh Parker, 1856~1940)는 오스트레일리아의 작가이자 민속학자로서, 오스트레일리아 유알라이(Euahlayi) 부족의 구전 설화와 민담을 수집하고 기록하는 데 기여했다. 모스는 『사회학 연보』 10호(1907)에 그녀의 저서 『유알라이 부족: 오스트레일리아 원주민 생활 연구(*The Euahlayi Tribe: A Study of Aboriginal Life in Australia*)』(1900)에 대한 서평을 작성한 바 있다(Marcel Mauss, Œuvres. 2. *Représentations collectives et diversité des civilisations*, Les Éditions de Minuit, 1974, pp. 430~433 참조).

전히 의료 주술 속에서 재현된다. 보르네오, 해협 지역, 참족, 인도 차이나 등지에서도 마찬가지로 가족 구성원과 (남성 또는 여성) 주술사, 환자가 함께 모이면 일종의 강령회가 형성된다. 이때 약을 쓰는 행위는 전체 주술에서 부차적인 부분에 불과하다. 대체로 의술 의례는 (우리가 그 병세를 잘 파악하고 있는) 환자뿐 아니라 극도로 긴장한 주변 참관인들에게까지 강력한 암시 효과를 미친다. 나아가 참관인들은 주술사의 몸짓이나 때때로 나타나는 황홀경에 매료되어 그들의 영혼 깊은 곳까지 뒤흔들리게 된다.

앞서 인용한 사례들 가운데 의술 의례는 주술적 성격이 분명하며, 우리가 제시한 주술 의례의 정의에도 그대로 들어맞는다. 그러나 그 외의 다른 의례들, 특히 가장 완벽한 사회적 상태가 전개되었던 의례들은 공적이고 강제적인 성격을 띠기 때문에 이 정의에 부합하지 않는다. 그렇다면 우리는 주술을 설명한다고 하면서 정작 주술이 아닌 것을 설명한 것은 아닐까? 우리가 주술의 근거로 삼으려 했던 사회현상은, 사실 주술적이어서가 아니라 공적인 필요에 부응하기에 공적 성격을 띤 의례 속에서 발생하며, 그 결과 오히려 종교성이나 숭배의 특징을 더 강하게 드러내는 것처럼 보이기 때문이다. 만약 그렇다면 우리는 주술이 아니라 종교의 집합적 성격을 설명한 셈이며, 이는 곧 종교의 특성으로 주술의 특성을 설명하려는 논리적 오류를 범한 것이다. 즉, 애초에 주술과 종교를 신중히 구분하고 줄곧 주술의 영역에 머물러 있다가, 어느새 슬그머니 종교의 영역 안으로 들어와 버린 것과 다르지 않다. 그러나 이에 대한 반론으로 우리는 다음과 같이 주장한다. 문제의 사실들은 결코 종교적 현상에 한정되지 않는다. 실제로 지금까지 대부분의 역사학자와 이론가도 대체로 이 의례들을 주술적 현상으로 분류해 왔다. 분명한 것은 이 의례들이 주술 현상의 근원이며, 거행되는 그 순간부터 이미 일정 부분 주술적 성격을 띠고 있다는 점이다. 실제로 기우제 의례가 거의 종교적인 성격을 띠더라도, 그 중심인물은 대개 저주를 실행하는 주술사 역할까지도 함께 맡고 있다는 점은 부인할 수 없다.

이제 남은 것은, 주술사 없이 집단의 모든 구성원이 합창하듯 함께 수행하는 의례들이다. 이러한 의례는 부분적으로만 종교적이다. 그것들이 다른 지역에서는 종교적 예배를 낳았을 수도 있지만, 우리가 관찰한 곳에서는 조직화된 예배 형식으로 나타나지 않는다. 우리는 거기서 일종의 종교적 분위기만 발견했을 뿐이다. 물론 이러한 분위기에서 종교가 태동할 가능성은 있으나, 아직 그로부터 출현하지는 않았다. 반면 이러한 의례들에서는, 비록 부차적이지만, 주술의 두 가지 특성이 나타난다. 하나는 강제성이고, 다른 하나는 차별화된 영적 매개자 없이 발휘되는 기계적이고 직접적인 효력이다. 우리는 지금 마주한 이 사실들이야말로, 마나 개념이 형성되었을 법한 근원적 사실들을 오늘날까지 이어주는 유형의 사례라고 판단한다. 다약족 여성들은 전쟁 춤을 추면서 모두 함께 주술적 판단이라는 그 종합적 행위, 즉 마나 개념을 내포하는 종합적 행위를 숙명적으로 실행에 옮긴다. 이 여성들에게 춤은 실제로 전쟁에 동참하는 방식이며, 그들은 이 동참이 실제로 효과가 있다고 느끼고 또한 그렇게 믿는다. 그들에게는 거리의 간격도, 시간의 흐름도 더는 존재하지 않는다. 그들은 이미 전쟁터에 있다. 인과 관념의 경험적 형식은 그들에게 존재하지 않으며, 오직 주술적 인과관계만 작동할 뿐이다. 그들은 눈앞의 현실이 아닌 바로 자신들이야말로 힘을 가진 존재라는 믿음에 온전히 사로잡혀 있다. 그래서 현실이 그 믿음을 거듭 부정하더라도, 이를 단지 자신들과 본질이 같은 반대 힘의 작용으로 치부할 뿐이다. 그들의 감성은 여성 집단으로서의 자기 정체성과 전사들과의 사회적 관계에 대한 강렬한 감정에 몰입해 있다. 이 감정은 여성 자신들의 힘, 그리고 그 힘이 남성들의 힘과 맺는 관계에 대한 관념으로 이어진다.

우리가 이 여성들의 사고 속에서 유추할 수 있는 모든 것은, 우리가 열거했던 마나 개념의 특성과 일치한다. 이들은 마나 개념을 핵심으로 하는 일종의 단일관념주의에 사로잡혀 있으며, 그 결과 이들의 모든 생각과 경향, 행위는 마나라는 범주 아래 질서를 갖추게 된다. 반대로, 이들의 의식에는 종교적 상태의 징표인 성스러움에 대한 명확한 개념은 존재하지 않는다.

사실, 우리에게 마나는 종교적 성격보다 주술적 성격이 더 강하다고는 보이지 않았다. 하지만 우리가 봤을 때 마나가 주술의 모태가 되는 관념이고, 우리가 지금껏 서술해 온 사실들은 마나에 가장 잘 부합하는 사례들이기에, 지금 우리가 주술의 근원적 사실들과 마주하고 있다는 점은 확실하다. 이 사실들은 또한 종교의 근원적 사실이기도 하다. 다만, 이 양자가 공통의 기원에서 어떻게 파생되었는지는 다른 지면에서 증명할 것이다. 우리가 이 사실들을 연구하여 주술이 사회적 감정 상태에서 비롯되었음을 밝혀냈다면, 이는 곧 종교에 관해 우리가 세운 가설까지 공고히 하는 셈이므로 만족스러운 결과라 할 수 있다.

우리가 방금 해석한 사실들은 말레이-폴리네시아나 오세아니아 지역에만 국한되지 않는다. 그것들은 보편적 현상이다. 유럽에서도 가족이나 집단이 주술적 결속을 위해 공동으로 의례를 지키는 관습이 발견된다. 우리는 그런 사실을 직접 확인한 바 있다. 예컨대 프랑스의 여러 지역에서는 아내가 남편과 함께 정화 의례를 치른다. 그러나 이는 이제 사라진 옛 풍습의 흔적에 지나지 않는다. 이는 그저 이러한 의례를 함께 수행했던 사람들 사이에 생각과 감정의 실질적 연대가 있었음을 미약하게나마 보여줄 뿐이다. 주술 집회도 마찬가지로 보편적이다. 어느 곳에서도 군중은 무기력하게 머물지 않는다. 주술 집회와 거기서 발생하는 감정은, 오늘날에도 축제 현장에서 만병통치약을 파는 약장수 주위에 몰려드는 구경꾼들의 조급한 호기심 속에 여전히 지속되고 있다. 비록 이 사실들에 대해 우리가 충분히 알고 있지는 않지만, 이 정도만으로도 우리의 결론이 보편성을 갖는다는 점은 분명해 보인다. 다만 앞으로 개별 주술의 세부 연구가 더 이루어져, 언젠가 우리 연구의 타당성이 검증되기를 희망한다. 우리는 주술의 모든 발현의 기원에는 항상 집단적 상태가 존재한다고 확신한다. 그것이 고대 혹은 외래의 종교에서 차용되었든, 아니면 주술 그 자체의 토대 위에서 형성되었든 마찬가지다.

주술은 전 역사에 걸쳐 집단적 정서를 불러일으켜 왔으며, 그 정서 속에서 자기 자신을 유지하며 활기를 되찾았다. 중세에 마녀들이 들끓었던 현상은 주술이 때때로 사회적 과잉 흥분의 중심이었음을 보여주는 명확한 증거 중 하나다. 종교재판은 실제보다 더 많은 사람을 마녀로 몰아 화형에 처했다. 결국 종교재판이 마녀를 만들어 낸 셈이었다. 실제로 종교재판은 사람들의 마음속에 주술이라는 관념을 깊이 각인시켰다. 이 관념은 끔찍한 매혹을 불러일으켰고, 그 결과 믿기 힘들 정도로 빠르게 집단적인 개종의 물결이 일었다. 한편 마녀재판 기록에는 마법사들이 서로를 찾아 연락을 주고받으며 개종자와 추종자를 포섭하는 모습이 그려져 있다. 그들은 집단일 때만 자발적으로 움직인다. 위험한 실험을 감행하려면 최소한 둘 이상이 함께 있어야 한다. 그들은 함께 모임으로써 자신들을 지켜주는 신비한 힘을 느끼게 된다. 1711년에 유죄 판결을 받은 마리안 드 라 빌(Marie-Anne de la Ville)의 사례[180]를 보면, 그녀 주위에 모여든 보물 추적자들이 어떻게 서로의 동요 속에서 신앙을 키워나갔는지 확인할 수 있다. 그러나 주술 집단은 아무리 커져도, 그 자체로는 유지될 수 없다. 동료들의 기대가 좌절될

---

180 이는 샤를 드 쿠아나르(Charles de Coynart)가 저술한 책 『18세기 한 마녀, 마리안 드 라 빌(Une sorcière au XVIIIe siècle Marie-Anne de la Ville)』(1902)을 가리킨다.

때마다, 그들에게는 새로운 신입들이 가져오는 신선한 희망이 필요했다. 같은 이유로, 앞서 언급한 물랭의 주술사이자 목수였던 장 미셸은 재판관의 믿음을 접하고 나서야 자기 확신을 되찾았고, 주술에 관해 말하는 즐거움에 취해 결국 자기가 주술사임을 자백하고 말았다.

이처럼 주술사는 외부로부터 끊임없이 고무된다. 주술에 대한 믿음은 오늘날 우리 사회 일각에 여전히 살아 있으며, 불과 한 세기 전까지만 해도 널리 퍼져 있었다. 사실 주술에 대한 믿음이야말로, 모호한 관념, 헛된 희망, 근거 없는 두려움이 떠도는 사회적 불안과 감수성의 가장 생생하고 실제적인 징후다. 옛 마나 범주의 잔재가 이 관념, 희망, 두려움에 형태를 부여하는 것이다. 사회에는 절대 마르지 않는 주술의 원천이 있으며, 주술사는 바로 그곳에서 힘을 길어와 의식적으로 활용한다. 마치 사회에 만연된 주술의 기운이 주술사를 중심으로 하나의 거대한 주술적 콘클라베(conclave)[181]를 이루는 듯한 상황이 펼쳐진다. 그래서 주술사는 자신을 둘러싼 어떤 특별한 분위기 속에서 살아가며, 그 분위기는 그가 어디를 가든 따라붙는다. 시대와 아무리 멀리 떨어져 있어도, 주술사는 실제 단절되어 있다고 느끼지 못한다. 개인으로서 그의 자의식은 이 감정으로 인해 근본부터 흔들린다. 주술사인 한, 그

---

181 로마 가톨릭에서 교황을 선출하기 위해 추기경들이 외부와 격리되어 여는 비밀회의를 뜻한다.

는 자기 자신이 아니다. 그는 자신의 상태를 되돌아보며 주술적 힘이 자기 것이 아니라 외부에서 온 것이며, 자신은 그저 그 힘을 위탁받은 존재에 불과하다고 느낀다. 그런데 그 힘이 없다면, 개인으로서 그가 지닌 주술적 지식은 아무 쓸모가 없다. 프로스페로(Prospero)는 에어리얼(Ariel)의 주인이 아니다.[182] 마녀 시코랙스(Sycorax)가 나무에 가둔 에어리얼을 풀어준 대가로, 그는 그 힘을 특정 조건 아래 일정한 기간만 빌려 쓴 것이다. 그리고 그 힘을 하늘과 자연, 세상에 되돌려주는 순간, 그는 더는 주술사가 아닌 평범한 인간으로 돌아간다. 그는 책을 불태우며 이렇게 말한다.

이제 나의 마법은 모두 끝났고,

내게 남은 힘은 오직 내 것뿐이지만,

그마저도 한없이 미약하구나…

(Now my charms are all o'erthrown,

And what strength I have's mine own;

Which is most faint ….)

주술은 존속하는 내내 자신의 사회적 기원을 기억해 왔다. 주

---

182 모스와 위베르가 참조하는 것은 윌리엄 셰익스피어의 희곡 『템페스트(*The Tempest*)』 (1611)이다. 이 희곡은 마녀 시코랙스가 나무에 가두었던 공기의 정령 에어리얼을 마법사 프로스페로가 해방시켜주고 그 대가로 일정 기간 그의 힘을 빌려 쓴다는 이야기를 담고 있다.

술사, 의례, 표상 등 주술을 구성하는 각각의 요소는 이 원초적 집단 상태의 기억을 지속시킬 뿐 아니라 완화된 형태로나마 그 상태를 재생산한다. 사회는 매일 새로운 주술사를 배출하고 새로운 의례를 실험하며, 신선해 보이지만 실은 늘 같기만 한 이야기들에 귀기울인다. 그때그때 중단되기도 하지만, 사회에 의한 주술의 창조는 그럼에도 멈추지 않고 이어진다. 공동생활 속에서는 바로 그러한 감정, 인상, 충동이 끊임없이 발생하며, 그로부터 마나 개념이 기인한다. 가뭄, 부귀, 질병, 죽음, 전쟁, 유성이나 특이한 돌, 비범한 인물 등 사물의 질서를 어지럽히는 것들이 민중의 관습을 끊임없이 교란한다. 이러한 충격을 겪을 때마다, 비정상적 사태를 마주칠 때마다, 사회는 주저하고 탐색하고 기다린다.[183] 앙브루아즈 파레(Ambroise Paré)[16세기 프랑스의 외과의사-옮긴이]조차도, 황제 루돌프가 포르투갈 왕에게 받은 베조아르(Bézoar)석[184]에 보편적인 효능이 있다고 믿었다. 바로 이러한 태도가 비정상적인 것을 마나로, 즉 주술적이거나 주술의 산물로 만드는 것이다. 한편, 주술적

---

183 "사회는 주저하고 탐색하며 기다린다"는 표현을 통해 모스와 위베르는 주술이나 종교와 같은 사회적 믿음이 탄생하는 근원적인 순간을 예리하게 포착한다. 이는 사회가 단순히 존재하는 현상을 수동적으로 받아들이는 것이 아니라 설명할 수 없는 혼란과 불확실성 앞에서 그 원인과 의미를 갈망하고, 결국 새로운 개념이나 실재의 출현을 기대하는 능동적 주체임을 보여준다.

184 베조아르석(Bezoar stone)은 동물의 위나 담낭 등에서 발견되는 결석(結石)으로, '쓸개돌'이나 '위의 진주'라고 불렸다. 이 명칭은 '해독제'를 의미하는 셈어에서 유래했다고 한다.

인 것은 모두 효능이 있다. 집단 전체의 기대는 그것이 만들어내고 추구하는 이미지들에 마치 실재인 듯한 현실감을 부여하기 때문이다. 우리는 몇몇 사회에서 주술사에게 버림받은 병자가 실제로 죽는 경우를 본 적이 있다. 반대로 신뢰만으로 병자가 치유되는 사례도 알고 있다. 집단적이고 전통적인 암시가 주는 위안의 힘이 그만큼 크기 때문이다. 주술의 세계에는 수 세대에 걸친 기대와 그로부터 비롯된 집요한 환상, 그리고 마침내 주술 처방으로 구체화된 희망이 들끓고 있다. 바로 그것이 주술의 전부다. 그러나 바로 그 점 때문에, 주술은 그저 잘못된 개인적 관념의 집합 혹은 원시적이고 비정상적인 지식으로 여겨질 때보다 훨씬 더 강한 객관성을 지니게 된다.

주술이 사회적 현상에 기반을 두고 있음에도, 종교와 분리되는 순간부터 오직 개인적 현상으로만 드러난다는 점은 매우 주목할 만하다. 우리가 이미 개인주의적 성격으로 정의했던 주술 안에서 사회적 현상을 다시 찾아냈으므로, 이제 그 개인주의적 성격으로 되돌아가는 것은 어렵지 않다. 주술 집단을 빼놓고 주술을 이해하는 것이 불가능했다면, 반대로 주술 집단이 어떻게 개인들로 해체되는지는 쉽게 파악할 수 있기 때문이다. 마찬가지로, 원시적 소집단이 지녔던 공적이고 집단적인 요구가 어떻게 매우 일반적인 개인의 요구로 점차 대체되었는지도 쉽게 짐작할 수 있다. 나아가 교육과 전통이라는 결정적인 암시가 주어진 이후, 주술이 개인적 현상으로 지속될 수 있었으리라는 점도 어렵지 않게 상상할 수 있다.

실제로 주술 교육은 과학이나 기술 교육과 마찬가지로 대체로 개인에서 개인에게로 전수되는 것처럼 보인다. 이 점에서 체로키 족의 주술 의례 전승 방식은 매우 시사적이다. 그들에게는 주술 교육과 함께, 주술 학교도 여럿 있었다. 주술을 개인에게 가르치려면, 무엇보다도 그것을 이해할 수 있는 방식으로 제시해야 했다. 그렇게 해서 실험적 혹은 변증법적 주술 이론이 만들어졌다. 하지만 그 이론은 무의식적인 집단적 자료를 자연스럽게 간과하고 말았다. 그리스의 연금술사들과 그 전통을 이은 근대 주술사들은 주술의 이론을 철학적 원리에서 연역하려 했다. 한편 모든 주술은, 가장 원시적인 것에서부터 가장 대중적인 것에 이르기까지, 과거의 경험에 근거해 각자의 처방을 정당화한다. 또한 많은 주술이 객관적 탐구와 실제 실험을 통해 발전해 왔으며, 진실이든 허구든 다양한 발견을 통해 점차 그 내용이 풍부해졌다. 이처럼 주술이 선험적이고 비합리적인 요소들을 스스로 걷어냄에 따라, 그 안에서 집단성이 차지하는 비중도 점점 줄어들었다. 이런 식으로 주술은 과학에 가까워지기 시작했고, 마침내 실험적 탐구와 논리적 추론의 산물로 자처하면서 과학을 닮게 되었다. 또한 주술은 점점 더 기술과 유사해졌다. 기술이 그러하듯, 주술 역시 개인의 실용적 필요를 충족시키기 때문이다. 주술은 전통이라는 집단적 성격의 외형만을 간신히 유지할 뿐, 그 이론과 실천은 모두 개인의 몫으로 남게 되었다. 이제 주술은 오로지 개인만이 수행한다.

5장

결론

그러므로 주술은 하나의 사회적 사실이다. 이제 다른 사회적 사실들 가운데 주술이 어떤 위치를 차지하는지 살펴봐야 한다. 종교적 사실은 나중에 다시 다루기로 하겠다. 주술이 법과 관습, 경제와 미학, 그리고 언어와 맺는 관계가 아무리 흥미롭더라도 지금 우리의 관심사는 아니다. 이와 같은 분야들과 주술은 서로 영향만 주고받을 뿐이다. 주술이 실질적으로 관련을 맺는 것은 종교, 그리고 기술 및 과학뿐이다.

앞서 살펴본 것처럼, 주술은 다양한 목적을 좇으며 개인화되고 전문화됨에 따라 점차 기술을 닮아간다. 그런데 이 둘 사이에는 외형적 유사성을 넘어서는 무언가가 존재한다. 그것은 바로 기능적 동일성이다. 앞서 정의했듯이 둘 다 같은 목적을 지향하기 때문이다. 종교는 형이상학을 지향하고 이상적 이미지의 창조에 몰두하는 반면, 주술은 자신을 키워온 신비적 세계를 빠져나와 세속의 삶 속에 스며들어 제 역할을 수행한다. 종교가 추상으로 향한다면, 주술은 구체로 향한다. 주술은 우리의 기술, 산업, 의학, 화학, 기계 등과 같은 방향으로 작동한다. 주술은 본질적으로 무언가를 만드는 기술이다. 주술사들은 각자의 기량, 손놀림, 손재주를 신중히 활용해 왔다. 주술은 순수한 생산의 영역, 무로부터의 창조가 이뤄지는 영역에 속한다. 기술이 노동으로 만들어내는 것을, 주술은 말과 몸짓으로 구현한다. 다행히도 주술의 기술이 항상 공허한 몸짓만을 의미하지는 않았다. 주술사들은 이 기술을 가지고 물질을 다루고 실제 실험을 반복했으며, 심지어 새로운 것을 발견하기도 했다.

그러나 주술적 기술은 언제나 가장 손쉬운 기술이었다. 이 기술 덕분에 현실을 이미지로 대체하여 수고를 덜 수 있다. 그것은 (거의) 아무 일도 하지 않으면서 모든 것을 믿게 만든다. 그것은 개인적 상상력에 집단적 힘과 관념을 불어넣음으로써 더욱 쉽게 그러한 믿음을 조장한다. 주술사의 기술은 가능한 수단을 암시하고, 사물의 효능을 증폭시키며, 효과를 예상하게 만든다. 그렇게 함으로써 여러 세대가 함께 키워온 욕망과 기대를 온전히 충족시킨다. 주술은 개인의 욕구를 미숙하게 드러내는 무력한 몸짓에 형태를 부여하고, 이를 의례로 만듦으로써 효과를 발생시킨다.

이러한 몸짓은 기술의 초기 형태로 볼 수 있다. 주술은 주술적 관점에서는 효과가 있는 행위(*opus operatum*)이지만, 기술적 관점에서는 효과가 없는 행위(*opus inoperans*)이다.[185] 주술은 가장 유치한

---

185 오푸스 오페라툼(Opus operatum)은 가톨릭 신학에서 성사(聖事)가 집전자의 성덕 (聖德)과 무관하게 의례 자체의 힘으로 은총을 낳는다는 사실을 표현하는 용어이다.

기술이기에, 어쩌면 가장 오래된 기술일지도 모른다. 실제로 기술의 역사는 기술과 주술 사이의 계보적 연결을 보여준다. 주술이 기술의 형성에 기여할 수 있었던 것은 그 신비로운 특성 덕분이었다. 주술은 기술이 발전할 수 있는 일종의 보호막을 제공했다. 주술은 기술자이자 주술사였던 이들의 실용적이면서도 소심했던 시도에 확고한 권위를 부여하고 실제 효력을 보태주었다. 만약 주술이 없었더라면, 이러한 시도는 실패로 끝나 사라졌을 것이다. 약학, 의학, 외과학, 야금술, 에나멜 세공(뒤의 두 기술은 연금술의 계보에 속한다)처럼 복잡한 대상을 다루며 작용이 불확실하고 섬세한 방법이 필요한 기술들은 주술의 뒷받침 없이는 존재할 수 없었을 것이다. 주술은 이 기술들을 지속시키기 위해 어느 정도 그것들을 흡수하기까지 했다. 그렇기에 우리는 의학, 약학, 연금술, 점성술이 지극히 미미한 수준의 순수한 기술적 발견이라는 작은 핵을 중심으로 주술의 테두리 안에서 발전해 왔다고 단언할 수 있다. 우리는 그보다 더 오래되고 더 단순하며, 더 이른 시기에 주술에서 분리된 다른 기술들 역시 인류의 초기에는 주술과 뒤섞여 있었다고 과감하게 추측할 수 있다. 호윗에 따르면, 워이워룽족(Woivorung)의 한 지방 씨족은 음유시인 주술사를 배출했을 뿐만 아니라 부싯돌 채석장까지 갖고 있어서, 주변 부족들이 점화 도구를 장만하기 위

반면, 오푸스 인오페란스(opus inoperans)는 이와 대비하여 만들어진 임의적인 조어로 보인다.

해 그들을 방문했다고 한다. 이 사실은 우연일 수도 있지만, 최초의 도구 발명과 제작이 어떻게 이루어졌는지를 엿볼 단서를 제공한다. 우리가 보기에, 기술은 주술의 토양에서 열매를 맺은 씨앗과 같다. 그러나 기술은 결국 주술의 자리를 차지했다. 기술은 주술에서 빌린 신비적 요소들을 점차 걷어냈고, 남아 있던 주술적 기술도 점점 다른 가치를 갖게 되었다. 예전에는 신비한 효능이 있다고 여겨졌던 기술이 이제는 단순히 기계적 작용으로 인식된다. 오늘날 의료 마사지가 접골사의 손놀림에서 비롯된 것은 바로 이런 맥락에서 이해할 수 있다.

주술은 기술과 마찬가지 방식으로 과학과도 연결된다. 주술은 단순한 실용 기술일 뿐 아니라 사유의 보고(寶庫)이기도 하다. 주술은 지식을 매우 중시한다. 실제로 지식은 주술의 주요 동력 중 하나이다. 우리가 여러 차례 확인했듯이, 주술에서 아는 것은 곧 힘이다. 하지만 종교가 그 지적 요소들을 통해 형이상학을 지향하는 반면, 우리가 묘사했듯이 주술은 구체적인 것에 더 이끌려 자연을 인식하는 데 몰두한다. 주술은 아주 빠르게 식물, 금속, 각종 현상, 그리고 존재 전반에 대한 일종의 목록을 구축하는데, 이는 곧 천문학, 물리학, 자연과학의 첫 번째 총람(總覽)이 된다. 점성술과 연금술처럼 주술의 일부 분야는 고대 그리스에서 일종의 응용자연학(physiques appliquées)이었다. 그래서 주술사들이 '자연철학자(φύσικοι)'[186]라 불리고 '자연적(φύσικος)'[187]이라는 단어가 '주술적'이라는 말의 동의어로 쓰였던 것은 당연한 일이었다.

　때때로 주술사들은 자신의 지식을 체계화하고 그 원리를 찾아내려 했다. 이러한 이론 작업이 주술사 학교에서 이루어질 때, 그 과정은 전적으로 합리적이고 개인적인 방식으로 전개되었다. 이 교의적 작업 과정에서, 주술사들은 자신의 신비성을 최대한 배제하는 데 집중하여 주술이 진정한 과학의 면모를 드러내는 일도 있었다. 이는 고대 그리스 주술의 마지막 시기에 실제로 일어난 일이었다. 연금술사 올림피오도로스는 이렇게 말했다. "나는 너에게 고대인의 정신을 보여주고자 한다. 철학자였던 그들이 철학자의 언어를 어떻게 사용했는지, 그리고 어떻게 '지혜를 통해 철학을 기술에 적용했는지'(*kai pareisênegkan têi technêi dia sophias tên philosophian*)를 말하고자 한다."(올림피오도로스, 2권 4절, 마르셀랭 베르틀로(Marcellin Berthelot) 편, 『고대 그리스 연금술사 총서(*Collection des anciens Alchimistes grecs*)』, 1권, 86쪽에서 재인용).

　과학의 일부는 특히 원시 사회에서 주술사들에 의해 형성되었음이 분명하다. 연금술사, 점성술사, 의술사로서의 주술사들은 그리스뿐 아니라 인도 등지에서도 천문학, 물리학, 화학, 자연사의

186　퓌시코이(physkoi)는 '자연철학자들'을 의미하는 고대 그리스어이다.

187　퓌시코스(physikos)는 '자연(physis)에 관한' 또는 '자연적인'을 의미하는 그리스어 형용사이다.

창시자이자 실천자였다. 우리가 앞서 기술에 관해 언급했듯이, 이보다 더 단순한 과학들 역시 주술과 유사한 계보를 가졌다고 추정할 수 있다. 확실히 수학은 마방진(魔方陣), 수와 도형의 주술적 특성에 대한 탐구에 크게 빚지고 있다. 주술이 축적한 이 사유의 보고는 오랫동안 과학이 활용한 자산이었다. 주술은 과학을 길러냈고, 주술사들은 과학자를 배출했다. 원시 사회에서는 오직 주술사만이 자연을 관찰하고 성찰하거나 상상할 수 있는 여유를 가질 수 있었다. 이는 사실상 그들의 직업적 과업이었다. 또한 과학적 전통과 지적 교육 방식도 주술사 학교에서 형성된 것으로 보인다. 그것이 최초의 아카데미였다. 문명의 낮은 층위에서는 주술사가 학자였고 학자가 주술사였다. 오스트레일리아 부족 사회의 변신하는 음유시인들과 켈트 문학의 음유시인들이 바로 주술사와 학자를 겸한 인물들이었다. 켈트 문학의 음유시인인 아메르긴, 탈리에신, 탈휘아른, 가이온 등은 예언자이자 점성술사였으며, 천문학자이자 자연학자이기도 했다. 이들은 마치 마녀 케리드웬(Ceridwen)[188]의 솥에서 자연과 그 법칙에 관한 지식을 길어 올린 것처럼 보인다.

우리가 아무리 주술에서 멀어졌다고 생각해도, 실제로는 그 영향력에서 여전히 벗어나지 못하고 있다. 예컨대 우리에게 친숙한

---

188 케리드웬(Ceridwen)은 지식의 비밀을 간직한 켈트족의 여신을 가리킨다. 웨일스 전설에 따르면, 그녀의 가마솥에서 끓던 지식의 물약 세 방울이 그위온 바흐(Gwion Bach)의 손가락에 떨어졌고, 그가 손가락을 빨자 모든 지식을 얻게 되었다고 한다.

행운, 불운, 정수(精髓) 같은 개념은 주술 개념 자체와 매우 가깝다. 기술도, 과학도, 심지어 우리 오성의 지도 원리조차도 아직 그 태초의 흔적을 완전히 지워내지 못했다. 힘, 원인, 목적, 실체 같은 개념에 여전히 남아 있는 비실증적이고 신비하고 시적인 성격은, 주술을 탄생시킨 장본인이자 인간의 정신이 좀처럼 떨쳐내지 못하는 오래된 사유 습관에 기인한다고 해도 무리는 아닐 것이다.

이처럼 우리는 주술의 기원에서 훗날 개인 이성의 기반이 된 집단 표상의 최초 형태를 발견하게 된다. 이 점에서, 우리 연구는 서두에서 밝혔듯이 단지 종교사회학의 한 장을 구성할 뿐만 아니라 집단 표상 연구에 대한 기여이기도 하다. 우리는 주술을 통해 하나의 집단적 현상이 어떻게 개인적 형태를 띨 수 있는지 보여주었다. 이러한 의미에서 일반 사회학 역시 이 연구로부터 일정한 통찰을 얻을 수 있다.

사회가 꾸는 꿈,
현실을 빚어내는 주술의 원리

『주술론』(원제는 『주술의 일반이론 개요』)은 마르셀 모스와 앙리 위베르가 긴밀한 협업을 통해 완성한 공동 논문이다. 뒤르켐 학파의 중심인물이었던 모스와 위베르는 젊은 시절부터 서로의 연구를 마치 '쌍생아'처럼 공동으로 발전시켜 왔다.[1] 1896년 처음 만난 이래 두 사람은 『사회학 연보』의 편집진으로 함께 활동하며, 『희생제의의 본질과 기능에 관한 시론』(1898)과 『주술론』이라는 기념비적인 공동 저작을 연이어 발표했다. 두 학자는 각자의 지적 역량이 잘 맞물리게끔 서로의 강점에 집중하면서 『주술론』을 엮어냈다. 자료에 정통한 위베르가 『주술론』의 서문과 제1장을 썼고, 주술의 정의와 마나 개념 등 핵심 이론은 모스가 맡았으며, 나머지 장은 함께 집필했다.[2]

그렇다면 이들은 왜 하필 주술을 연구 대상으로 삼았는가? 그

---

1   Marcel Fournier, *Marcel Mauss*, Fayard, 1994, p.104.

2   Jean-François Bert and Nicolas Meylan, "Sur une édition critique de l'《Esquisse d'une théorie de la magie》," *Durkheimian Studies*/Études Durkheimiennes, New Series, vol. 20, 2014, p. 37.

배경에는 19세기 말 프랑스의 시대적 혼란이 자리하고 있다. 뒤르켐이 『자살론』에서 날카롭게 짚어냈듯, 당시 급격한 산업화는 기존의 도덕과 종교를 흔들어놓았고, 채워지지 않는 욕망과 깊은 환멸이 사회 전반에 퍼져나갔다. 과거 이념들이 남긴 공백은 신비주의와 초자연적인 것에 관한 관심, 주술과 악마주의에 대한 매혹으로 채워졌다.[3] 이러한 시대 분위기 속에서 모스와 위베르가 주술에 주목한 것은 단순한 지적 호기심 때문만은 아니었다. 그것은 근대가 야기한 거대한 균열 앞에서, 사회를 하나로 묶는 집단적 믿음의 근원을 다시 찾기 위한 절박한 시도이기도 했다.

홍미롭게도 그들의 문제의식은 종교라는 사회통합의 중심축이 아니라 미신과 기만의 영역으로 여겨졌던 주술로 향한다. 모스와 위베르는 잘 짜인 '제도로서의 믿음'이 아니라 믿음 자체를 추동하는 '근원적 에너지', 즉 집단적 힘의 원형을 추적했다. 당시 종교는 점점 그 생명력을 상실해 가던 반면, 주술과 신비주의는 사회 곳곳에서 유행처럼 번지며 낡은 믿음이 사라진 자리에서 새로운 믿음을 갈망하는 집단적 욕구를 고스란히 드러냈다. 따라서 두 학자에게 주술 연구는 단순히 사회의 병리 현상을 파헤치는 작업이 아니었다. 그것은 오히려 종교라는 견고한 껍질을 벗겨낸 자리에서, 집

---

3   Vincent Crapanzano, "Le moment de la prestidigitation: magie, illusion et *mana* dans la pensée d'Émile Durkheim et Marcel Mauss," *Sociologie et sociétés*, vol. 36(2), 2004, p. 50.

단적 믿음이 어떠한 원초적 힘으로 작동하는지를 가장 생생하게 관찰할 수 있는 실험실을 찾아낸 것이었다.

주술은 흔히 사기나 속임수처럼 여겨진다. 종교와는 달리 사회적 유대나 도덕적 질서를 지향하지 않으며, 때로는 사적인 이익을 위해 사회의 권위를 조롱하는 듯 보인다. 여기서 논의를 멈춘다면, 주술은 그저 반사회적인 불경스러운 행위에 지나지 않을 것이다. 그러나 모스와 위베르는 한 걸음 더 나아간다. 주술 역시 종교처럼 집단적 감정을 활용하며, 사회의 암묵적인 동의 아래서 그 효력을 인정받는 점에 주목한 것이다. 여기에 바로 '반사회성'을 통해 자신의 '사회적 성격'을 드러내는 주술의 의미심장한 역설이 있다.

『주술론』은 주술의 복권을 시도하는 변론서가 아니다. 이 논문은 주술을 사회학적으로 분석할 수 있는 대상으로 끌어올리면서, 믿음과 현실, 상징과 실재 사이의 경계를 근본적으로 재검토하게 만든다. 그 영향력은 레비스트로스를 거쳐 부르디외로 확장하는 20세기 프랑스 사상사의 핵심적인 계보를 구축했으며, 오늘날에도 상징인류학, 수행성 이론, 권력의 사회학 등 다양한 분야에서 재해석되고 있다.[4]

『주술론』은 집단적 믿음과 행위가 어떻게 정동을 조직하고 실재를 구성하며, 상징을 효능으로 바꾸는지를 선명하게 드러낸다. 모

---

4   Cécile Leguy, "Une conception pragamatique du langage chez Marcel Mauss?" in *Marcel Mauss, L'anthropologie de l'un et du multiple*, PUF, 2013.

스와 위베르의 이론은 단순히 과거 사회를 해명하는 낡은 틀이 아니라 오늘날에도 여전히 유효한 집단적 사고의 구조를 파악하게 하는 중요한 출발점이다.

반사회적인 것의 사회학

마법의 돌로 토지를 비옥하게 하고 주문으로 폭풍을 멈춘다는 기이한 믿음을 과연 사회학적으로 탐구할 수 있을까? 진흙으로 만든 인형을 바늘로 찔러 해를 입히는 행위를 집단적 사고와 표상의 틀에서 분석할 수 있는가? 이는 뒤르켐이 정립한 사회학의 핵심 원리들을 주술이라는 현상에 적용할 수 있는지를 묻는 근본적인 질문이다. 당장은 이 질문에 대해 '아니오'라고 답할 수밖에 없다. 주술은 뒤르켐 사회학이 핵심 가치로 삼아온 모든 주제와 정면에서 충돌하는 것처럼 보이기 때문이다.

우선 주술에는 '사회적 사실'이라 부를 만한 뚜렷한 특징이 보이지 않는다. 주술의 현장을 떠올려보자. 기이한 복장을 한 주술사, 알아들을 수 없는 주문, 불분명한 손짓, 그리고 주술사에게 무언가를 간절히 호소하는 사람들. 그러나 이 모든 요소에서는 사회적 사실의 단단한 실재성보다는 무언가 수상쩍은 분위기가 먼저 감지된다. 주술사의 주문은 도덕적 명령과 무관해 보이고, 비밀리에 치르는 의식은 공동체의 성스러운 의례와 나란히 놓기 어렵다. 무엇보다 주술사와 고객 사이에는 지속적인 도덕적 공동체가 성립되지 않는다. 뒤르켐의 유명한 표현대로, "주술사는 (…) 고객을 가지고 있지만 교회를 가지고 있지는 않다."[5]

종교의 세계는 이와는 확연히 달랐다. 모스와 위베르가 희생제의를 연구했을 때, 이들은 주술처럼 난해한 문제에 부딪히지 않았다. 희생제의는 사회의 중심 공간에서 공개적으로 이루어지며, 그곳을 가득 채운 강렬한 집단적 에너지는 개인을 그 자신보다 더 높은 곳으로 끌어올린다.

주술 의례에서는 이 모든 것이 거꾸로 뒤집힌다. 주술사는 성스러움에 대한 경외심을 표하기보다, 오히려 "성스러운 것들을 속되게 만들면서 일종의 직업적인 쾌락을 느낀다."[6] 주술은 존중받을 만한 가치를 추구하지 않기에 인적이 드문 어두운 곳에서 행해진다. 농사의 성공을 기원하는 주술처럼 그 목적이 사회적으로 용인되더라도, 주술은 대체로 공개되기를 꺼린다. 나아가 정해진 집단 의식에 근거하지 않기에 "주술사의 독창성과 기교"(18쪽)에 거의 전적으로 의존한다.

고립과 비밀, 이것이야말로 주술을 주술답게 만드는 본질적 표식이다. 이 표식은 주술의 '비종교성'과 '반종교성'을 드러낸다. 이는 주술이 본질적으로 비(반)사회적 성격을 띠며, 따라서 사회적

---

5   에밀 뒤르켐, 『종교생활의 원초적 형태』, 민혜숙·노치준 옮김, 한길사, 2020, 184쪽.
6   같은 책, 181쪽.

사실로 규정하기 어렵다는 점을 내포한다.

하지만 모스와 위베르는 여기서 논의를 멈추지 않는다. 그들은 주술의 이러한 측면만을 보고 그 전체를 파악하는 것은 고집스러운 편견일 뿐이라고 지적하며, 종교와 주술을 절대적인 대립 항으로 보는 단순한 도식에서 벗어날 것을 요청한다.

주술이 금지된 목적을 추구하거나, 성스러움을 모독하고 도구화한다는 점은 사실이다. 하지만 역사를 들여다보면 이야기는 훨씬 복잡해진다. 예컨대 고대 그리스의 헤카테 숭배처럼, 주술사가 불러내는 존재가 합법적인 신일 수도 있었다. 고대의 파피루스 문서에는 주술사 임명식에 정화의식이나 기도 같은 종교적 관행이 포함되어 있었다는 기록도 남아 있다. 모든 주술이 반드시 사적인 것도 아니어서, 농민들이 들판에서 쥐를 쫓아내거나 사냥 도구에 주문을 욀 때처럼, "전적으로 떳떳한 목적을 추구하며 금지되지 않은 행위를 수행"(292쪽)할 때도 많았다. 고대 그리스의 주술사들은 유대교의 신 야훼에게 도움을 청하기도 했고, '성 세케르의 미사'처럼 농민들의 부탁을 받고 끔찍한 저주의식을 비밀리에 거행하는 사제도 있었다.[7] 결국 종교와 주술의 경계는 관점에 따라 달라지는 해석의 문제이다. 나의 종교는 상대방의 눈에는 주술로 보일 수 있으며, 그 반대도 성립된다.[8]

7 조지 제임스 프레이저, 『황금가지』. 이용대 옮김. 한겨레출판사. 2003, 111쪽.

8 Marcel Mauss, *Manuel d'ethnographie*. Payot et Rivages. 2002[1947], pp.

이 지점에서 모스와 위베르는 발상을 전환한다. 주술을 종교의 타자로서 배제하는 대신, 그 타자성을 끌어안는 더 근본적인 토대를 제시해 양자를 같은 지층 위에 놓고 바라보는 관점이 필요하다는 것이다. 이런 시각에서 그들은 종교와 주술의 양극을 대표하는 두 의식(희생제의와 저주의식)을 설정한 뒤, 그 사이를 채우는 복잡하고 다양한 현실에 주목한다.

종교와 주술은 서로 다른 두 극단, 즉 희생제의와 저주라는 양극을 형성한다. 종교는 항상 일종의 이상(idéal)을 창출해 왔다. 이 이상을 향해 찬가와 서원, 제물이 바쳐졌고, 다양한 금기가 이를 보호했다. 주술은 바로 이런 영역을 피해 저주의 방향으로 전개된다. 주술 의례는 저주를 중심으로 형성되어 왔고, 인류가 주술을 상상할 때 가장 먼저 떠올린 이미지도 바로 이 저주에서 비롯되었다. 이 두 극단 사이에는 성격이 모호하고 혼란스러운 행위들이 널리 퍼져 있다. 그 행위들은 특별히 금지되지도, 특별히 요구되지도 않은 관행들이다. 어떤 종교 행위는 개인적이고 임의적으로 수행되기도 하고, 어떤 주술 행위는 공적으로 허용되기도 한다. 개인이 때때로 행하는 종교 의례가 있는가 하면, 의술처럼 기술과 결합된 주술적 실천도 있다(50쪽).

이 언급은 이론적으로 매우 중요하다. 종교만이 사회와 같은 뿌

355~356.

리에서 나왔다는 관점을 고수한다면, 주술은 사회학적 논의에서 배제될 수밖에 없다. 하지만 모스와 위베르는 종교와 주술의 유사성에 더 주목해야 한다고 주장한다. 그 유사성이야말로 두 현상이 발생한 공통의 기반을 밝혀줄 단서이기 때문이다.

이들의 가정에 따르면, 집단적 에너지는 종교로만 향하는 것이 아니라 종교와 주술 모두를 가능하게 하는 공통의 기반을 이룬다. 따라서 종교와 주술은 별개의 현상이 아니라 하나의 집단적 에너지가 드러내는 두 얼굴이다. 『주술론』의 목적은 이 공통의 기반이 무엇인지를 규명하는 데 있다. 그 기반 위에서 우리는 다시금 주술에 대한 사회학적 질문을 던질 수 있어야 한다. 종교와 동일한 기원을 가졌지만 상이한 형식으로 나타나는 주술의 힘은 어떻게 이해할 수 있는가? 주술에도 집단적 에너지가 작동한다면, 사회로부터 고립된 주술사는 어떻게 그 에너지를 활용하는가? 주술이 현실 세계에 내리는 판단은 어떤 의미에서 사회적인가?

혼돈 속의 질서, 주술의 문법

설령 주술과 종교가 공통된 기반을 공유한다 해도, 주술이 종교보다 훨씬 혼란스럽고 무질서한 활동처럼 보이는 것은 부인하기 어렵다. 뒤르켐이 『종교적 삶의 원초적 형태』에서 보여주었듯, 종교를 움직이는 집단 에너지는 토템 같은 상징물에 단단히 고정된다. 그리고 이 상징물은 사회를 재현함으로써 집단 감정을 반복적으로 되살리는 순환 고리를 만든다. 하지만 주술을 추동하는 에너지와 감정은 이러한 종교적 회로를 통과하지 않는다. 주술에서는 개인이 사회에 결속되는 뚜렷한 동기를 찾아보기 어렵고, 성스러움과 속됨이 주기적으로 교체되는 집단적 의례의 구조도 발견하기 힘들다. 심지어 주술에서는 관념 하나만 중얼거려도 의례가 완성될 정도로 표상과 의례의 체계적인 구분조차 모호하다. 모스와 위베르의 표현대로, "주술은 살아 있으면서도 형태가 없고 조직되지 않은 집합체로서, 그 구성 요소들은 고정된 위치나 기능을 갖지 않는다"(180쪽).

이처럼 모든 요소가 뒤죽박죽 섞여 있는 것처럼 보이기에, 주술은 종종 혼란스러운 환각과 오류, 허위 관념에 기반한 미숙한 기술로 치부된다. 그러나 모스와 위베르는 바로 이 무질서하게 보이는 사회적 에너지의 양상 속에, 주술 고유의 체계와 내적 질서가 잠재해 있다고 본다. 그리고 그 숨겨진 질서를 포착하려면, 주술 자체를 하나의 언어 활동으로 접근하는 과감한 사유의 도약이 필요하다고 주장한다.

1) 주술사의 마법 솥, 상징을 요리하는 제단

주술사의 손짓과 주문 속에 과연 해독 가능한 언어가 숨어 있을까? 오히려 주술은 언어를 매개로 하기보다는, 감각과 상상력을

'직접' 자극하는 행위처럼 보인다. 이해할 수 없는 무언가를 눈앞에 펼쳐 보이는, 일종의 비논리적인 볼거리로서 말이다.

그러나 모스와 위베르는 주술을 언어 활동으로 해석할 때만 그 힘의 근원이 개인의 의지가 아닌 사회적 여론에 있음을 파악할 수 있다고 주장한다. 그렇다면 주술이 언어라는 사실은 어떻게 증명할 수 있을까? 이를 위해서는 주술사가 수많은 사물과 상징을 어떤 원리로 선별하는지, 그리고 그 무질서한 혼합 속에 어떤 질서가 숨어 있는지를 먼저 살펴봐야 한다.

주술에 대한 가장 전형적인 장면 하나를 떠올려보자. 한 주술사가 누군가의 부탁을 받고 약제를 만든다. 그는 마법의 솥에 초목 가지와 뿌리, 약초와 향료, 심지어 분뇨와 피까지 마구 섞어 넣는다. 알아듣기 힘든 주문을 외우며 그 재료들을 으깨고 반죽한 뒤, 이 혼합물을 끓여 먹거나 마실 수 있는 약제로 만든다. 어느 모로 보나, 이 약제는 주술사가 순전히 임의로 만들어 낸 수상한 결과물에 불과하다. 의미 있는 사고와 행위는 부재하며, 그저 기이하다고 여겨지는 재료들을 무작위로 뒤섞었을 뿐이다. 물론 재료 하나하나는 희귀하거나 병을 물리친다는 소문에 의해 선택되었을 수 있다. 그러나 솥 안의 재료들이 특별한 효력을 지닌 물질로 변한다는 믿음은, 비과학적이고 주관적이며 심지어 주술사 자신도 허위라 여길지 모르는 신념에 근거할 뿐이다.

이것이 바로 주술에 대한 일반적인 통념이다. 그런데 모스와 위베르는 이런 통념을 단호히 물리치면서, 주술사는 재료들을 자기 마음대로 뒤섞는 것이 아니라 그 재료들 사이의 '상징적 조응'을 매우 섬세하게 구축하는 의례를 수행한다고 주장한다.

주술사의 제단은 곧 그의 마법 솥이다. 주술은 재료를 배합하고 혼합하고 발효시키는 조제 기술이다. 주술사들은 주술적 혼합물을 빻고, 으깨고, 반죽하고, 희석해서 향이나 음료, 탕약, 연고, 특수한 형태의 과자나 이런저런 형상으로 가공한다. 사람들은 그것들을 훈증하거나, 먹거나 마시거나, 부적으로 보관한다. 이러한 조제술, 즉 화학 혹은 약제술은 주술용 물질을 사용하는 데 그치지 않고, 그것에 의례적 형식을 부여한다. 그리고 이 형식은 그 효능에 적지 않은 영향을 미친다. 주술의 조제술은 그 자체로 전통적이고 형식적인 의례이며, 거기서 행해지는 모든 동작 하나하나도 의례에 해당한다(110쪽).

주술 의례는 공적인 장소에서 열리는 정교한 의식이 아니다. 그 것은 주방에서 활용되는 일종의 요리법에 가깝다. 이 주방에서는 입사식의 고통도, 희생제의의 엄격함도 찾아볼 수 없다. 그렇다고 해서 주술을 제멋대로인 비공식적 기술로만 여겨서는 안 된다. 주술사의 무질서해 보이는 조제법 속에 정교한 형식주의가 숨어 있기 때문이다.[9]

---

9   Camille Tarot, *De Durkheim à Mauss, l'invention du symbolique.* La Découverte/MAUSS, 1999, p.558.

주술사가 중얼거리는 주문은 엄격한 형식을 갖춘 구송(口誦) 의례이며, 휘젓는 손동작은 원하는 바를 실현하려는 신체 의례이다. 이 의례라는 형식을 통해 주술사는 물질을 섞는 것이 아니라, 그것들이 표상하는 상징들을 연결한다. 솥에서 재료가 끓고 있는 것처럼 보여도, 실제 그 안에서는 재료들 사이의 상징적 관계가 끓어오르고 있다.

그러므로 주술사의 말과 행위는 터무니없는 조작이 아니라 사물들 사이의 상징적 관계를 모색하는 작업으로 봐야 한다. 주문과 손동작은 현실 세계를 사람들이 바라는 상징적 관계의 세계로 번역한다. 주술사의 난해한 행위는 상징을 선택하고 연결하여 의미를 생산하는 언어 활동과 정확히 일치한다. 이런 의미에서 모스와 위베르는 "모든 의례가 일종의 언어"(125쪽)라고까지 단언한다.

2) 주술의 문법: 사회적 약속으로서의 상징

모스와 위베르에 따르면, 주술 의례의 형식주의는 '추상화'와 '선택적 주의 집중'이라는 원리로 작동한다.

주술사는 상징으로 선택된 대상에서 하나의 속성만을 취한다. 납에서는 냉기, 무게 혹은 색깔을, 점토에서는 단단함이나 부드러움을 취하는 식이다. 의례를 추동하는 필요와 경향은 상징의 선택과 그 사용법을 결정할 뿐만 아니라, 접촉에 의한 관념연합처럼 이론상 무한해야 할 동일화 작용의 결과를 제한하기도 한다. 나아가 상징이 지닌 모든 특성이 상징되는 대상으로 전이되는 것은 아니다. 주술사는 자신의 행위가 불러올 수 있는 효과의 범위를 의도적으로 제한할 수 있다고 믿는다. 이를테면, 장례 상징을 사용할 때 그 효과를 수면이나 실명 정도로 제한한다. 비를 부르는 주술사도 홍수를 두려워해 소나기 정도에 만족한다(142쪽).

주술사는 사물의 모든 구체성을 염두에 두지 않는다. 오히려 사물의 여러 특성 중 일부만을 배타적으로 선택해 추상화한다. 바로 이 지점에서 『주술론』은 프레이저가 주술의 핵심 원리로 간주한 공감 법칙의 한계를 논박한다.

잘 알려져 있듯이, 공감 법칙은 관념의 끝없는 연상 작용에 기반한다. 그런데 A가 B를, B가 C를 연상시키는 식으로 관념이 한없이 이어진다면, 주술의 효력은 특정 대상에 도달하지 못하고 무한히 분산될 것이다. 따라서 주술이 작동하려면 "공감의 흐름은 특정 순간에 차단"(138쪽)되고, "전이될 수 있는 여러 속성 중 오직 하나 혹은 극소수만이"(138쪽) 선택적으로 전이되어야 한다. 그렇지 않다면, 주술사가 "의뢰인의 병을 삼켜도 전혀 고통받지 않는"(138쪽) 일이 어떻게 가능하겠는가. 한 사람의 운이 어떠한지는 "초가지붕에 있는 밀짚 하나"(138쪽)만으로 알 수 있듯이, 주술의 효력은 아주 간단한 연상만으로 발생한다.

더 나아가, 이 관념 연상의 범위는 관습에 의해 미리 제한되어 하나의 전통적 사실로 고정되기도 한다. 모스와 위베르에 따르면,

체로키족에게 황달과 노란 뿌리 사이에는 유사한 색깔로 인한 관념연합이 아니라 "마치 법처럼 작용하는 명시적 규약"(157쪽)이 존재한다. 이 규약은 황달과 노란 뿌리의 여러 특성 가운데 색깔만을 배타적으로 선택해, 둘 사이의 관계를 성립시키는 전통적 협약이다. 이는 자연발생적인 관념 연상에 의해 주술적 관계가 형성된 것이 아니라 황달과 노란 뿌리를 둘러싼 "사회적 합의 덕분에 집단정신이 공감 관계를 만들어낼 수 있었"(159쪽)음을 보여준다.

같은 맥락에서 '유사한 것은 유사한 것에 작용한다'는 유사의 법칙 역시 재검토할 수 있다. 모스와 위베르는 이 유명한 공식이 주술적 사고에서 어떻게 작동하는지를 면밀히 분석한다. 그들은 주술에서 유사의 법칙이 실제로 작동한다면, 그것은 단순히 A와 B 두 대상 사이의 시각적 닮음에 머무르지 않는다고 주장한다. 저주 인형이 흑주술에 사용될 때, 그 인형은 저주할 인물과 닮았기 때문에 선택된 것이 아니다. 오히려 그 인형의 이미지는 "극도로 축소된 도식 혹은 변형된 표의문자"로서 "이론적이고 추상적인 의미에서만 대상과 닮았을 뿐이다"(140쪽). 다시 말해, 유사성은 눈에 보이는 형상의 유사함이 아니라 여론의 힘, 즉 전승된 관습과 협약의 압력으로 구성된 것이다.

따라서 주술적 사고는 색과 형상 같은 감각적 정보에 몰두하는 사고가 아니다. "주술사는 감각으로부터 이미지를 수동적으로 받아들이는 것이 아니라 기대와 추상에 따라 이미지를 분별하고 선택한다. 이 과정에서 작동하는 것은 정확히 언어적 활동이다."[10]

이 언어적 활동의 진정한 주체는 주술사가 아니다. 그가 특정 상징을 사용할 수 있는 이유는 수많은 이미지를 기호로 분류하는 상징적 사고체계가 사회 안에 이미 마련되어 있기 때문이다. 그 결과 주술은 놀라울 정도로 빈곤한 창의력으로 구성되기도 한다. "주술의 상상력이 그토록 빈약했기에 몇 가지 상징이 고안되어 매우 다양한 용도로 반복적으로 쓰이게 된 것이다. 예컨대 매듭의 주술은 사랑, 비, 바람, 저주, 전쟁, 언어 등 수많은 것을 표현하는 데 쓰인다"(143쪽). 이처럼 주술사는 자유로운 창작자가 아니라 대대로 전승된 전통이라는 사회적 약속을 수행하는 배우에 가깝다.

3) 개인의 의식을 넘어서, 집단의 마음으로

주술과 언어의 유비 관계를 바탕으로 모스와 위베르는 또 하나의 중요한 문제로 나아간다. 앞서 보았듯이, 주술적 사고는 사회가 분류한 대상들을 상징으로 선택하고 그들 사이에 상징적 조응을 다시 확립한다. 그런데 이런 질문이 떠오를 수 있다. 이 복잡한 추론 과정을 주술사 자신은 과연 명확히 의식하고 있을까? 이에 답하기 위해 모스와 위베르는 '무의식적 추론'이라는 용어를 도입한다.

주술에서든 종교에서든, 개인은 이성적으로 사유하지 않으며, 사유하더

---

10   같은 책, pp. 561~562.

라도 대개 무의식적으로 이루어진다. 마찬가지로 자신이 행하는 의례의 구조를 숙고할 필요가 없고 기도나 희생제의의 의미를 이해할 필요도 없다. 그 의례가 논리적일 필요도 없고 자기가 사용하는 속성이 어떤 원리에 근거하는지 따져볼 필요도 없다. 개인은 자신이 어떤 사물을 선택했는지, 또 그것을 어떻게 사용하는지에 대해 합리적으로 설명하려 들지도 않는다(154쪽).

앞서 살펴봤듯이 주술사는 상징을 고를 때 추상화와 선택적 집중이라는 원칙을 적용한다. 그러나 주술사는 이 원칙을 명확히 인식하면서 상징을 고르지 않는다. 그는 일종의 '무의식적 추론'에 힘입어 주술적 표상들 사이의 상징적 관계를 탐색한다. 우리가 문법 규칙을 의식하지 않고 말을 이어가듯, 주술사의 사고 또한 무의식적 추론의 흐름을 따른다.

여기서 '무의식적'이라는 표현을 비논리적이라는 의미로 받아들여서는 안 된다. 모스와 위베르가 강조하는 무의식적 추론은, 흔히 말하는 미개인의 비논리적 혹은 전(前)논리적 사고를 뜻하지 않는다. 그들이 말하는 '무의식'은 간단히 말해, 개인의 의식을 압도하고 결정하는 사회적 감정, 혹은 개인이 상상하는 표상의 심층에 자리 잡은 집단의식의 활동 영역을 가리킨다. 주술은 명료한 표상들로 구성된 과학적 진술이 아니라 사회적 감정에 의존하는 사유와 행위 체계다. 주술사의 능력은 궁극적으로 이러한 사회적 감정에 기반하기에, 그는 그 감정의 깊이와 진폭의 영향을 무의식적으로 받아들이면서 사고할 수밖에 없다.

주술에서 무의식적 추론이 작동한다는 점을 지적하며, 모스와 위베르는 심리학의 영역으로 들어선다. 하지만 이들이 주목한 것은 개인이 아니라 집단의 마음을 다루는 심리학이다. 기존의 주지주의적 개인심리학은 유럽 성인의 이성을 보편 기준으로 삼아 주술을 비논리적인 원시적 사고로 폄하할 뿐이었다.

이에 반해, 모스와 위베르는 '비(非)주지주의적 집단심리학'의 관점에서 주술적 사고의 원리를 포착한다. 무의식적 추론은 개별 이성으로는 접근할 수 없는 집단심리의 영역에서 성립하기 때문이다.

이제 처음의 근본적인 질문과 다시 마주하게 된다. 고립된 주술사가 어떻게 집단의 마음과 조응하는가? 그의 반사회적인 행위는 어떤 경로로 집단적 힘을 전유하는가? 이 질문에 답하기 위해 모스와 위베르는 집단의 마음이 응축된 '마나'라는 개념을 제시한다.

마나, 사회가 꾸는 꿈의 동력

주술이 정말로 효과가 있다고 믿는 사람들의 마음속에는 무엇이 존재하는가? 그 믿음을 어떻게 설명할 수 있는가? 모스와 위베르는 이러한 믿음의 근원을 찾고자, 주술을 구성하는 몇 가지 요소를 차례로 검토한다. 프레이저가 내세운 공감 법칙, 주술사가 불러내는 정령이나 악마 같은 인격적 존재들, 주술사의 사고와 행위에 담긴 상징체계 등이 그 대상이다.

그러나 두 학자는 이 요소들만으로는 주술의 효력에 대한 믿음의 뿌리를 충분히 설명할 수 없다고 판단한다. 이 세 가지 요소는 주술의 효력을 상상하고 추론하기 위한 조건일 뿐, 믿음의 궁극적인 원인은 아니기 때문이다.

1) 모든 힘을 넘어서는 힘

먼저 공감 법칙을 살펴보자. 공감은 주술이 발휘하는 힘이 흘러가는 경로일 뿐, 그 힘 자체를 믿게 만드는 근거는 아니다. 예컨대, 독 묻힌 씨앗을 들판에 묻으면 흉작이 찾아온다고 믿을 때, 씨앗과 흉작 사이를 잇는 공감의 연결은 저주의 효력이 퍼져나가는 통로일 뿐, 사람들이 그 효력을 믿게 되는 직접적인 이유는 아니다.

정령이나 악마 같은 인격적 존재들은 어떨까? 주술사는 정령과 영향을 주고받거나 악마를 회유하여 저주의 힘을 빌릴 수 있다. 이 보이지 않는 존재들은 주술의 효력을 설명하는 강력한 행위자처럼 보인다. 그러나 이들도 효력을 운반하거나 드러내는 매개체일 뿐, 그 효력의 근원은 아니다. 또한 정령이나 악마가 불러일으키는 공포나 신비감이 곧 주술의 효력을 믿게 만드는 직접적인 기반이라고 보기도 어렵다.

그렇다면 주술적 상징들의 연결망, 즉 상징체계 자체에서 믿음이 비롯되는 것일까? 모스와 위베르는 이에 대해서도 부정적이다. 상징체계가 실제로 힘을 발휘하려면 그것을 작동시키는 "사용 규칙"(209쪽), 즉 술법이나 터부 같은 규칙이 필요하며, 나아가 상징체계에 생기를 불어넣는 특수한 의례적 장(場)이 형성되어야 하기 때문이다.

공감 법칙도, 정령의 존재도, 상징체계를 비롯해 주술에 쓰이는 사물의 속성도 주술에 대한 믿음을 제대로 설명할 수 없다. 그런 요소들만으로는 설명할 수 없는 잔여가 항상 남는다. 그렇다면 주술적 믿음의 진정한 근원은 무엇인가? 모스와 위베르는 여기서 뜻밖의 단어를 꺼낸다. 그것은 사회학의 세련되고 정제된 개념이 아니라 민속학에서 비롯된 토속적인 용어, 바로 '마나(mana)'다. 1891년 코드링턴이 『멜라네시아인』에서 처음 소개한 마나는 본래 비인격적이고 초자연적인 힘을 의미한다. 모스와 위베르는 이 '마나'를 주술의 효력을 밝혀줄 사회적 감정이자 집합적 힘으로 새롭게 재정의하고 그 복합적인 성격을 탐구한다.

첫째, 마나는 '잠재력'이다. 이들은 마나를 주술사의 능력, 의례의 힘, 악마의 위력 그 자체로 보기보다, 그러한 요소들에 덧붙여 개별적인 능력을 가능케 하는 어떤 포괄적인 힘으로 이해한다. 언뜻 보기에 이는 주술의 신비에 또 다른 신비를 더하는 것처럼 보인다. 하지만 바로 이 '추가된 힘'이야말로 주술에 대한 믿음을 설명하는 결정적인 원리이다. 사람들은 자연 그대로의 힘에 무언가 경이롭고 예외적인 힘이 부가됨으로써 주술의 효력이 나타난다고 믿기 때문이다. 모스와 위베르가 말한 주술의 잠재력은 곧 경험 세계에 덧입혀진 어떤 비가시적 힘을 가리킨다. 예를 들어, 누군가 악령에 의해 병들었다고 믿을 때, 그 병의 진짜 원인은 악령 그 자체가 아니라 악령 외부에서 그에게 특수한 힘을 추가하는 포괄적인 힘, 즉 마나라는 것이다.

모스와 위베르는 이를 다음과 같이 정리한다. "주술적 힘 개념은 오늘날 물리학에서 말하는 힘 개념과 상당히 유사하다. 우리가 가시적인 운동의 원인을 힘이라고 부르듯이, 주술적 힘 또한 질병이나 죽음, 행복이나 건강 같은 주술적 효과의 본래 원인으로 볼 수 있다"(217쪽). 마치 용수철의 탄성이 퍼텐셜 에너지로 설명되듯이, 주술적 효과의 참된 원인 역시 주술을 구성하는 개별 요소들이 아니라 그 너머에 존재하는 퍼텐셜 에너지, 즉 마나에 있다고 보는 것이다.

둘째, 마나는 '장(場, milieu)'이라는 개념을 품고 있다. 주술의 세계에서 벌어지는 일은 감각 세계의 법칙을 따르지 않는다. 이곳에서는 "먼 거리라도 접촉이 일어난다. 그려진 것이 곧장 실체로 나타나고 소원도 즉시 이루어진다"(218쪽). 물리학에서 자기력과 자기장을 따로 생각할 수 없듯이, 주술의 잠재력 역시 (일상의 변형된 공간으로서) 주술의 장과 분리될 수 없다. 그렇기에 번개가 치면 불행이 온다고 믿음은 단순한 미신이나 인과적 오류가 아니라, 주술적 감각의 장 안에서 경험되는 하나의 현실이다.

셋째, 마나는 '비인격적인 혼'이며 동시에 일종의 에테르(ether)

다. 그것은 어떤 사물에든 스며들 수 있는, "불가해하고 전염될 수 있으며, 저절로 퍼지는"(226쪽) 힘이다. 마나가 특정 공간에 퍼지면 그곳은 곧 주술의 세계로 바뀐다. 또한 마나는 "탁월한 힘"(224쪽)으로서 자연 세계의 역학적 힘을 더욱 강력하게 증폭시킨다. 사람들은 주춧돌이 집을 떠받치는 역학적 원리를 잘 안다. 그럼에도 마나가 주춧돌에 깃들어 집을 세운다고 말한다. 이는 자연법칙을 알면서도 무시하는 것이 아니라 자연계의 힘을 온전히 받아들이면서 동시에 거기에 초자연적 힘을 더하는 사고방식이다. 이런 의미에서 마나는 "사물의 참된 효능, 즉 기계적 작용을 없애거나 약화하지 않고 오히려 강화하는 힘"(224쪽)이다. 그래서 사람들은 "그물로 물고기를 잡을 수 있게 하고, 집을 튼튼하게 만들며, 카누가 바다 위에 잘 뜨게 하는 것도 마나 덕분"(224쪽)이라고 말한다.

넷째, 마나는 이 모든 특성을 종합하는 "4차원의 공간"(237쪽)에 속한 힘이다. 마나는 우리의 감각 세계와 "덧붙여져 있으면서도 그와는 구별되는 또 하나의 세계"(237쪽)이며, "초자연적이면서 동시에 자연적"(225쪽)이고, 모든 감각적 세계에 이질적이면서 거기에 내재하는 세계다. 이처럼 주술의 세계가 현실과 분리된 세계가 아니라 중첩된 세계임을 표현하기 위한 메타포로 4차원의 공간이라는 개념이 선택된 것이다. 마나는 지각할 수 없는 힘으로 현실에 나타나며, 모든 경험에 앞서 '선험적으로' 주어진 세계 그 자체이다. 마나의 이러한 선험적 특성 덕분에, 주술은 경험적 진위를 따지는 온갖 논박을 유유히 피해 나간다.

모스와 위베르는 마나의 이런 특성이 유럽 성인에게는 이해하기 힘든 현상임을 인정한다. 마나는 시공간을 초월하는 보편적 범주가 아니기 때문이다. 마나의 성격이 일반적이라 해도, 그 이름과 형태, 위력은 사회마다 다르게 나타난다. 어떤 문명권은 마나를 신화나 악마학으로 체계화해 그 힘을 축소시켰고, 또 다른 문명권은 마나의 잔재를 신학이나 철학(인도의 브라만, 중국의 기(氣)처럼)으로 존속시켰다.

그렇다면 '성스러움'이라는 관념 역시 마나의 한 변형으로 해석할 수 있을 것이다. 뒤르켐이 종교의 기본 형태로 본 토템 신앙은, 어쩌면 유동적인 마나가 성스러움이라는 고정된 종교 관념으로 응축된 형태를 가리키는 것일지 모른다. 모스와 위베르는 이렇게 말한다. "마나는 성스러움보다 더 일반적인 개념이며, 성스러움은 마나를 바탕으로 형성된 하나의 특수한 형태라고 할 수 있다"(239쪽). 성스러움이란 곧 하나의 상징(부족의 토템이든 국가의 깃발이든)에 단단히 고착된 마나일 것이다.

2) 세상을 묶는 마법의 문장

마나의 비밀을 푸는 또 다른 열쇠는 바로 '언어'에 있다. 모스와 위베르는 마나가 다양한 품사와 활용형을 가진 단어라는 사실에 주목한다.

마나는 단지 힘이나 존재만을 뜻하지 않는다. 그것은 작용이고 성질이며, 상태이기도 하다. 다시 말해, 이 단어는 명사이자 형용사이자 동사이다. 어떤 대상이 마나의 특성을 지닌 경우, 사람들은 그것이 '마나하다'(est *mana*)라고 말하는데, 이때 '마나'는 형용사처럼 쓰인다(사람에 대해서는 이렇게 표현하지 않는다). 한편 정령, 인간, 돌, 의례 등이 '어떤 마나를 지녔다'(a du *mana*)라고 말할 수도 있다. 가령 "이것을 할 수 있는 마나를 가지고 있다"라고 표현하는 식이다. 마나라는 단어는 다양하게 활용되어 '마나를 지니다(avoir du *mana*)', '마나를 주다(donner du *mana*)'와 같은 의미를 나타내기도 한다. 요컨대, 마나라는 말은 다양한 관념들을 하나로 아우르는 개념이다(220쪽).

마나가 명사, 형용사, 동사로 처럼 기능한다면, 마나가 현실에 개입하는 방식을 언어적 차원에서 설명할 가능성이 열린다. 실제로 모스와 위베르는 마나를 가치판단 형식의 문장을 통해 설명한다. 마나와 마찬가지로 '가치'라는 관념 역시 감각적 현실에 덧붙여져, 현실을 특정 방향으로 이끄는 힘을 품고 있기 때문이다.

마나와 가치의 이러한 긴밀한 연관은 주술을 '가치판단'의 작용으로 정의할 수 있게 한다. 여기서 가치판단은 개인의 정신 작용이 아니다. 그것은 특정 사물에 특별한 자질을 부여하는 "사회적 감정의 표현"(244쪽)이다. 다시 말해, 마나는 특정 가치를 현실에 구현하고자 하는 사회적 감정과 연결된다.

따라서 모스와 위베르는 주술사가 외는 주문을 일종의 가치판단

진술문으로 간주하며, 더 나아가 칸트의 용어를 빌려 '선험적 종합 판단'으로 볼 것을 제안한다. 주술사의 주문은 현실에 존재하지 않는 마나(=가치)를 현실에 추가하는 판단문에 해당하며, 이 마나는 개별적인 주술 경험 이전에 주어진 '선험적 조건'이기 때문이다.

예컨대 '구름은 물에서 자라는 식물의 연기다', '주술사는 영체를 공중에 띄운다' 같은 주술적 명제들은 하나의 판단문으로 볼 수 있다. 그러나 이 명제들은 경험에 따라 진위가 결정되는 '후험적 판단'이 아니다. 주술을 믿는 사람들은 주술사의 손동작과 주문을 하나하나 따져가며 그 효력을 증명하려 하지 않는다. 모스와 위베르는 주술적 명제가 경험적 비판을 대부분 피한다는 점에 주목한다. 그 이유는 간단하다. "사람들이 그것을 검토하길 원치 않기 때문이다. 주술이 작동하는 곳이라면 어디든 주술적 판단이 주술적 경험보다 먼저 존재한다. […] 경험은 주술적 판단을 확인하는 데 사용될 뿐, 그 판단을 무너뜨리지는 못한다"(248쪽).

그렇다면 이 명제들을 주어에 이미 술어가 포함된 칸트식의 '분석판단'으로 볼 수는 없을까? 실제로 일부 인류학자들은 의례는 '정의상' 영혼을 자극하는 것이고, 주술사의 영체는 '정의상' 공중에 뜨는 것'이라고 주장했다. 하지만 모스와 위베르는 이런 주장이 지극히 이론적일 뿐 주술사의 마음속에서 무슨 일이 벌어지는지를 간과한다고 비판한다.

모스와 위베르에 따르면, 주술사의 판단은 분석판단이 아니다. 주술사가 수생 식물의 연기(B)를 보고 구름(A)이라고 판단할 때,

그는 두 개념을 결합시키는 미지의 힘(X), 즉 '마나'에 대한 강력한 믿음에 의존한다. 이 마나야말로 "논리적 분석으로는 환원할 수 없는 이질적 요소"(246쪽)로서, 그 안에는 사회적 감정이 응축된 집단적 힘이 담겨 있다. 결국 개별 주술 명제에 대한 믿음은, 경험에 앞서 존재하는 마나에 대한 집단적 믿음에 그 뿌리를 둔다. 모스와 위베르는 이렇게 단언한다.

주술적 판단은 (…) 거의 완벽한 선험적 종합판단의 성격을 띤다. 일체의 경험에 앞서, 판단의 항들은 이미 연결되어 있다. 분명히 해두자면, 우리는 주술이 분석이나 경험을 전혀 수반하지 않는다고 말하는 것이 아니다. 다만 주술은 분석적이거나 경험적인 경우가 매우 드물고, 거의 전적으로 선험적이라는 것이다(248~249쪽).

'선험적 종합판단'이라는 용어를 통해, 모스와 위베르는 마나가 명제 논리에서 주어와 술어를 연결하는 '이다'(계사)의 기능을 수행한다고 주장한다. '구름은 식물의 연기이다'에서 주어(구름)와 술어(식물의 연기)라는 두 표상을 '신비스럽게' 이어주는 역할을 마나가 맡는다는 것이다. 이 신비한 역할은 전적으로 집단적 희망과 요청에 따라 이루어진다. 사람들은 무의식적으로 자신들의 희망을 마나라는 힘의 형태로 투사하고, 그 힘에 의지하여 주술적 판단을 성립시킨다. 이렇듯 주술적 판단은 경험적으로 진위를 가려낼 수 있는 사실 명제가 아니라 집단적 염원을 실현하려는 수행적 발화이다.

하지만 여기서 근본적인 의문이 제기된다. 모스와 위베르의 설명은 주술의 논리에 갇혀 있지 않은가? 레비스트로스는 바로 이지점을 예리하게 문제 삼는다. 그는 '선험적 종합판단'이라는 틀을빌려 마나를 설명하려는 시도가 결국 '마나 안에서 마나를 사유하는' 동어반복에 불과하다고 지적한다. 더 나아가, 불연속적 관념들(연기, 구름, 비)을 잇는 신비한 힘으로 마나를 설명하는 시도는 주술을 설명하기 위해 주술을 불러들이는 것과 마찬가지라고 일축한다. 레비스트로스에 따르면, 이런 식으로 모스와 위베르는 사회학적 설명을 단념하고 그 책임을 원주민의 신비주의에 떠넘기고말았다. 그는 『주술론』의 "그토록 풍부하고 예리하며, 그토록 영감가득했던 연구가 방향을 바꿔 실망스러운 결론으로 끝맺게 되는이유가 바로 여기에 있다"[11]고 날카롭게 꼬집는다.

레비스트로스의 비판은 『주술론』의 논리적 약점을 정확하게 찌른다. 실제로 그의 지적처럼, 마나는 주술의 수수께끼를 푸는 열쇠가 아니라 그것을 회피하기 위한 지적 장치로 보이기도 한다. 그런데 레비스트로스가 논리적 실패라고 아쉬워했던 그 지점이야말로, 모스와 위베르가 포착한 주술의 진실이 놓여 있는 곳 아닐까?사실 두 저자가 마나를 통해 궁극적으로 말하려고 했던 것은 마나자체의 신비한 속성이 아니었다. 그것은 경험적 논리를 초월하여

11 클로드 레비스트로스, 『마르셀 모스 저작집 서문』. 박정호 · 박세진 옮김. 파이돈.
    2023, 73쪽.

주술적 믿음을 가능하게 하는 '집단적 힘'이었다. 이제 레비스트로스가 지적한 논리의 공백이 어떻게 집단적 힘이라는 주제로 채워지는지 따라가 보자.

3) 사회의 꿈에 지불된 위조화폐

모스와 위베르에 따르면, 선험적 종합판단의 진정한 주체는 사회이다. 사회만이 식물의 연기에 마나를 덧붙여 구름으로 만드는 '종합'을 수행한다. '식물의 연기는 구름이다'라는 주술적 판단은 '그렇게 되어야 한다'는 사회의 요구를 번역하고 충족시키는 가치판단이다. 그러므로 주술사는 사람들에게 이 명제를 믿어달라고 요구하지 않으며, 사람들 또한 이 명제를 현실에 비추어 검증하려하지 않는다. 그들 모두가 이미 주술에 대한 일반적 믿음, 즉 마나에 대한 일반적 믿음을 공유하기 때문이다. 바로 이 일반적 믿음 덕분에 주술사 한 명의 주관적 신념은 집단의 객관적 신념으로 격상하고, 그의 사적인 환상은 모두의 보편적 환상으로 공인된다.

따라서 특정한 주술적 판단이 효력을 발휘하려면, 마나에 대한 "만장일치의 믿음"(200쪽)이 반드시 선행되어야 한다. 이 만장일치의 믿음이야말로 마나를 궁극적으로 작동시키는 가장 강력한 힘이다.

집단 전체가 느끼는 집합적 욕구만이, 집단 내 모든 개인에게 동일한 종합을 동시에 수행하도록 강제할 수 있다. 모두의 신념, 즉 믿음은 모두가 공유한 욕구, 그 일치된 욕망의 결과이다. 주술적 판단은 사회적 합의의 대상이며, 사회적 욕구의 번역이다. 이 합의의 압력 아래 일련의 집합적 심리 현상이 전개된다. […] 결국 사회는 늘 자기 꿈이라는 위조화폐를 스스로에게 지불한다. 원인과 결과의 종합은 여론 속에서만 발생한다. 이러한 방식으로 주술을 사고하지 않는다면, 주술은 그저 전파된 부조리와 오류의 연쇄로밖에 보이지 않을 것이다. 그렇게 되면, 주술이 어떻게 탄생했는지 좀처럼 이해할 수 없을뿐더러, 어떻게 퍼져나갔는지는 결코 이해할 수 없을 것이다(251쪽).

그렇다면 이렇게 말할 수 있다. 환자 대신 고통을 연기하는 주술사, 그 모습을 보며 치유되었다고 믿는 환자, 그리고 이 광경을 초조하게 지켜보는 사람들. 이들은 일순간 하나의 사회를 구성해, 함께 꿈꾼 소망이 이루어졌음을 완벽하게 연출한다. 주술사의 고통스러운 표정, 환자의 치유에 대한 믿음, 관객들의 놀라움은 사회의 꿈에 각자 자기 방식대로 지불한 위조화폐와 다르지 않다.

하지만 '위조화폐'라는 용어를 주술이 비이성적이거나 비도덕적이라는 뜻으로 받아들여서는 안 된다. 주술이 사회적 기대와 집단의 감정을 번역하고 만족시키는 한, 주술사와 의뢰인들이 마나라는 관념을 믿는 한, 그들이 경험하는 치유의 효력은 '실재'하는 것이기 때문이다. 모스와 위베르는 마나를 도입한 자신들의 사회학적 설명이 그 어떤 신비주의와도 무관하다고 주장한다. 마나를 통해 주술이 그 당사자들에게 합리적임을 증명할 수 있기 때문이다. "마나라는 개념 덕분에, 욕망의 영역에 속하는 주술은 합리주의로 충만해 있다"(253쪽). 주술은 공허한 상상이 아니라 사회적 삶에 깊이 뿌리내린 실천이다. 주술 행위의 진정한 주체는 사회이다. 주술사는 집단의 희망과 불안을 한 몸에 응축한 대리인이다. "바위를 두드리는 모세 뒤에는 온 이스라엘이 있으며, 모세가 의심하더라도 이스라엘은 의심하지 않는다. 지팡이를 따라 수맥을 탐지하는 주술사 뒤에는 수원(水源)을 갈망하는 마을 전체의 불안이 자리 잡고 있다"(259쪽).

해방의 상상력인가, 집단의 착란인가?

주술, 이 수상하고 낡은 미신에 과연 우리가 주목해야 할 무언가가 있을까? 모스와 위베르는 그렇다고 단언한다. 『주술론』의 독창성은 주술을 사회학과 심리학이 만나는 지점, 즉 집단심리의 영역에서 작동하는 의례로 파악했다는 데 있다. 주술은 이 집단심리의 심층에서 꿈틀거리는 욕망을 사회의 음지에서 번역하는, 의례적이고 언어적인 활동이다. 두 사람은 언어적 유추를 통해 주술이 현실에 새로운 가치를 부여하고 힘을 덧붙이는 판단임을 밝혀낸다. 또한 마나라는 토속 개념에서 보편적인 인류학적 의의를 이끌어냄으로써, 주술의 문제가 종교의 퇴색이나 지성의 오류가 아니라, 궁극적으로 사회의 욕망을 실현하려는 힘의 문제로 귀결된다는 점을 날카롭게 드러낸다.

『주술론』은 20세기 초 프랑스 사회학의 주류 연구와는 다른 대상에서 출발했지만, 시간이 흐를수록 점점 더 중요한 이론적 유산으로 재발견되었다. 그 이유는 이 논문이 단지 주술이라는 기이한 현상을 분석하는 데 그치지 않고, 그 분석을 통해 '믿음', '상징', '효력'이라는 개념들 사이의 복잡한 관계를 정교하게 풀어냈기 때문이다. 『주술론』은 믿음의 사회학, 상징의 사회학, 효력의 사회학을 사유하기 위한 거대한 시론이자 개입이었다.

하지만 『주술론』에는 풀리지 않는 질문 하나가 남아 있다. 그것은 '사회의 꿈'이라는 개념이 필연적으로 품은 모호함이다. 주술이 번역하는 사회의 희망, 욕망, 꿈은 도대체 무엇을 지향하는가? 사회가 꾼 꿈을 현실에 기록하기만 하면, 어떤 주술이든 늘 정당하다고 말할 수 있는가? 분명 주술을 일으키는 사회의 꿈이 무엇을 향하느냐에 따라, 주술에 대한 평가는 극단적으로 달라질 수밖에 없다.

'사회의 꿈'이 품고 있는 모호함은 크게 두 갈래로 나누어 살펴볼 수 있다.

첫째, 사회의 꿈은 기존 질서에 균열을 내는 저항의 상상력이 된다. 주술에는 다분히 반사회적 성격, 즉 신성한 것으로 굳어진 공적 권위를 모독하고 전복하려는 성격이 있기 때문이다. 인류학자 데이비드 그레이버는 이러한 주술의 정치적 힘을 뒷받침하는 대표적인 사례로 19세기 마다가스카르에서 일어난 라마넨자나

(Ramanenjana)라는 '춤 광증' 현상을 제시한다.[12] 1860년대 후반, 새로 즉위한 라나마 2세가 기독교를 재도입하는 등 친서구 정책을 펼치자, 이에 반대하여 주로 여성과 노예로 이루어진 수천 명의 주민들이 집단적인 영적 빙의 상태에 빠졌다. 이들은 죽은 선대 여왕의 영이 "아들의 정책을 꾸짖으러 돌아오는 중"이며, 자신들은 "여왕의 짐을 짊어지고 있다"고 주장했다.[13] 왕궁을 에워싼 이들의 광적인 춤 앞에서 국왕은 속수무책이었고, 결국 이 사건은 국왕 암살과 정책 철회로 이어졌다.

라마넨자나 현상은 피지배 계층이 신들림이라는 주술적 수단을 통해 기존 권력을 전복한 사건이었다. 이 사건의 핵심은 마나가 지상의 권력에서 풀려나 새로운 통로를 찾아 흐르면서 신성의 권위가 이동했다는 점이다. 마나의 재배치에 따른 신성의 이동은 『주술론』이 주목한 마나의 '유동성'을 생생히 보여준다. 마나는 어디에도 고정되지 않는 지하의 에너지로서, 균열의 틈새와 저항의 움직임을 따라 새로운 형태로 솟구친다.

둘째, 그 꿈은 정반대의 방향, 즉 사회 전체를 파괴하는 광기로 흐를 수도 있다. 특정 집단이 욕망하는 주술의 신성모독적 성격이 집단흥분을 일으키면서, 모두가 합의한 고귀한 가치를 어지럽히는

---

12 데이비드 그레이버, 『가능성들: 위계·반란·욕망에 관한 에세이』. 조원광·황희선·최순영 옮김. 그린비. 2016. 406쪽.

13 같은 책, 408쪽.

경우가 그러하다. 이 점에서 『주술론』이 쓰일 당시 프랑스를 뒤흔든 드레퓌스 사건은 의미심장하다.[14] 이 사건은 국가가 교회를 대체하는 과정에서, 주술적 관행이 종교처럼 뒤로 물러나기는커녕, 오히려 특정 집단의 이익을 위해 정치적으로 악용될 수 있음을 낱낱이 보여준다. 프랑스 군부를 위시한 일부 집단이 '국가 이성'에 기대어 한 개인을 희생양으로 삼으려 했던 이 주술적 모의는, 집단의 신념이 도덕적 제어 없이 방치될 때 어떤 파괴력을 가질 수 있는지를 경고하는 서늘한 사례로 읽어야 한다.

이러한 주술적 모의는 먼 과거, 타국의 일만은 아니다. 풍수와 무속의 정치 개입 논란에 이어, 비상계엄 선포라는 주술적 언어로 현실을 재편할 수 있다고 믿었던 권력자의 맹신에서도, 우리는 주술과 정치의 결탁이 남긴 어두운 그림자를 엿볼 수 있다. 그러나 『주술론』의 시선으로 이 사건을 들여다보면, 이는 단순히 주술과 반(反)주술의 대립이 아니었다. 그것은 공적 주술과 사적 주술의 충돌이었다. 한쪽에는 민주주의라는 사회의 꿈으로 들끓은 '광장의 주술', 다채로운 빛과 응원의 함성으로 채워진 공적 마나가 있었다. 다른 한쪽에는 그 공적 마나를 찬탈하고 뒤틀어 사적 욕망을 채우려는 '밀실의 주술'이 도사리고 있었다.

문제는 밀실의 주술도 집단의 잠재적 에너지와 연결되어 있었

---

14 Frederic Keck, 2019. "Presentation du volume", in Marcel Mauss. *Esquisse d'une théorie générale de la magie*. PUF. pp. 4~9.

다는 점이다. 권력자의 사적 주술은 공적 마나의 왜곡된 호출, 사회적 힘의 일그러진 재현이었다. 이러한 정치적 비극은, 모스 자신이 말년에 파시즘의 광기를 목도하며 절감했던 통찰과 정확히 맞닿아 있다. 그가 깨달았던 것은 주술의 이중성, 즉 창조와 파괴가 모두 동일한 집단적 에너지에서 비롯된다는 사실이었다. 모스는 자기 제자에게 보낸 편지에서, 자신이 분석했던 그 힘이 현실 속에서 얼마나 참혹한 형태로 검증되었는지를 이렇게 토로했다.

내 생각에 뒤르켐과 그의 뒤를 이은 우리들은 집단 표상의 권위에 관한 이론을 세운 창시자들이라 할 수 있네. 하지만 (…) 오스트레일리아 원주민들이 자기들이 추는 춤으로 암시를 받듯이 거대한 현대 사회가 최면에 걸리고, 아이들이 둥글게 춤추듯이 이리저리 휩쓸릴 수 있다는 것은, 우리가 미처 예견하지 못했던 일이지. (…) 원시적인 것으로의 이 회귀는 우리가 고찰하려던 것이 아니었네. 우리는 그저 군중 상태에 대해 몇 마디 언급하는 데 만족했었네. 하지만 지금 벌어지고 있는 일은 다른 차원의 문제라네. (…) 이 모든 것이 우리에게는 진정한 비극이지. 또한 우리가 보여주었던 것들을 너무나도 강력하게 검증하는 것이기도 하네. 그리고 이 검증이 선(善)보다는 악(惡)을 통해 이루어질 것이라고 마땅히 예상했어야 했다는 증거이기도 하고 말일세(마르셀 모스가 스벤드 라눌프에게 보낸 편지. 1936년 11월 6일).[15]

---

15 Vincent Crapanzano, "Le moment de la prestidigitation: magie, illusion et

모스의 이 고백은 『주술론』이 우리에게 남긴 가장 큰 성과이자 난제, 그 질문의 무게를 다시 떠올리게 한다. 주술을 추동하는 '사회의 꿈'은 과연 무엇을 향하는가? 그것은 해방의 상상력인가, 아니면 새로운 억압의 전주곡인가? 사회를 지탱하는 선험적 믿음이 없다면 공동의 삶은 매 순간 검증 대상이 되어 회의와 허무로 무너질지도 모른다. 그러나 그 선험적 믿음이 맹목으로 흐를 때, 사회는 자신에게 독(毒)이 든 '위조화폐'를 지불하며 위험한 꿈속으로 침잠할 수 있다.

결국 『주술론』은 우리에게 그 양날의 칼과 같은 사회의 본질을 직시하라고 요청한다. 믿는 자의 믿음은 언제 사회를 열어젖히는 창조적 힘이 되고, 또 언제 사회를 파괴하는 주술적 광기로 전락하는가? 파편화된 신념들이 저마다 자신만의 만장일치를 내세우며 충돌하는 오늘, 모스와 위베르가 남긴 이 질문에 답하는 일은 아직도, 그리고 여전히 우리의 과제로 남아 있다.

---

mana dans la pensée d'Émile Durkheim et Marcel Mauss," *Sociologie et sociétés*, vol. 36(2), 2004, p. 52.

마르셀 모스 연보

1872   5월 10일 프랑스 보쥬 지방의 에피날에서 유대인 집안
의 첫째 아이로 태어나다. 모친 로진느(Rosine)는 프랑
스 사회학의 창시자 에밀 뒤르켐의 친누나이다.

1890   뒤르켐이 교수직을 맡고 있던 보르도 대학에 진학해 철
학 교육을 받으면서 심리학과 사회학에 관심을 갖다. 알
프레드 에스피나와 옥타브 아믈랭으로부터 깊은 학문적
영향을 받다. 사회주의 학생들의 모임에 참석하면서 프
랑스 노동당에 가입하다.

1893~4   파리에서 철학 교수 자격시험을 준비하다.

1895   철학 교수 자격시험에 합격하다. 고등실습연구원(École
pratique des hautes études)에서 역사학, 문헌학, 종교학
강의를 수강하다. 미완성 논문으로 남게 될 「기도」에 착
수하면서 인도 종교학의 권위자 실뱅 레비와 언어학자
앙투안 메이예를 만나다.

1896   뒤르켐이 창간한 『사회학 연보』의 종교사회학 분야를
        담당하다. 평생의 학문적 동지가 될 앙리 위베르를 만나
        다.

1897~98 교수 자격시험 합격자를 위한 해외 연수 자격으로 네덜
        란드에 체류하다. 라이덴에서 『사회학 연보』 1권을 위한
        보고서를 작성하면서 힌두교의 수트라 번역에 매달리
        다. 이후 영국에 체류하면서 에드워드 타일러, 제임스 프
        레이저와 교류하다. 파리로 돌아온 후 고등사범학교 도
        서관 사서이자 전투적 사회주의자였던 뤼시엥 에르를
        만나 학문적·정치적으로 큰 영향을 받다.

1899   『사회학 연보』 2권에 「희생제의의 본질과 기능에 관한
        시론」(앙리 위베르와 공저)을 발표해 학계에 큰 논쟁을 일
        으키다. 뒤르켐은 「종교현상의 정의」를 발표하면서 모스
        와 위베르의 관점을 옹호하다.

1900~01 고등실습연구원에서 임시 강사직을 얻어 인도 종교와
        힌두교 철학을 강의하다. 1900년 3월 소규모 사회주의
        협동조합을 창립하고 같은 해 7월 파리에서 열린 사회
        주의 협동조합 국제총회에 대한 보고서를 작성하다. 이
        후 조레스와 함께 사회주의와 협동조합주의의 조화를
        실현하기 위한 협동조합 중앙위원회 공식 회의에 참석

하다. 고등실습연구원에서 '비문명화된 민족들의 종교' 강의를 담당하는 교수로 임용되어 1914년까지 기도, 주술, 종교적·사법적·경제적 급부, 계약과 교환의 원시 형태 등에 관해 강의하다. 폴 포코네와 함께 대백과사전의 「사회학」 항목을 집필하다.

1903   『사회학 연보』 6권에 뒤르켐과 함께 『분류의 원시적 형태들, 집단표상 연구를 위한 기고』를 발표하다.

1904   『사회학 연보』 7권에 앙리 위베르와 함께 「주술의 일반 이론 개요」를, 『고등실습연구원 연보』에 「오스트레일리아 사회에서 주술적 힘의 기원」을 발표하다. 조레스가 대표를 맡고 있었던 『뤼마니떼 *L'Humanité*』지의 협동조합란을 책임지다.

1906   『사회학 연보』 9권에 앙리 뵈샤(Henri Beuchat)와 함께 「에스키모 사회의 계절적 변이에 관한 시론, 사회형태학 연구」를 발표하다. 러시아를 방문해 보름간 민족지학 연구를 수행하다.

1908   로베르 에르츠가 조직한 사회주의 연구 모임에 참석하면서 페이비언 사회주의에 관심을 갖다.

1909	앙리 위베르와 함께 『종교사 논문집』을 출간한 이후 기도에 대한 연구에 몰두하다.
1911	『실뱅 레비에게 헌정된 인도학 논문집』에 「안나 비라지 Anna-Virâj」를 발표하다.
1912	영국과 벨기에, 독일에 체류하면서 각 국가의 민족지학 관련 제도와 오스트레일리아 부족에 관한 자료를 연구하다.
1914	1차 세계대전이 발발하다. 7월 장 조레스가 저녁 식사 도중 암살당하다. 8월 프랑스에 총동원령이 내려지자 자원입대해 영국군 통역병으로 1919년까지 근무하다.
1915	막심 다비드(1914년 전사), 앙투안 비앙코니, 장 레이니, 로베르 에르츠 등 뒤르켐 학파의 젊은 학자 다수가 전사하다. 같은 해 겨울 뒤르켐의 아들 앙드레가 전쟁에서 입은 부상으로 사망하다.
1917	에밀 뒤르켐이 59세의 일기로 파리에서 타계하다.
1920	고등실습연구원에서 비문명화된 민족들의 종교에 대한 강좌를 다시 개설하면서 뒤르켐의 미출간 원고들을 정리해 발표하다. 포틀래치를 주제로 강의를 시작하다.

1921   『그리스 연구 논집』에 「트라키아인에게 계약의 태고 형
       태」를, 프랑스 심리학회에서 「감정 표현의 의무」를 발
       표하다.

1922   에르츠의 박사학위 논문 원고를 정리해 「미개사회에서
       의 죄와 속죄」라는 제목으로 『종교사 논집』에 발표하다.
       이후 1932~1936년 동안 콜레주 드 프랑스에서 「미개사
       회에서의 죄와 속죄」를 연속 강의하다.

1923   프랑스 심리학회 회장직을 맡다. 전쟁으로 중단된 『사
       회학 연보』를 재간행하기 위한 모임과 후원을 조직하다.
       「폭력에 대한 성찰」을 발표하다.

1924   프랑스 심리학회에서 「심리학과 사회학의 실질적이고
       실천적인 관계」를 발표하다.
       재간행된 『사회학 연보』에 「증여론」을 발표하고, 같은
       해 11월 프랑스 심리학회에서 「집단이 암시하는 죽음
       관념이 개인에게 미치는 신체적 효과」를 발표하다. 「볼
       셰비즘에 대한 사회학적 평가」를 발표하다.

1925   「선물, 독(Gift, Gift)」을 발표하고, 같은 해 12월 뤼시엥
       레비브륄, 폴 리베 등과 함께 파리 대학에 민족학 연구

소를 창설하다. 「사회주의와 볼셰비즘」을 발표하다.

1926   록펠러 재단의 후원으로 미국 여행을 떠나 인류학 박물
관과 여러 연구기관을 방문하다. 여행 중 프란츠 보아스,
브로니슬라브 말리노프스키, 에드워드 사피어, 로버트
파크, 존 듀이 등과 교류하다.

1927   평생의 학문적 동지였던 앙리 위베르가 타계하다.

1928   로베르 에르츠의 논문을 모아 『종교사회학과 민속학 논
문집』을 출간하다.

1930   「문명, 요소와 형태」를 발표하다.

1931   콜레주 드 프랑스의 사회학 교수로 임용되다. 뒤르켐의
시민윤리와 직업윤리에 관한 학설, 에르츠의 「미개사회
에서의 죄와 속죄」, 게르만 법과 종교 등을 강의하다.

1932   「다분절사회의 사회통합」을 발표하다.

1934   프랑스 심리학회에서 「몸 테크닉」을 발표하다. 마르트
뒤프레와 결혼하다.

1938   고등실습연구원의 종교학 분과 학장으로 선출되다. 코

펜하겐에서 열린 '인류학과 민족학 국제총회'에 부회장 자격으로 초청되어 「사회적 사실과 성격의 형성」이라는 발표문을 제출하다. 「인간 정신의 범주: 사람과 자아의 개념」을 발표하다.

1939   2차 세계대전이 발발하다. 고등실습연구원의 교수직을 사임하다.

1940   비시 정부의 대학 내 유대인의 근무 정지 조치로 콜레주 드 프랑스에 사표를 제출하다. 이후 장기간 학문적 활동을 중지하고 칩거에 들어가다.

1950   2월 10일 77세의 일기로 파리에서 타계하다.

찾아보기

주요 개념